英国宪法讲义

何永红 著

上海人民出版社

序一　西洋宪制的“来世”

当现代中国宪法学者把宪法表达为根本大法时，他们同时会深深地感到这个定义不适用于英国宪法，或者会认为英国宪法其实不太适合被称为“宪法”。所以就有了各种关于宪法概念或“不成文宪法”的争议。实际上，宪法的定义与英国的“宪法现象”之间的这种不太合适的关系，在很大程度上与他们对汉语“宪法”和西语 constitution 的双重误解有关。

无论是汉语“宪法”，还是早期 constitution，其意思都不主要指向类似于法律的规则，更不是指向某个单一的法律文本；它们虽然有时也表达为规则，但主要表达的还是组织结构的意思，也就是国家的“构造”或者政制。但是，当宪法同时也用来指美国 1787 年制定的那个 constitution 时，尤其是指作为实实在在的法律的 constitution 时，混乱就发生了。于是，学者们开始争论，用“宪法”来翻译英国的 constitution，究竟是否正确？这种争论虽然有助于加深对宪法的理解，但在下述意义上注定是没有结果的：从语言学上讲，汉语“宪法”一词有其能指和所指两个面向。其能指是固定的，而所指却是任意的；也就是说，是否可以用“宪法”来对译英国的 constitution，取决于译者对中文“宪法”的理解。在理解英国宪法的过程中，“宪法”与 constitution 之间并不是等值关系，而是再生关系。

不独“宪法”如此，深刻影响中国政治制度以及文化的几个关键概念，诸如人民、民主、民权、共和、国体等皆如此。推而广之，《英国宪法讲义》中所阐述的宪法性法律、王在议会、法治、大法官、君主、政治宪法、法律宪法、君主特权、问责、集体责任、不一致宣告、弱宪法审查等，莫不如此。一旦某个西语概念被翻译成中文，它就产生了中文语境下独特的问题。比如，英国人在面对 the Law of the Constitution 和 the Lord Chancellor 这些表达时，肯定不会对作者在《英国宪法讲义》中所讨论的那些问题感兴趣。同样，英国人也不一定认为，用迪特·格林的"经验宪法—规范宪法"二分法来理解"英国宪法"有什么重要性，或者区分"司法审查"或"宪法审查"概念有什么启示。在这个意义上，我们不能把围绕上述概念所形成的这本《英国宪法讲义》看成是对英国 constitution 的一种等值性的重述，或者是不够准确或有欠完整的重述；而应该看成是对英国 constitution 的一种汉语"再造"。

从根本上讲，当我们用汉语来表达各种关于英国宪法的命题时，必然潜含了对"中国性"的理解。这种理解必然经历一个"化"的过程，无论把这个过程称为"内化"，还是"本土化"或"中国化"，总之，这个"化"的结果现在就已经摆在我们面前。一个典型的例证就是，《英国宪法讲义》中尽力避免使用英文词，坚持用最平实最明白的汉语来表达，并无时常所见的那种"食洋不化"。这正是作者所说的"以我们自己的眼光，系统地讲述英国宪法，界定一些重要概念，回答一些基本问题，引导学生进入英国宪法"的初衷和深意所在。

翻译本身是中国化或本土化的过程。但并不是说，只有那种标明为译著的作品才叫译作。用汉语讲述一种西洋的制度，未尝不是一种翻译。本雅明说，"译作是原作的来世"。《英国宪法讲义》在隐喻的意义上，正是英国 constitution 中的各种概念被中国“化”的结果，这些被“化”过的东西无形中也成了西洋宪制的“来世”。

是为序。

王人博

（中国政法大学教授）

2023 年 6 月 27 日

序二　驱散不成文宪法的迷雾

正如本书作者何永红开篇所言，英国的不成文宪法就像一团迷雾。这本《英国宪法讲义》的意义，并不止于助成读者对英国宪法的理解，而是同样有益于在中文语境下对宪法观的厘清。

英国是近代立宪主义的重要源头，这决定了人们在定义宪法时，不能无视英国宪法。这会带来很多困扰：在宪法教学中，最初讲到宪法概念，学生自然会将宪法具象化理解为那个印着国徽的文本；然而，至迟到讲宪法分类时，我们就不得不告诉学生，宪法有成文和不成文之分，而英国宪法是不成文宪法的典型；而且，与通常具有刚性的成文宪法不同，“柔性宪法”的典型也是英国宪法。面对学生的困惑，我们会进一步解释，英国宪法是自然生成的，具有与众不同的特殊表现形式。而以美国、法国的制宪为开端，其他国家的宪法都是人为制定出来的，是成文的。我甚至曾经这样跟同学们说：“好吧，你们可以这么理解：宪法分为宪法和英国宪法。”无数人尝试过描述、解释英国宪法，澄清英国宪法的存在所带来的困惑。罗伯特·达尔的《论民主》中有这样的表述：“不成文宪法，从语词看或许有自相矛盾的嫌疑。……只有极不寻常的历史环境才可能造成一部不成文的宪法，而英国、以色列和新西兰，这三个不寻常的例子便是如此。”这段译文的有趣之处在于：不成文宪法，哪里说得上“一部”呢？可是，不自觉地用“一部法典”来理解宪法的，又何止这几位译者。何永红在本书第一章中，就引用了潘恩、托克维尔、布赖斯、萨托利等名家“英国没有宪法”的判断。打个比方说，成文宪法好像是博物馆中流传有序的“标准器”，而英国的不成文宪法却像是考古现场挖出来的前所未有、与众不同还无法解释的文物，可它是真的。

何永红的雄心，是从整体上描述英国宪法，把英国宪法的全貌揭示出来。而他的方法，是以成文宪法这个“标准器”为参照来论说不成文宪法之短长，是以“宪法渊源”为概念装置来描述英国宪法之全部，戴雪所确立的框架和进路被坚持，而漫长的变迁和晚近的发展也都被涵括。何永红说这是一部适用于初学者的引导性著作，这是自谦。宪法学教师在讲到宪法概念和宪法分类时，可以把这本书作为课外拓展读物推荐给学生。外国宪法、比较宪法课更应该把这本书作为指定教材。但这本书对于当下中国的宪法学的意义，不止于为英国宪法的研究指示门径，也在于帮助我们深入思考“宪法是什么”这样的根本性问题。

中国是成文宪法国家。我国现行宪法的序言，宣告了宪法“法律的形式”，宣告了宪法“国家的根本法”的性质，宣告了宪法“最高的法律效力”。然而，不成文宪法的概念却一直在影响着中国人对于宪法的理解。例如，强世功教授曾探讨“中国宪法中的不成文宪法”，也援引了英国宪法的素材作为理据。强老师对英国不成文宪法的移植运用，也引发了何永红、翟志勇、屠振宇等学友的讨论。但就像何永红在本书中所指出的：“不妨把英国宪法看成经验性概念和规范性概念的混合，或者说英国宪法是古代宪法与现代宪法的混合体”，在中国的成文宪法之下仍然讲不成文宪法，其实是在提示：要回到 Constitution 这个概念的西方语言源头，去把握“制度”“构成”意义上的，或者作为政治事实、政治状态描述的经验性的宪法（宪制）的含义。再进一步，其实是要考虑，在成文宪法的文本之外，还有哪些因素在影响着对宪法的理解和解释，或者至少是说，不要把宪法从其丰富的意义网络中轻率抽离，并导致宪法丧失其指向政治事实的规范力。自 2021 年第四届中国宪法学青年论坛召开以来，学界师友们对于“宪法渊源”议题的深入讨论，乃至近期关于“宪法精神”“宪法变迁”等的讨论，都指向一个根本性问题：在中国是成文宪法国家这一事实下如何理解宪法概念。

这本书第一章的标题是：“‘英国宪法’：一种不成文的规范性宪法”（注意，是“一种”，而不是“一部”）。我想，何永红是在强调，尽管基于“光荣革命”的历史，英国不曾像美国制宪那样是空间和时间上的双重断裂（刘晗语），从而英国宪法有着很强的古代宪法或者经验性宪法的特点，但英国宪法依然有着坚硬的规范性。特别是，在引入《人权法》和司法审查之后，英国宪法可能已经是“半部成文宪法”了（参见本书第十三章）。英国宪法当然还是不成文宪法，但更应该被强调的却是，它是规范性宪法。在具有或者被认为应该具有规范性这一点上，它与成文宪法并没有区别。

一切历史都是当代史，一切比较法其实也都是本国法。这一点在近年的比较宪法研究中多有体现：首先，不再是盲人摸象、眉毛胡子一把抓，而是有着明确中国问题的起点；进一步，不再是拿着中国问题在外国法中简单比附，而是对外国法做体系化梳理乃至重构，而中国问题隐藏于背后而又无比清晰。刘晗的《合众为一：美国宪法的深层结构》和阎天的《美国劳动法学的诞生》以及何永红的这本书，都是鲜明的例子。比较法研究的开端可能是功能主义的“求同”，而其终点则应该是结构主义的“求异”。刘晗和阎天都跟我说起过，他们所做的这种体系化梳理，是美国人也没有做过或者说根本不会去做的。作为外国人的“异观察”，所为何来？实际上，就是通过理解“他者”，来反思和确立“自我”。

人类文明的经验告诉我们，如果想避免文明的衰败乃至寂灭，都必然要积极吸纳其他文明的养料。此种吸纳，又常表现为用民族既有的观念去承接对应甚至附会外来的观念。可以以儒释佛，本土化后，也可以以释解道。雷勇兄在翻译《宪法古今概念史》时就观察到“（德意志人）不断用自己的传统语词‘Verfassung’去理解、靠近、融通和对译‘constitution’”。那么，在我们同样继受来自西方的 constitution 的概念时，在我们接受约束权力、保障人权等人类文明的共同价值时，我们对于这个概念的理解与建构，可否也更加贴近我们的文明本身？具体而言，更加贴近我们的语言。如同雷勇兄观察到的，“中文中的‘宪法’二字，无论从其词源看，还是从其后来的概念史发展看，向来都是一个强烈实定的成文法概念”，也就是 18 世纪末、19 世纪初以来的现代成文宪法概念。我曾作过如下分析：

> 现代汉语的“宪法”语词较之西方语文中的宪法（如“constitution”“Verfassung”）语词，构词上更具“法律性”，毕竟“法”字直接出现了。而西语的宪法概念所天然包含的“政治关系的状态”“政治制度”“政治秩序”以及并非最高法意义上的“政治统治的（实际）规则”等意涵，都并不当然包含在中文的“宪法”语词的内涵中。这意味着，如果要在“成文的国家最高法”之外的宽泛意义上使用中文的“宪法”概念（也包括“宪制”），就需要进行双重的意义回溯：一方面将中文的“宪法”翻译回“constitution”或者“Verfassung”；另一方面，

在观念上重新植入经验性宪法（或者说对制度和政治事实的描述性）的内涵。也就是说，在“规范性宪法”之外使用“经验性宪法”的概念，意味着为现代汉语中单纯简明的“宪法”，重新赋予整个人类观念史积淀下来的结构复杂的多重意涵。

我所疑惑的是，既然“宪法”出现在近代中国时，已经是经历了“革命性断裂”后的现代成文宪法的概念（其与古代的constitution几乎仅有语词上的联系），我们又有多大必要再掉那些洋书袋呢？又有多大必要比附西方constitution的传统去建构本不存在的传统呢？又有多大必要舍本逐末、舍此他求呢？既然近代引入“宪法”，是为了中国的救亡、中国的富强，乃至今天所讲的中国国家治理的深刻革命、中国式现代化，从而我们也制定了成文宪法并一直谋求建构宪法的规范性，我们何妨就在现代的、法律性的、根本法、高级法意义上去理解宪法呢？既然是成文宪法，那么，为什么不就把它当作成文宪法来解释和运用呢？

美国、法国制宪的时候，英国人会嘲笑说宪法又不是可以按照菜谱制作的布丁。而西耶斯则正告，既然没有英国的传统，就应该诉诸国民的制宪权，去制定一部宪法出来。一子落，满盘活。时移世易，不必刻舟求剑。我想，我们跟随本书的指引更加清晰地理解了英国不成文宪法之后，也会更加清楚，当下我们应该做什么。

张翔

（北京大学法学院教授）

2023年10月于北大燕园

目　录

绪　篇

第一篇 原则

第二篇 权力

第三篇 问责

第四篇　权利

前　言

英国宪法是不成文宪法，这是一个常识，但也正是这个常识妨碍了我们的进一步研究。实际上，不成文宪法概念本身就像一团迷雾，叫人捉摸不透，以致对于英国宪法，总有一种雾中花、水中月的感觉。

我们知道，像《1689年权利法案》《1911年议会法》《1998年人权法》这样的法律，是英国宪法的重要组成部分，但一定不是全部，可是我们从来没有见过英国宪法的全部。我们也知道，惯例是英国宪法的重要内容，可是惯例因其模糊性和易变性，似乎更不好去描述。但是，有没有可能从整体上描述英国宪法，或者说，把英国宪法的全貌揭示出来？毕竟，不成文宪法也是“宪法”！正是基于这样的考虑，笔者开始尝试撰写本书。

本书绪篇两章，起总论的作用。第一章想要解决英国宪法的属性问题。笔者发现，把成文宪法作为参照，效果不错。作为“理想类型”的成文宪法，就像一把尺子一样，在它的比照之下，不成文宪法的长短立现，许多问题仿佛不证自明。第二章是老话题，即宪法渊源。对于英国宪法而言，讨论渊源问题是很自然的，也是非常必要的。它力图描述英国宪法的“全部”。

这两章，如果论中心线索的话，那就是“宪法”“宪法法”和“宪法律”的区别与联系。这三个工具性概念非常好用，便于分析和澄清。——要知道，汉语“宪法”本就具有多义性，再加上“不成文”一词，就更加让人迷惑了。学者的基本任务就是界定概念，然后用清晰的概念分析问题。

绪篇之后，是原则篇。

这既是效仿戴雪的做法，也是以戴雪为起点。讲英国宪法，不可能绕开戴雪另起炉灶。戴雪当年阐述的原则，今天依然成立。当然，修正也是必要的。首先，笔者把戴雪的第三个原则（关于惯例），放在后文论述君主、大臣责任等章节中；其次，在戴雪的议会主权和法治原则之外，根据英国宪法在20世纪的发展，加入了分权一章；再次，在讲述这三个原则时，重点不是复述戴雪的学说，而是戴雪之后的公法发展。这三个原则，具有提纲挈领的作用。下文中的许多问题，都在不同程度地回应这三个原则。

接下来是宪法的“正文”。其中，权力篇五章，相当于“国家机构”；问责篇两章，相当于“宪法实施”。

英国的君主，其实是值得认真对待的主题，并非“虚君统治”可以打发的。无论议会还是政府，从历史上和正当性上，它们的权力都源自君主，即便是法官，至少在形式上，其权力来源也是君主。所以论公共权力，怎能不从君主讲起？甚至可以说，这五章其实都是在讲王权，讲王权的规制和控制。第六章讲君主的个人剩余特权，第七章讲君主行政权的实际行使者政府，第八章讲议会如何控制和监督君主的行政权，第九章讲司法权对王权限制的可能，第十章讲的是近几年的一个重要案例，即米勒一号案，其核心就是关于王权的限制问题。

问责篇两章紧接其后，专门讨论问责的两种方式：司法审查和大臣责任制，分别对应于“法律宪法”和“政治宪法”的主题。鉴于在绪篇中的解释，讨论英国宪法，它的政治宪法面向是需要充分揭示的。

权利篇为最后两章。本来,《1998年人权法》完全可以在司法审查一章讲,因为它其实是司法审查的一个领域。但是,鉴于人权法给英国宪法带来的结构性变化,放在最后来专门讨论也是恰当的。最重要的原因是,今天讨论英国宪法中的自由和权利,已经没法抛开人权法了。按说这部分应该讨论具体的权利类型,如表达自由和集会自由,但因为篇幅和精力的缘故,只能暂时作罢。

概言之,全书分五篇,即绪篇、原则篇、权力篇、问责篇、权利篇,共14章,每一章相对独立。在体例上,每一章都有一条主线,或者说,都试图提出并回答一个问题。这样做自然是有利有弊。利在引导性较强,弊在不够全面,甚至有失偏颇。

为弥补这个缺陷,附录中的"拓展阅读文献"部分,以总分结构,特别提示了相关文献,分初阶和进阶两种。初阶文献可以补足文中所论,进阶文献可以把研究向纵深推进——这是提醒读者,当然也提醒笔者自己,有许多问题是本书没有说清楚,但又是值得继续探索的!

另外,附录中还有"概念解释比较",把一章中笔者认为最重要的两三个概念加以解释,其实也有提示各章主旨的意思。

本书之所以取名"讲义",是因为它脱胎于讲稿。

在多年的教学中,笔者发现,法科学生对英国宪法的认识是模糊的,除了"不成文宪法"这一特征之外,往往很难讲出更多更准确的信息。而我们的宪法教学体系中,又不时涉及英国宪法的问题。或者说,在中国的宪法学说史上,英国宪法其实从未缺席过。① 因此，以我们自己的眼光，系统地讲述英国宪法，界定一些重要概念，回答一些基本问题，引导学生进入英国宪法，应该是很有必要的。这就是撰写本书的初衷。

对于初学者而言，一提到英国宪法，不免产生许多疑问。比如，英国究竟有没有宪法？“宪法性法律”到底指什么？这是关于基础概念的。又如，戴雪的重要性在哪，要义何在？白芝浩的《英国宪法》，为什么成为英王的必读教科书？如何才能读懂？这是关于经典著作的。再如，英国脱欧，对议会主权原则有何影响？英国最高法院何时成立的，它如何进行宪法审查？英国可能制定宪法典吗？这些是关于前沿问题的。如此等等。

本书注重体系性和前沿性，以及一手材料的运用，同时还吸收了英国宪法学最新的研究成果。但它是给中国学生讲的，因此有自身的核心关切，有相对完整的结构，试图在一个较小的体量内，讲清楚关于英国宪法的若干基本问题，从而成为一本合格的“英国宪法导引”。

然而，它终归只是一部入门讲义，主要功能在于引导，而不是对某个专题进行深入阐发。由于能力有限，有些问题也只能勉力为之。不当之处，祈请方家不吝指正。

---

① 参见韩大元主编：《中国宪法学说史研究》(上)，中国人民大学出版社 2012 年版，第四章“英国宪法学对中国宪法学说的影响”。

绪　篇

第一章 “英国宪法”：一种不成文的规范性宪法

宪法并不是政府的法令，而是人民组成政府的法令；政府如果没有宪法就成了一种无权（利）的权力了。①

——托马斯·潘恩

由于对苏格兰、威尔士和北爱尔兰的权力下放，《1998年人权法》的制定、《选举法》的修改，以及《大臣守则》和《议员行为守则》等文件的出台，政府的许多领域都已经受到成文规则的约束。宪法确实不像过去那么不成文了。②

——布拉德利、尤因和奈特

一、为什么说“英国没有宪法”？

我们无法像19世纪的英国人那样，认为英国宪法是“无与伦

① [美] 托马斯·潘恩：《人权论》，吴运楠、武友任译，朱曾汶校，载《潘恩选集》，马清槐译，商务印书馆2015年版，第251页（括号中的字为引者所加）。

② A W Bradley, K D Ewing & C J S Knight, *Constitutional and Administrative Law*, Pearson Education Limited, 18th edition, 2022, p.7.

比”的，但它确实是独特的。这种独特性，往往让习惯于分析成文宪法的人无所适从。我们知道，英国宪法是“不成文宪法”，但就是这种“不成文宪法”，在许多人看来，等同于没有宪法。

1. 谁说的?

“英国没有宪法”，法律人偶尔这样说。听起来，像是缺乏常识。因为名叫“英国宪法”的专著、教科书和论文，还算是随处可见。然而，我们却不能简单地认为这种说法是出于无知，或是概念错误。

其实，这种说法早已有之，而且还是思想家的论断。先看看他们怎么说。首先，托马斯·潘恩在18世纪末说：

> 宪法不仅是一种名义上的东西，而且是实际上的东西。它的存在不是理想的而是现实的；如果不能以具体的方式产生宪法，就无宪法可言。宪法是一样先于政府的东西，而政府只是宪法的产物……如果它（政府）有了这种权利，就会专断独行。它会使它自己为所欲为；哪里有这样的权利，那里就无宪法可言。英国议会通过法案授权自己任期七年，此举表明英国没有宪法。①

托克维尔在19世纪上半叶也发表过类似评论，他说：

---

①［美］托马斯·潘恩：《潘恩选集》，马清槐译，商务印书馆2015年版，第147、149页。

在英国，国会有权修改宪法。因此，在英国，宪法是可以不断修改的，或者无宁说它根本没有宪法。国会既是立法机关，又是制宪机构。①

詹姆斯·布赖斯在20世纪初也断言：

在技术层面，我们无法把宪法性法律和其他法律区分开来。严格来说，并不存在所谓的罗马宪法，也不存在所谓的英国宪法。也就是说，我们无法划分出一种被称为根本法的东西，来界定和分配政府的权力，规定公共机构的建立方式，分配各种权利和豁免权。②

当代著名政治思想家萨托利认为：

在19世纪，“宪法”一词的含义还算是明确和清楚的。但很矛盾的是，如果这个词还有些模棱两可的话，那是因为英国宪法；也就是说，是因为现代宪治的母国，似乎有一个模糊的宪法，甚至于，按照其他地方似乎非常重要的一些标准——根本没有宪法。③

① ［法］托克维尔：《论美国的民主》（上卷），董果良译，商务印书馆2004年版，第111页；戴雪的评论，参见［英］A.V. 戴雪：《英国宪法研究导论》，何永红译，商务印书馆2022年版，第184页。

② James Bryce, *Studies in History and Jurisprudence*, Oxford University Press, 1901, pp.133—134.

③ Giovanni Sartori, *Constitutionalism: A Preliminary Discussion*, American Political Science Review, Volume 56, Issue 4, December 1962, pp. 853—864.

上述四位思想家，表达的意思很清楚，即英国没有宪法，但各自主张的依据并不完全相同。

2. 什么意思？

潘恩的意思是，宪法先于政府，所谓“宪法是一样先于政府的东西，而政府只是宪法的产物”。这种宪法，不仅是人为制定出来的，而且是人民制定出来组成政府的法。

为什么必须先有宪法？在潘恩看来，英国作为殖民母国，它的政府相当腐败，殖民地应该独立出来，建立自己的国家。若是在建国之时，仍像英国宪法一样，模糊地界定政府的权力，或者如我们下文要说的，“政府先于宪法”，[①] 那么这种宪法一定是虚幻的、名义上的。所以，建立国家，一定要先制定宪法，把有关政府权力的各种规定，清晰地记载在看得见的文本之中，并且通过积极的辩论让人民达成共识，这样的宪法才是现实的；宪法制定出来之后，立法机关的权力就受到宪法的限制，不会像英国议会那样，可以任意延长自己的期限。所以，他说：“英国事实上并没有宪法，或从未有过宪法这种东西，因此，人民还需要制定一部宪法。”[②]

托克维尔是从另一个角度来谈的，不过意思很清楚：在英国，立法即立宪。因为议会有权修改宪法，这里的“宪法”是constitution，是指这个国家的政府结构，而不是指宪法典。在议会

---

① 参见本书第七章，第 179 页。

② ［美］托马斯·潘恩：《潘恩选集》，马清槐译，商务印书馆 2015 年版，第 148 页。

主权原则下，作为一个普通的“立法机关”，议会能够制定普通法律，而作为一个“制宪机构”，它所制定的某些法律，又足以改变宪法的根基，如《与苏格兰联合法》，将两个王国合并；又如《2005年宪制改革法》，建立最高法院；等等。所以从这个角度看，英国宪法确实是不存在的——普通立法程序就足以改变宪法，要宪法何用？

布赖斯说的是“根本法”问题。英国宪法不是根本法，因而严格来讲，它是不存在的。确如他所言，在英国，没有办法在宪法性的法律和普通的法律之间作出明确区分。比如，我们看到《权利请愿书》这一文件时，并不会觉得它是宪法性法律，甚至不会觉得它是法律。又如，许多关于公民自由的法律，属于刑法或诉讼法领域，一般并不认为它们是宪法性法律。

布赖斯的这个判断，其实道出了一个重要事实。那就是，在英国，作为部门法的宪法（所谓“宪法性法律”），与其他部门法（包括行政法在内）之间是没有严格而明确的界限的。对此，梅特兰是反过来表述的，他说，几乎没有任何一种部门法不曾具备宪法上的重要性。这是不成文宪法的自然结果之一。所谓不成文宪法，其实就是没有根本法意义上的、具有最高位阶的宪法。

在萨托利看来，英国没有宪法的缘故是没有宪法典。“英国宪法”一词，本身就导致了许多混乱！——英国宪法在哪呢？似乎不可见、不清晰。很明显，按照美国、法国等世界绝大多数国家的标准，我们完全可以说，英国根本就没有宪法。

3. 有何启示？

事实上，一个国家只要有秩序，就一定都有它自己的constitution。

在近代以前，constitution 一词还大量地应用于医学和生物学领域。直到今天，我们仍然可以说，每一个人都有自己的 constitution，就像每个国家都有 constitution 一样。可是，把上述四个 constitution 都替代为“宪法”，似乎是很荒谬的——每个国家都有自己的宪法？每个人都有自己的宪法？其实，如果把这两个问句中的宪法理解成“结构”或“组合”，或许就不那么不可接受了。

当我们说，古今中外，每一个国家都有自己的“宪法”，这是从经验宪法的角度来看的。但是现代宪法不再指向法律所调整的事实状态，而是转向调整此状态的规范本身，也就是说，宪法已经转变为规范性的概念，根据这种新的含义，则并非所有国家都拥有宪法。

自 1787 年美国宪法诞生以来，当我们谈论宪法的时候，这个概念就指向规范性文件本身了，而规范性文件并不只是一个白纸黑字的宪法文本，更是指向这个文本背后所蕴含的一种规范性力量。这是当时制宪者的共识。正是因为有了规范意义上的宪法，才有了这个国家，形成了宪法秩序，乃至于世界对宪法如此尊重。今天，当英国的法科学生、改革家、法官们谈论“英国宪法”① 的时候，它其实也蕴含着一种“我们应遵守它”的含义。

总之，从以上四位思想家的论述中，我们大概可以得出英国宪法是经验宪法的结论，因为它似乎可以被任意修改、废除，看起来没有规范性可言。但这只是英国宪法的一个方面，它其实包含着某些规范宪法的要素。我们不妨把英国宪法看成经验性概念和规范性概念的混合，或者说英国宪法是古代宪法与现代宪法的结合。

---

① 对应的英文词根据语境，或许是 English constitution, British constitution 或 UK constitution。

二、现代规范宪法的模型

我们知道，英国有关政府和个人权利最重要的规则，不像其他国家那样汇集在一部文件之中，也就是我们常说的，“英国没有成文宪法”。英国没有成文宪法的原因深藏在英国历史中，既与社会发展有关，也与人们对政府的理解有关。原因既有历史性的，也有理论性的。

按照波格丹诺在《新英国宪法》一书中的观点，英国没有成文宪法，有两个原因：一是英国历史上从来没有出现过一个真正的“制宪时刻”，即政治发展史上没有出现明显的断裂，这种断裂可能是革命、独立或者战败，带来制定新宪法、建立新国家的契机；二是从理论上讲，议会主权与成文宪法是冲突的，在英国政治制度中，议会主权是一项根本原则，议会可以制定或废除任何法律，不存在可以推翻议会立法的权力。换句话说，如果议会是主权者，那么制定一部成文宪法就没有意义。参照世界经验，若制定了一部成文宪法，这部成文宪法必将限制立法机关的权力。

1.“不成文宪法”，什么意思?

我们可以笼统地说，“不成文宪法”是指没有统一的法典形式的宪法。英国宪法是这种宪法的代表。但实际上，按照戴雪的说法，“不成文宪法”一词，在英国法中至少有三种用法。①

① A.V. Dicey, *Comparative Constitutionalism*, Edited by J.W.F Allison, Oxford University, 2013, pp.22—23.

一是没有宪法典。这是一个非常形式化的概念。如果把英国宪法的主要内容都规定在一部叫做“宪法法”的议会法中，只要这部法律的修改和废除方式和其他法律一样，那英国宪法的实质就没有发生任何变化。

二是指宪法的条款在很大程度上是法律判决的结果，或者是冲突的结果——这种冲突导致了非常类似法律判决的东西。如戴雪所说，《权利请愿书》或《权利法案》这种文件就是王权和议会人士之间冲突的结果，这种文件的名称中，没有“宪”字和“法”字，但文件所包含的内容，其实就是宪法。所以常有类似“宪法散落在判决和其他文件中”的说法。

三是宪法的运行取决于默契或惯例。英国宪法的运行非常依赖于惯例，惯例在形成早期，一般是不成文的，但即便是形成文字，也不具有法律上的约束力。对于这一点，我们将在下文予以详细阐述。

“不成文宪法”已经变成了一个专门术语，它的含义其实不同于其自然意义。首先，正如本章开头所引用的那句话所说，英国宪法发展到今天，它其实“不像过去那么不成文了”。其次，它有时更多是指向英国宪法的“柔性”特征，即通过普通的立法程序，就可以改变宪法本身，也即托克维尔所表达的，“立法即立宪”。再次，要注意的是，英国宪法的“不成文性”和“柔性”特征，二者集于一体并不是必然的。为什么英国的“不成文宪法”，同时又是“柔性”的？这要结合下文关于“议会主权”的论述才能理解。

然而，关于不成文宪法的特征，最值得注意的一点，却是戴雪没有指出来的，那就是，英国宪法是古代和现代的混合，或者是经验和规范的混合。此话怎讲？英国宪法既表达一个纯粹的事实，即英国存在宪法秩序，但同时，它也含有一些规范性的东西，只是没能把所有的规范全部囊括在一个文本之中而已。下面我们以规范宪法——现代成文宪法——作为一个参考模型，来理解英国宪法的这种混合性。

2. 现代为什么有成文宪法?

成文宪法的出现并非偶然，它不仅是一个形式问题，还有背后蕴藏的规范力量。可以断言，现代宪法与革命、建国有着直接的联系；成文宪法的诞生，一般源自三种情况：革命、独立和战败。我们观察拥有成文宪法的国家，发现它们都有着建立国家的标志性时刻。譬如，经历革命之后起草宪法建立国家的美国、法国、苏俄；从殖民统治中脱离出来制定宪法成立国家的加拿大、澳大利亚、马来西亚；战败之后消灭此前的法西斯主义和国家社会主义制度后起草新宪法建立新型国家的德国。所以，国家要获得自由，要么是从殖民统治中独立，要么是从旧制度中解脱出来制定新宪法，革命、独立、战败都是标志性的制宪时刻。

近代以来，资产阶级地位上升，市民阶层数量大幅增长，当社会力量活跃时，市民群体就会对国家权力产生强烈的对其加以限制的需求，此时宪法具有的分配和限制权力的强大功能显现无疑——人们在制宪时刻达成共识，一致同意通过起草一部宪法来分配和限制国家权力，以此建立一个全新的国家，这就是成文宪法产生的原因。英国之所以没有成文宪法，就是因为历史上从来没有出现过这么一个真正的“制宪时刻”。

让我们看看，其一，世界上第一部成文宪法是如何诞生的；其二，欧洲第一部成文宪法是如何诞生的。

（1）现代第一部成文宪法

会议本身差不多历时五个月，在新宪法草案上耗费的劳作和心神同这项任务本身之宏大、艰巨以及结果之辉煌，倒也恰成匹配。制宪会议的辩论是秘密进行的，此举也是好事，毕竟，来自外界的批评浪潮很可能危及这项工作，而且，即便如此，这项工作仍然遭遇了数次的崩盘危险，各州的情感和利益诉求乃截然不同，加之大州和小州之别，令制宪工作变得极为艰巨。①

这一段话实际讲述了美国制宪会议的历史，各州相互斗争激烈，制宪过程可谓惊心动魄。制宪会议的辩论是秘密进行的，因为各州的利益诉求截然不同，如何平衡大州和小州的情感与利益，是制宪工作的重中之重，从参议院与众议院的议席分配就能窥得一二。尽管当时的制宪，看起来仅仅像是几十人聚在一起来制定一个文本而已，实际上与会人员都是在字斟句酌、无比谨慎，因为他们的诉求是要建立一个全新的国家，重新分配国家权力，这可不是小事儿。

虽然我们今天仅仅花两个小时甚至更少的时间，就可以把制宪会议的代表精心制定的宪法一口气读完，就能对美国政制的基本原则和公民的一些基本权利有适当的了解，但是理解美国宪法出台的动力和原因——真正惊心动魄的“制宪时刻”，才是我们要抓住的重点。

① James Bryce, *The American Commonwealth*, vol. 1, 1888, Liberty Fund, Inc. pp.45—46.

（2）欧洲第一部成文宪法

> 法国革命之后，宪法在欧洲便如雨后春笋。在法国颁布第一部宪法之前，波兰就已经于1791年5月3日颁布了宪法……（在欧洲各国）普遍存在的情况是，在制定宪法的时刻，都还没有足以落实自由社会模式的强大市民阶层，因此也缺乏催生美国和法国首部宪法的那种革命断裂。①

实际上，在法国颁布第一部宪法之前，波兰的宪法就已经出台了。为何一般认为欧洲第一部成文宪法是法国宪法，而不是波兰宪法？

这就要与举世闻名的、影响深远的法国革命联系起来。法国大革命于1789年7月14日在法国爆发，巴黎的革命者攻破象征封建统治的巴士底狱，起义取得成功，资产阶级登上政治舞台，国家政权也随之转移到资产阶级控制的制宪会议手中，统治法国多个世纪的绝对君主制在三年内土崩瓦解。同年8月27日，制宪会议通过了著名的《人权和公民权利宣言》，简称《人权宣言》。可见，法国大革命背后有强大的市民阶层支撑，大革命使当时的法国与过去的社会做了一个彻底的决裂，这种革命性决裂与美国一样，催生了宪法的出台与新国家的建立。

波兰当时没有这样的革命断裂，没有像法国一样强大的市民阶层，尽管波兰先于法国出台宪法，波兰宪法也没有像法国宪法这样的典型意义，这就是为什么世界公认的欧洲第一部成文宪法是法国

---

①［德］迪特儿·格林：《现代宪法的诞生、运作和前景》，刘刚译，法律出版社2010年版，第80页。

宪法而不是波兰宪法。

（3）英国历史上没有革命或者战争吗？

可是，问题来了。英国历史上从来没有出现过这样的“制宪时刻”吗？确实没有，正如波格丹诺所说：“与其他几乎所有民主国家不同，我们的宪政史自17世纪以来就没有出现过明显的断裂，所以，对于制定一部宪法，我们感到既不渴望，也不需要。”① 自1689年詹姆斯二世被罢黜以来，英格兰的历史就没有出现明显的正式断裂。即便是1689年的断裂，表面上仍然沿袭的是传统形式，詹姆斯不是被罢黜，而是自愿“退位”；尽管有光荣革命，但是光荣革命只是一个妥协的改良运动，没有发生流血革命；再往前看，尽管曾经也产生过《政府文书》② 这样的成文文件，但并没有起到实际的效果。可以肯定的是，像法国这种大范围的彻底的革命，在英国是从来没有发生过的。英国至今都没有出现过一个惊心动魄的制宪时刻，所以英国也一直没有成文宪法。

3. 英国没有成文宪法的原因

从法律角度而言，议会主权是英国政治制度的主要特征。按照戴雪的说法，议会在法官和律师口中，是指君主、上院、下院的集合，即“王在议会”。议会主权的法律含义是议会立法至上。

---

①［英］韦农·波格丹诺：《新英国宪法》，李松锋译，法律出版社2014年版，第16页。

② 即1653年的“克伦威尔宪法”（1653—1660），通常译作“政府约法”（Instrument of Government）。

成文宪法与议会主权密切相关，只要议会主权存在，它在逻辑上就与成文宪法相冲突，这是因为宪法的功能之一就是分配并且限制权力。以美国为例，美国宪法给立法机关、行政机关、司法机关分配权力，在此种权力分配的架构之下，作为立法机关的国会显然不太可能拥有一种无限的立法权——如果是那样的话，宪法的权力分配意义就不大了。而英国始终奉行议会主权，在议会拥有这样一种无限立法权的前提下，成文宪法如何可能呢？①

成文宪法意味着宪法的优位性。举例而言，英国议会于1716年通过了《七年任期法》，将自身的法定任期由三年延长至七年，这就意味着，未来的议会无需大选即可存续七年而不是三年。所以，潘恩才愤怒地说，英国议会这种做法，相当于没有宪法。可见，议会主权的存在就导致在逻辑上、法律上不可能产生一种优位性的、效力高于其他法律的宪法。

综上所述，正是在现代成文的、规范宪法的观照之下，英国宪法才显现出它的独特性，也才更容易为我们所理解。迪特·格林从历史和比较的角度，有力地分析了现代宪法的产生和运作条件，也清晰地阐述了宪法概念的发展历史。格林的许多论断非常具有启发性，这里简述一二。

现代宪法应具有七大特征，每一个都具有极强的历史针对性：

① 有学者指出，威斯敏斯特体制与成文宪法并非不可兼容。例证就是沿袭了该体制的英国前殖民地，如澳大利亚、加拿大、津巴布韦（前罗德西亚殖民地）都制定了成文宪法。参见［英］A. W. 布拉德利、K. D. 尤因：《宪法与行政法（上册）》，程洁译，商务印书馆2008年版，第15—16页。不过，威斯敏斯特体制并不等于“议会主权”体制。

（1）提出规范性适用诉求——不打算适用的宪法文本不是宪法；（2）针对政治统治的建立和行使——重要的是拘束最高权力；（3）法律约束力是全面性的——高于宪法的力量和宪法之外的程序都是不允许的；（4）宪法的实施有利于所有的被统治者——不能只服务于特权；（5）宪法构成政治统治的合法性基础——独立于宪法的合法性基础是不充分的；（6）统治的合法性最终来源于被统治者——以真理而非同意为基础的合法性有害于宪法；（7）对统治行为具有优先性——由简单多数立法者所支配的宪法不是真正的宪法。① 按照这个标准，英国宪法至少在第（2）条和第（7）条上就通不过。

也就是说，英国宪法不符合现代宪法的标准模型。但有意思的是，英国宪法又不属于格林所说的纯粹“经验宪法”或“事实宪法”。我们在这里想说的是，英国宪法虽然并不完全符合现代宪法的“理想类型”，但它也具有规范的属性。这正是下文甚至全书的立足点，也是笔者想要重点呈现的特征。

三、“不成文宪法”也是“宪法”

“英国”这个概念在比较法上没有太多的疑问，但麻烦在于，它有时候指英格兰，有时候指不列颠，有时候又指联合王国，因此显得比较混乱，即便是英国人自己，往往也会觉得别扭。

严格意义上来讲，英国其实指的是 The United Kingdom，即大不列颠及北爱尔兰联合王国，包含苏格兰、英格兰、威尔士和北爱

---

①［德］迪特儿·格林：《现代宪法的诞生、运作和前景》，刘刚译，法律出版社 2010 年版，第 30—31 页。

尔兰四个部分，其中英格兰以及整个联合王国的首府在伦敦；苏格兰的首府是爱丁堡；威尔士的首府是加的夫；北爱尔兰的首府是贝尔法斯特。英格兰、苏格兰、威尔士合称为大不列颠或者不列颠，大不列颠加上北爱尔兰才是联合王国。

我们讲的英国宪法，严格来说是指联合王国宪法。但是，许多经典文本，尤其是在戴雪和白芝浩的书中，他们的用词不是 UK constitution，而是 English constitution。为什么这样？因为在 19 世纪，他们觉得可以用英格兰宪法来指代整个联合王国宪法，事实上，英国的普通法也的确是英格兰创造出来的，但当时英国内部的民族主义并不似如今这般兴盛，所以使用“英格兰宪法”一词显得没有任何政治上、道德上以及舆论上的风险。到了当代，在涉及权力下放等问题的时候，是“英格兰宪法”还是“联合王国宪法”，就显得比较重要了。在其他问题上，英格兰、不列颠和英国的区分，似乎也没什么要紧。

1. 宪法（constitution）：四种概念及其区分

本书绪篇的重点是“宪法”，关于“宪法”这个概念，要强调的是其对应的英文词 constitution。

当我们用中文说出“宪法”这个词的时候，我们的重心在某种意义上是落在“法”上面的，这是一种常见的思维习惯，而本书要讲的“宪法”则是整全意义上的，不仅包括法律规则、非法律规则，还包括整个共同体的规则体系。强调整全意义上的宪法，对没有宪法文本的英国来说非常重要，在有宪法文本的国家一般不这样强调。

按照通常的说法，宪法就是一些规范国家内部以及国家与个人之间关系的规则，调整这些关系的规则，存在两种基本形式。

一种是将所有这些规则放在一个法律文件之中，这个文件本身就叫做“宪法”，如《法国宪法》。这是一种纯粹形式意义上的、文本意义上的宪法。

另一种则没有统一的法律文件，只是因为这些规则具有宪法上的重要性，因此可笼统地称之为“宪法”，如英国宪法。这两种类型，大致对应于惠尔的二分法[①]，很好理解，但也不够精确。比如，它没有区分“法律的”和“非法律的”规则，而这一点，对认识英国宪法来说，是相当有必要的。下面的四分法明显就更清晰一些，“宪法”有可能指：

> （1）名为“宪法”（或“基本法”）的单一文件，在某一特定时刻，经某个公认的批准程序通过。
>
> （2）影响政府运行的所有法律规则，体现为制定法、次级立法和司法判决，以及有约束力的国际文件或国际司法判决。
>
> （3）法律和非法律（或惯例）规则的组合，一般规定政府框架、规范主要政治行动者的行为。
>
> （4）一系列制定法或法律文件，具有稳固的法律地位，并且只能通过某个特定程序加以修正或废除。[②]

① 参见［英］K.C. 惠尔：《现代宪法》，翟小波译，法律出版社 2006 年版，第 1—2 页。

② 该四分法来自马歇尔，但在顺序上和语言表述上有改动。参见 G. Marshall, *The Constitution: Its Theory and Interpretation*, in V. Bogdanor (ed.), *The British Constitution in the Twentieth Century*, Oxford University Press, 2003, p.31。

在这里，以及在下一章中，借用德文中的一套概念是有助于我们理解的。① 这套概念不仅有英文的对应词，在中文中的对译词最近也相对固定下来。不过，要说明的是，之所以说是“借用”，是因为作为一套“工具性概念”是比较有用的，至少不会引起更多的混乱，方便讨论；至于这套汉译词能否流行开来，并成为真正的汉语法学概念，则有待历史检验，这里暂不作讨论（表 1-1）。

表 1-1

序 号	德 文	英 文	中 文
1	Verfassung	constitution	宪法
2	Verfassungsrecht	constitutional law	宪法法
3	Verfassungsgesetz	constitutional statute	宪法律

根据这个简要的对照表，上述四分法可作如下说明和解释。

（1）是“宪法典”或“宪法律”；（2）是“宪法法”，相当于戴雪书中的“宪法性法律”；（3）是“宪法”，包括“宪法法”和“宪法道德”；（4）是系列“宪法律”的总和。以上四义，（1）至（3）的外延由窄到宽。按理说，任何宪法，都可归之于（1）（2）或（3），但加拿大宪法很特殊，此三义都适合或都不适合，只能用（4）来指称。② 在此不予详述。

就英国而言，可以明确的是，在（1）的意义上，英国没有宪法，上文已有介绍。在（2）和（3）的意义上，英国是有宪法的。

---

① 参见［德］海因茨·默恩豪普特、迪特儿·格林：《宪法古今概念史》，雷勇译，商务印书馆 2023 年版；译者在后记中特别解释了三个宪法概念的译法。

② 在（1）的意义上，“加拿大宪法”由《1867 年宪法法》和《1982 年宪法法》组成，但又不止于此，它还包括系列制定法和文件；参见加拿大《1982 年宪法法》第 52 条。

只不过，严格而言，（2）可称之为“英国宪法”，而（3）则只能称为“英宪”，因为它不仅包括法律，还包括“惯例”或“宪德”（雷宾南先生译语）。可见，当我们用中文问：英国有宪法吗？在没有事先界定内涵的情况下，这个问题是没有办法回答的。根据上述表格，中文“宪法”概念的歧义很容易解释。第一，自晚清以来，英文 constitution 和中文“宪法”就建立了对应关系；第二，当我们在讲部门法意义上的“宪法法”时，为了简便，基本上都称之为“宪法”，如“宪法与行政法”，而不说“宪法法与行政法”；第三，我们的宪法典名称就是“宪法”，而不是“宪法律”。因此，问题的根源在于第一点上，但这已约定俗成，没法更改，也没有必要更改了。

本书所论“英国宪法”，既讲第（3）种意义上的宪法——作为众多单行法的“宪法律”（英文中常见的表达是“宪法性制定法”），而不是唯一的作为宪法典的“宪法律”，也讲第（2）种意义上的宪法——戴雪的那种“宪法性法律”，还讲第（1）种意义上的宪法。

2. 博林布鲁克的启示

本书讨论的不是某个单行的法，或者个别惯例，而是讨论“宪法”本身的运作。碎片化的讨论，不是没有意义，而是容易掩盖对宪法本身的认识。在这点上，成文宪法诞生之前的作家，给了我们很多启示。比如，1735 年，博林布鲁克在他那具有革命性的定义中，把“宪法”阐述为“治理国家共同体的法律、行动原则和制度的全面统一”。他说：

> 至于宪法，无论何时我们恰当和准确地谈及，我们指的都是法律、制度和习惯的集合体，来自某种固定的理性原则，指向公共善的某种固定目标，这些目标组成普遍体系，共同体据此同意被管理。

“法律、制度和习惯的集合”，显然不仅仅是松散的汇编，而是变成了规范公共权力的一个上位框架，以及政府行为是否优良的评判标准。对此，他又说：

> 当法律施行、制度和习惯得以遵守，简而言之，整个公共事务的管理都得到明智贯彻，并严格符合宪法的原则和目标时，我们就称这是一个优良的政府。

这种解释，之所以说是革命性的，就是因为，它是英语文献中，第一次从整体的角度阐述“宪法”的规范性。① 但不管怎样，它是“全面统一”的。

另一位作家德·洛尔姆，他的著作《英格兰宪法》中的宪法观，正是博林布鲁克式的。书名就很有意思，“英格兰宪法，或对英格兰政府的解释”。他认为英格兰宪法是一种混合宪法，书中充满了与罗马政制之间的类比。他对王权统一性的强调让人印象深刻，如此等等。

然而，书中也有专门的章节讨论民事法律和刑事司法。部分章

① ［德］海因茨·默恩豪普特、迪特儿·格林：《宪法古今概念史》，雷勇译，商务印书馆 2023 年版，第 103—104 页。

节读起来，完全就是纯粹的部门法著作。同时，德·洛尔姆也深谙英国宪法的特点，深知它的运行是高度依赖于“默契”的：

> 在每一院，议员们都小心翼翼，即便是在激烈辩论之时，他们在谈论彼此的方式上，也决不超越一定的界限：如果他们在这方面有所冒犯，肯定会招致议会的谴责。由于理性使得人类在战争中避免对彼此造成伤害，因为这无助于实现他们所争论的主要目标，所以，在组成议会和参加辩论的人中就开始实行一种“国际法”（如果我可以这样表达的话）：他们发现，自己完全可以分属于不同的政党，却不至于互相仇恨和迫害。他们即便刚刚结束辩论，甚至是相当激烈的辩论，也能在日常的生活交往中愉快地见面；只要暂停了院内的一切敌对行动，他们把院外的每个地方都视为中立之地。①

这种宪法观，可以理解为是一种“实质宪法”观。它包含形式化的立法，以及同样可以说是形式化的判例法，更包含看不见的惯例。所以，对英国宪法的讨论，不能只限于“宪法法”和“宪法律”，而且要指向“宪法”本身。

3. 如何理解“政治宪法”？

宪法究竟是“政治性的”，还是“法律性的”，取决于宪法的规则及其运行，有多少已经法律化——所谓“法律化”，是指“立法

---

① De Lolme, *English Constitution*, London, 1784, pp.530—531.

化”和“司法化”。对于英国宪法，一个较强的共识是，它的确是一部政治性很强的宪法，即它对政治过程的依赖，要多于对法律规则和司法程序的依赖。这就是“政治宪法”的含义。

简言之，所谓“法律宪法”，强调的是司法判决和制定法解释在政府运作中的重要性，而所谓“政治宪法”，强调的是宪法依赖于政治文化和民主进程。但实际上，这种区别不能过分强调，因为所有宪法在内容上都是政治性的，没有法律结构，任何民主都无法生存。在英国，政治宪法论和法律宪法论的分歧，不是针对事实或者历史的，而是针对“向何处去”的，即宪法应该是政治多一点，还是法律多一点。我们要重点理解的是政治宪法的运行方式，以及它与法律宪法的关系；更重要的是政治宪法和法律宪法如何共同确保宪法本身的规范性。

四、本章小结

讨论英国宪法，有一个重要的参照物，那就是成文宪法。法律思想史家有一个论断，即我们仍生活在 18 世纪的框架之中。这句话特别适合宪法。现代成文宪法，是 18 世纪两大革命的产物。革命性断裂的后果，不仅诞生了成文宪法本身，更是让成文宪法具有了前所未有的意义。

按照迪特·格林的说法，虽然经验宪法自始就有，但是，规范宪法确实是相对晚近的事物。从古今宪法概念史上讲，成文宪法第一次让宪法获得了完整的规范性含义。此前，宪法指向一个国家的状态，是一个描述性和经验性的概念。按照这种对宪法的理解，没有一个国家没有宪法，或者说，没有无宪法的国家。但是，现代成文宪法的诞生，让宪法指向调整此种状态的规范本身。

英国宪法具有古今宪法的混合特征，但正如上述，它总体上仍然是一种规范性宪法。“英国宪法”这一概念本身，已表达出它的规范性特点。至于它的规范表现为何种形式，则是下一章的重点。

第二章 “英国宪法”：渊源及其法典化可能

与大多数国家不同，英国没有一部宪法，即一部统一的、凌驾于其他法律渊源之上的根本法。我们的宪法安排是以一种务实的和原则的方式，通过成文法、事件、惯例、学术著作和司法判决的结合而逐步发展起来的。宪法学者戴雪教授说英国宪法是“现有的最柔性的政体”（见《英国宪法研究导论》），这与英国宪法的发展和内容是相符的。①

——“米勒一号案”最高法院判词

英国没有成文宪法。但是，它有18部宪法相关法，这些制定法共同构成宪法文本。这种情况给英国宪法的内容带来了不确定性，并促使一些人呼吁进一步编纂宪法。②

——伦敦大学学院宪法团队研究报告

① R (Miller) v Secretary of State for Exiting the EU [2017] UKSC 5, [2018] AC 61 at [40].

② James Melton, Christine Stuart and Daniel Helen, *To Codify or Not to Codify: Lessons from Consolidating the United Kingdom's Constitutional Statutes*, The Constitution Unit, March 2015.

本章要讨论的不是“英国成文宪法”，因为没有这种东西；而是如果将英国现有的宪法规范编纂出来，它会是什么样子？这是一个形式问题。了解这个形式，有助于从整体上认识它。

一、英国法的渊源

先一般性地讨论英国法的渊源，再具体地讨论英国宪法的渊源，这样可能更有助于理解本章的主旨。

英国法从类型上讲，首先被分为国际法和国内法。而国内法又分为公法和私法：公法是关于“治理”的法律，事关国家或政府，在英国主要包括宪法、行政法和刑法；私法又称民法，涉及私主体之间的纠纷，主要包括合同法、侵权法、家事法、公司法和其他法律。可见，英国法也是比较庞杂的。

它们的存在形式，按照达比希尔的学理划分，有以下九种：立法、法条解释、立法评论、案例法、君主特权、习惯、权威著作、作为英国法渊源的国际法、欧洲人权公约和欧盟法。① 至少从表面上看，它们之间缺乏必要的关联，因此，我们得换个思路，从英国法的历史发展来认识这个问题。

英国法——准确来讲，英格兰和威尔士法——是通过几个世纪的发展，逐渐建立和发展起来的。因为法律的创制方式不止一种，

① 其中第三点，即“立法评论”看起来是比较奇怪的，暂时存而不论。不过，它应该是指制定法协会、汉萨德委员会等机构的正式报告，报告中有许多关于对制定法的形式要求。参见 Penny Darbyshire, *Darbyshire on the English Legal System*, 13th edition, Thomson Reuters, 2020, pp.21-46。

所以法的渊源问题就出现了。历史上，最重要的方式是习惯和法官的判决。随着议会在18世纪和19世纪初变得更加强大，议会法成了新的法律的主要来源，然而这个时候司法判决仍然很重要，因为它们要解释议会法，填补制定法留下的空白。在20世纪，制定法和司法判决仍然是法的主要渊源，但除此之外，两个新的法律来源变得越来越重要，即授权立法和欧洲法（图2-1①）。

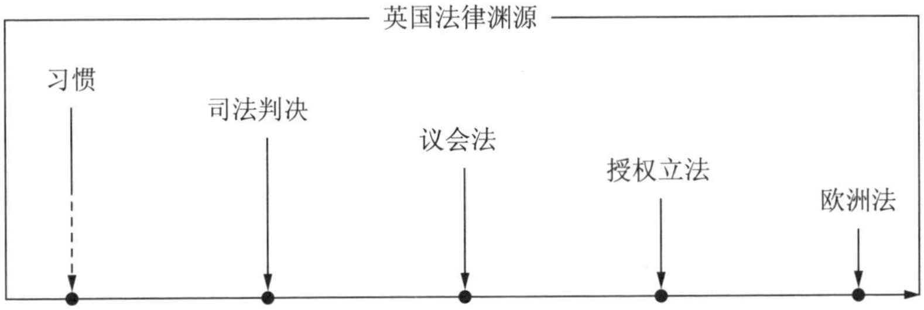

图 2-1

可见，当代英国法的渊源是习惯、司法判决、议会法、授权立法和欧洲法。但是，有几个问题需要说明一下。

首先是习惯的法源地位问题。从起源上讲，习惯先于普通法：原有的盎格鲁-萨克逊部落群体的习惯，在英格兰成为一个国家、由一个国王和一个政府统治之后，逐渐发展成为一种普遍的、适用于全国的法律，因此有了Common Law（本意为“共同法”）的说法。此后，习惯在中世纪仍然发挥着作用。习惯被纳入法律体系，有时是以立法的形式，有时是以法官根据习惯作出的判决——在最早的时期尤其如此。在判决和立法的共同吸收作用

① Jacqueline Martin, *The English Legal System*, 8th edition, Hodder Education UK, 2016, p.16.

下，习惯作为一种创造性的法源实际上已经消失了。但是，在少数情况下，如果法院能够确信，某一地方习惯是存在的，那么该习惯可能得到法院的承认。在刑事案件中，习惯可以用作抗辩理由，但是适用规则非常严格。所以，一般性地主张，习惯是英国法的法源，是没有什么问题的，此其一。其二，作为一般法源问题的“习惯”，和作为宪法法源的“惯例”是非常不同的，下文将专门讲述。

其次，上述议会法、授权立法，合称为“立法”。前者是威斯敏斯特议会制定的法令，称“主要立法”，是最显著的法源；后者有时候也称“从属立法”“辅助立法”或“行政立法”，是由大臣或偶尔由公共机构依据某项主要立法赋予的权力而制定的法律，这类立法种类繁多，名称各异，就看“母法”怎么称呼。

再次，关于法条解释的问题。最高法院和上诉法院审理的大部分案件都涉及制定法或授权立法中词语的含义。为什么需要解释？可能有不同的说法，但大抵不出这几个原因：词语含义宽泛、多义；起草者犯错；社会发展导致产生原法律无法涵盖的新情况；语言用法的改变。

解释的基本规则有三种：（1）字面规则，这是法律解释的基本规则，它要求法官不论结果是否合理，应完全按照法条的字面含义作出解释；（2）黄金规则，它要求法官应按照字面规则解释法条，除非将导致荒谬（与法律其余部分相抵触或不一致），此时，应当寻求其他含义；（3）除弊规则，是指应考虑法令通过的原因，然后根据这一原因，以最符合法令立法目的的含义作出解释（现称“目的解释”）——它的逻辑是：如果普通法有“弊端”（如有缺陷或未作调整），议会为消除该弊端制定了相应的法令，法院在解释该法令时，应该回到当初所要消除缺陷的目的上来。①

英国宪法学在讨论法律制度（法源问题）的时候，一般都会将“法条解释”作为单独的一章来讨论。但是，法条解释与立法或司法判决究竟是什么关系？它是附属于立法，还是因为是法官作出的，从而必然是司法判决的组成部分？又或者，它是一种独立的法源？

一句话，法条解释是一种立法形式吗？

这个问题的核心是：法条解释究竟是否达到了立法的程度？这所涉及的是司法的创造性问题。可简要回答如下：一方面，法条解释在很大程度上就是一种立法形式；另一方面，司法的创造性程度问题，的确又不能一概而论，具体情况取决于法条给法官留下了多少空间。不妨用一句类似格言的话来表示：法官可操作的空间越小，就越接近于发现法律；可操作的空间越大，就越接近于制定法律。

二、问的是什么：“宪法”或“宪法法”的渊源？

我们在第一章讨论了宪法的概念。“宪法”对应于 constitution，按照博林布鲁克的经典界定，它是法律、制度和惯例的集合。因此，至少在英国宪法的语境下，“宪法”并不只是指一种严格意义上的法律。为此，我们还是从戴雪的区分开始。

① 关于这三种解释规则及其相互关系的阐述，参见［英］迈克尔·赞德：《英国法：议会立法、法条解释、先例原则及法律改革》，江辉译，中国法制出版社 2014 年版，第 208—351 页。

1. 经典区分

戴雪说，英国宪法的规则分为两类：宪法性法律和宪法惯例，两者的区分标准是，它们是否由法院实施。这是一种经典的分类。

> 第一套规则是严格意义上的“法律”，因为不论成文的还是不成文的，也不论是由制定法规定的，还是源于大量的习惯、传统，或者法官创制的准则而被称为普通法者，它们都是由法院实施的规则；这些规则构成真正的“宪法”，为了区别起见，可被统称为“宪法性法律”。
>
> ……
>
> 第二套规则由惯例、默契、习惯或常规组成，尽管它们也可以规制主权权力各组成部分的行为，内阁的行为或其他官员的行为，但因为不是由法院实施的规则，所以其实根本不是法律。宪法的这部分内容，为了区别起见，可被称为“宪法惯例”，或者宪法道德。①

第一套规则是真正意义上的“法律”。实际上，英国的“法律”分为两类：一是制定法，即议会制定的成文法；二是普通法，即案例法或判例法。所谓“由法院实施”，是指由法院适用、解释和执行。

第二套规则即宪法惯例，它由默契、习惯或常规等组成。虽然它们可以规制主权者的行为，或者说，规制主权权力各组成部分的

---

①［英］A.V. 戴雪：《英国宪法研究导论》，何永红译，商务印书馆 2022 年版，第 127—128 页。

行为，但因为不是法院实施的规则，所以不属于法律。比如，有这样一条规则：国王或女王不得否决已由上下两院通过的议案。显然，它不是严格意义上的法律，既不是制定法，也不是判例法，而只是一个潜规则。如果君主打破了这个规则，可能引发宪法危机，以及相应的政治斗争，但法院无权管辖——从描述的意义上，法院不会管辖。[①] 在这个意义上，宪法惯例是一种道德，雷宾南先生曾译为“宪德”，可谓精妙。

（1）宪法性法律的例证

“国王无过”（The king can do no wrong）这条格言，根据现在法院的解释，首先是指法律中没有任何诉讼程序，可用以使国王对其任何行为亲自承担责任；举一个荒诞的例子，假设国王本人用枪射穿了首相的头部，这一行为，英国是没有法院能够审理的。其次，没有人能够以国王或者任何上级官员的命令为借口，来为自己在其他方面没有正当法律理由的行为进行辩护；需指出的是，这个原则在上述两种情形之下都是一条法律，而且是宪法性的法律，尽管它不是一条成文法。[②]

国王有两个身体，自然之体和政治之体。[③] “国王无过”，是指抽象意义上的“国王错不了”。无论何时何地，国王的责任都是无法追究的，唯一能够追究的是行使王权的那些大臣。所以，在法律

① 未来历史剧《国王查尔斯三世》（2017 年），很好地诠释了这条宪法惯例。

② ［英］A.V. 戴雪：《英国宪法研究导论》，何永红译，商务印书馆 2022 年版，第 128—129 页。

③ 参见第六章“Crown 的两个法律隐喻”。

上，不能产生真正可归咎于国王本人的责任，但这绝不意味着，国王本人永远是正确的。

其实第二个含义更有启发意义，任何人不能以国王的命令为借口来为自己的非法行为进行辩护。中世纪很多令状是以国王的名义签发的，法院和政府都是国王的。那么以国王的命令为由进行逮捕，能不能针对国王本人提起诉讼？不能。因为这是一条法律规则，即“国王无过”，或“国王无错犯”，这种规则当然跟英国的君主特权有关系。我们这里只需要明白，尽管它不是议会制定的成文法，但这样一种法律，法院是可以适用的。

（2）宪法惯例的例证

> “国王必须同意，或者（不准确地说），不能‘否决’任何已由上下两院通过的议案”；“上议院不能提出任何的财税法案”；“当上议院扮演上诉法院的角色时，不属于司法上议员的贵族，不能参与上议院对案件的判决”；“内阁大臣在失去下院的信任之后必须辞职”；“议案获下院通过之前，必须经过一定次数的读会”。①

“当上议院扮演上诉法院的角色时，不属于司法上议员的贵族，不能参与上议院对案件的判决。”关于这条惯例，要提及一下历史。2009年，英国最高法院成立之前，英国最高上诉法院的角色一直由上议院担任。但是，并非所有上议员都能够审判案件，只有12名司法上议员才有资格审案。所以，这条规则的意思是，当上议院

① ［英］A.V. 戴雪：《英国宪法研究导论》，何永红译，商务印书馆2022年版，第130页。

扮演上诉法院的角色时，除了 12 名常驻上议院的法官，其他议员是不能参与案件的审判的。在这个意义上，对于英国的宪法监督模式，即便在 2009 年之前，也很难说成是议会上院监督制；或者说，强调英国属于上院监督模式，没有多大意义。

“内阁大臣在失去下院的信任之后必须辞职”，意思是，如果内阁政府在议会不信任投票程序中失去多数支持，就会被认为不能够保有下议院的信任，必须辞职。美国总统除了那种极少数遭受弹劾的情况之外，常规任期都是四年，但英国政府的任期有可能很短，有可能只有几个月，或者一年两年，它的条件在于内阁取得议会的信任。

“议案获下院通过之前，必须经过一定次数的读会”，意思是重要的法律必须经过三读。这些规则，在制定法和判例法中都是找不到的，而且在发生相关争议时，法院也不会受理。

（3）宪法学家的真正研究对象

> 唯有这个真正的宪法，才是法学家实际关注的对象。他所固有的职责，是指出英宪各组成部分中，究竟有哪些法律规则（即法院所认可的规则）。这些规则或者法律，可谓比比皆是。确定国王的法律地位、国王大臣的法律权利、上下两院的组成的规则，以及管理国教、确定非国教会的地位、控制军队的法律，上述这些内容和许多其他的法律，构成宪法性法律的一部分，也真正是王国法律的一部分，就如美国的宪法条文是联邦法律的一部分一样。①

① ［英］A.V. 戴雪：《英国宪法研究导论》，何永红译，商务印书馆 2022 年版，第 134 页。

这是对前面两部分的总结。只有真正的宪法，即宪法性法律，才是法学家实际关注的对象。戴雪批评布莱克斯通，说18世纪的布莱克斯通犯了一种形式主义的错误，他的法律理论已经脱离实际了。戴雪认为，法学家不应该脱离实际，应该讲当代实际实行的法律规则是什么。对于宪法，有着不同的讲法，政治学家讲政治制度和宪法惯例，历史学家讲制度或规则的演变，而法学家则应该讲真正的法律，不应该把道德和潜规则作为重点。这是戴雪的意思。

2. 简短评述

戴雪的二分法，是非常有影响的。流行的英国宪法教材基本沿用了这个二分法，只不过对其中的法律部分进行了再细分。不过，在讨论细分的各种渊源之前，需要对该二分法简短评述一下。

第一，既然戴雪明确说，只有严格的法律才是宪法学的研究对象，那为何还花了很大篇幅来讨论宪法惯例？岂不是自相矛盾？——戴雪其实非常清楚，虽然法律是法学家眼中的核心部分，但对于“不成文宪法”而言，关注惯例是必要的；不仅如此，戴雪讨论惯例还有一个目的，那就是，他试图通过惯例的约束力这个问题来进一步证明他在前两篇中所主张的法律至高无上，因为惯例的约束力最终取决于法律。

第二，如果运用上文引入的三个概念，戴雪所谓的“宪法性法律”是什么？——就是“宪法法”。中文中的“宪法性法律”是一个容易引起误解的概念。但如上文所述，我们在用它讨论英国法时，它包含宪法性制定法和宪法性判例法两种。这两种法律都是严格意义上的法律。

第三，作为一般法律渊源的“习惯”，和作为宪法渊源的“惯例”是不同的。不可以“习惯”的法源地位，来类推“宪法惯例”的宪法法源地位。其中的道理并不复杂，正如上述，在今日，习惯作为一种创造性的法源已经消失了，因此我们可以断定，除了极其少见的情形，习惯基本上已经不构成法源了；但是如下文及后面若干章节（尤其是第六、七、八章）所展示的，惯例是一种不成文宪法的重要内容，如果惯例都不构成宪法的法源，那么我们讨论的“宪法”，就变成“宪法法”了。

所以，在讨论宪法渊源问题时，必须有高度的概念自觉。换言之，我们必须清楚，所问的究竟是“宪法”的渊源，还是“宪法法”的渊源？

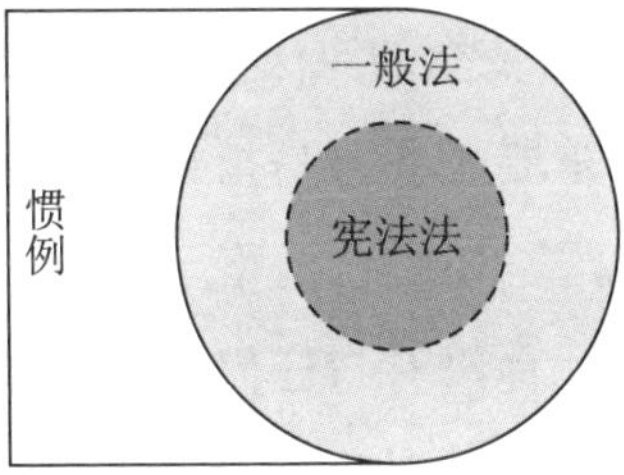

图 2-2

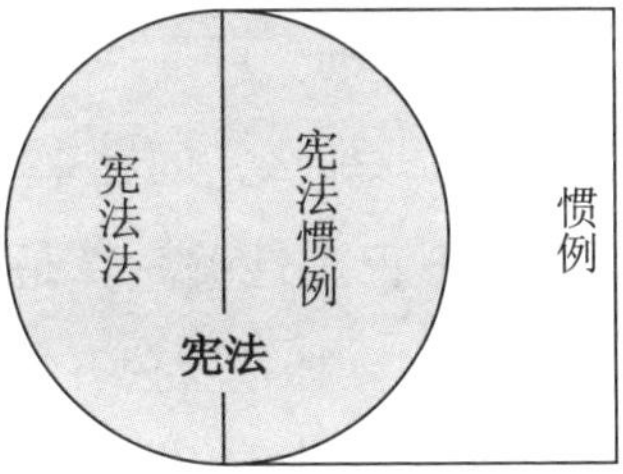

图 2-3

可见，宪法的渊源由两大要素构成，即宪法法和宪法惯例（宪法惯例只是整个社会惯例规则中的一小部分）；如果问的是宪法法的渊源，那么就必须服从于一般法渊源的界定，因为宪法法只是一般法的子集（宪法法所属的整个法律，与整个社会惯例明确区分）。

三、宪法渊源：四种

在讲不成文宪法的渊源之前，先提示一个很重要的概念，这个概念对于理解成文宪法的特征是有启示的，即宪法漏洞。

在成文宪法国家，宪法是最重要的法律文件，包含的是最重要的规则，但是宪法在实践中运行的时候，就会发现条文是有漏洞的，需要填补。“漏洞”这个词本身是法理学和法学方法论上的概念。

举例来说，美国宪法第 2 条第 4 款规定：“总统、副总统和合众国的一切文职官员因叛国罪、贿赂罪或其他重罪轻罪而受弹劾，并被判定有罪时应予免职。”这就是美国宪法上关于弹劾总统的宪法依据。前总统克林顿，曾经跟白宫一名实习生保持不正当性关系，后遭到了弹劾。可是，弹劾唯一可依据的宪法条文，只有上述第 2 条第 4 款。那么，问题来了：“重罪轻罪”是指什么？对总统来说，保持不正当性关系算是“叛国”还是“贿赂”？是“重罪”还是“轻罪”？克林顿曾公开表态说，他没有与任何女性保持不正当性关系，因此，他被指控的一个罪名就是他向国会撒谎，那么他的行为算不算撒谎？撒谎的行为和这一条有关联吗？这些都是非常具体的、有待回答的问题。

这个例子说明，在没有遇到具体问题的时候，法条表达得很清楚，但一遇到实际问题，法条又似乎什么也没说，这就是我们说的宪法漏洞。

在这个意义上，每一部成文宪法，都不能够解决或者回答所有的宪法问题。当然，这里只是举一个例子，也只是宪法漏洞的其中一种情形，没有讨论怎么去填补它。[①] 这里只是想提示一个问题，成文宪法确实是一个国家最重要的发生纠纷时有据可循的规范，但实际上，它并没有规定所有的规范，也不可能规定所有规范，所以就存在宪法漏洞。

在成文宪法国家，如美国，有一部叫做《宪法》的法律文件，这是正式的宪法渊源。同时，还有另外两种宪法活动，一是具有补充宪法作用的国会立法，二是法官造法，然而这些都不是宪法本身。在成文宪法国家的层级法结构中，《宪法》的位阶是最高的，其他的法律只具有补充或者解释的作用，其效力、层级要低于宪法典（图 2-4）。

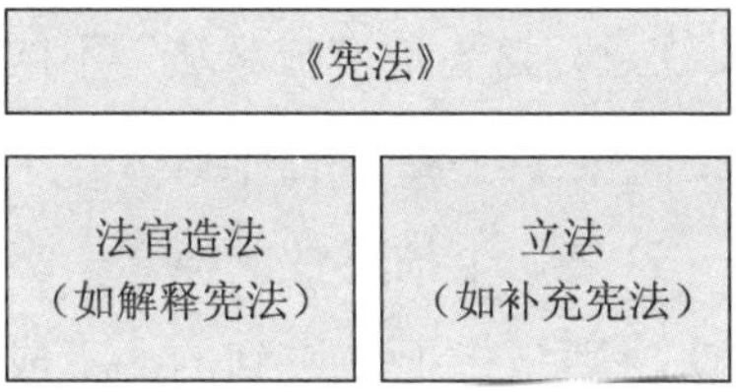

图 2-4

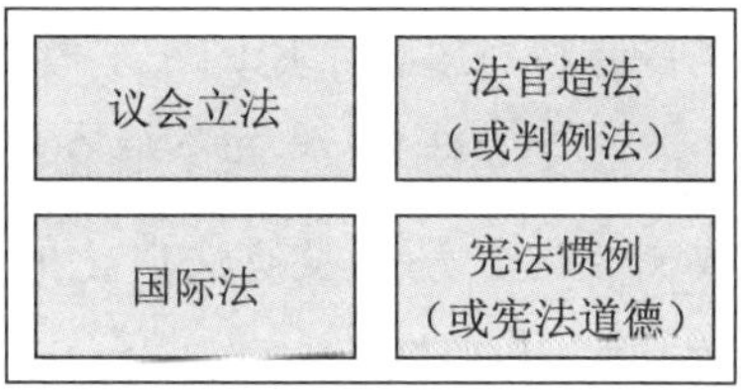

图 2-5

而在不成文宪法国家，如英国，首字母小写的“宪法”，是指一个国家的根本规则，按照比较权威的说法，这些规则主要分为四类（图 2-5），简述如下：

第一类，议会立法。英国的威斯敏斯特议会是最高立法机关，它所制定的法律，简称议会法，又称制定法。

第二类，法官造法。即英国的普通法，法官造法这个词本身不难理解，但从法律渊源的角度来说，初学者可能就比较难理解了，

① 详见柳建龙：《论宪法漏洞的填补》，载《政治与法律》2020 年第 11 期。

法官造法对英国来说是十分重要的渊源即表现形式，本章开头讲过一般法的渊源问题，可以参考。

第三类，国际法。比如，《欧洲人权公约》。

第四类，宪法惯例。惯例这个问题既简单又复杂，这里先简单提及，后面讲到君主、政府等问题的时候，我们还会对宪法惯例进行深入阐述。[①] 这一章主要讲议会立法和法官造法。

1. 制定法：议会立法

Statute 的本意是指议会立法，它是一个学理概念，议会法的名称中很少直接用这个词，一般翻译成“成文法”或“制定法”，这是普通法系里很常用的一个概念。要注意，这里的“成文法”不同于“成文宪法”。这两个概念容易混淆，因此有必要仔细区分。不成文宪法，是指没有法典化的宪法，这是一个描述性的概念，多数时候用来指代英国宪法；而成文法，则是指上面讲到的，不成文宪法的表现形式之一，特指英国立法机关所制定的成文的法律文件。

此二者的区别与联系，一句话即可表达清楚：不成文宪法中，包含了大量的成文法，如《1706 年与苏格兰联合法》《1911 年议会法》《1984 年牙医法》。有意思的是，这三个例子中，前两部法律的性质又有所不同，因其内容关乎国家机构和国家结构，故又被称为“宪法性成文法”。

---

① 参见后文第六章和第七章第三部分。

（1）何为“宪法性成文法”？

在普通法系国家，制定法只是一个笼统的类型，在这个类型里，有时候会分不清法律和宪法法。英国人所讲的宪法法，只是整个法律体系中的一部分，即英国法的一个子集。那么，我们凭什么区分哪些是宪法法，哪些是普通法律？似乎不容易分清楚。

仅以立法主体为标准，是无法明确区分的，因为宪法性立法与普通立法都是英国议会制定的。因此，只有从形式和功能两种方式上进行区分。从形式上看，如《2005年宪制改革法》，仅仅从名称上看有“宪法性的”，一眼就能识别出它是宪法性立法。但这样的法律很少。还有其他一些形式上的标准，比如，英国议会全体会议讨论通过的，有可能是“宪法性”立法。从功能上看，凡规范国家机构以及个人与国家之间关系的法律，就可以称之为“宪法性”立法。它们大致可分为两类。

第一，关于政府机构的组成和职权的法律。

关于下列事项的法律即属此类：1. 权力下放：《1998年苏格兰法》《2006年威尔士政府法》《1998年北爱尔兰法》；2. 入欧：《1972年欧共体法》；3. 地方政府及其与中央政府的关系：《2000年地方政府法》；4. 上下两院的关系：《1911年议会法》《1949年议会法》；5. 议员资格：《1999年上院法》；6. 下院选举：《1983年人民代表法》；7. 选举频率：《1715年七年任期法》《2011年固定任期议会法》；8. 司法机关的建立或制度：《1981年高等法院法》《2005年宪制改革法》《2007年裁判庭与执行法》；9. 联合王国的组成：《1706年与苏格兰联合法》《1800年与爱尔兰联合法》；10. 国王的退位：《1936年国王退位法》。

第二，调整个人与国家关系的法律。

例如，《1215年大宪章》，其中规定了个人自由和依陪审团审判的权利；《1689年权利法案》，其中有许多条款至今依然有效，比如该法第9条规定的议会特权，即在议会中的发言不受法律追究的权利；《1998年人权法》，该法被称为"新英国宪法"的"基石"。

上面只是列举表明什么是宪法性立法。至于完整而明确的清单，到现在还没有。伦敦大学宪法学研究团队认为有18部，牛津大学宪法学研究团队认为有14部，英国上院宪法和法律改革委员会则认为有28部。① 可见，究竟什么是"宪法性立法"，见仁见智，无可定论。尽管如此，共识或者交集是存在的，比如《1998年人权法》，1911年和1949年的《议会法》，等等。但对于有些立法的类型就会产生争议，到底有哪些立法是有争议的？产生争议的原因是什么？这些问题都有待解答。

这些法律，从类别上讲，严格而言是议会制定法，所以它们有一个专属名称，即"宪法性制定法"或"宪法性成文法"，英文表达是constitutional statute。意识到这一点是重要的，因为宪法性法律中还有一类，它们不是立法机关制定的，而是由法官创造出来的，即法官造法或普通法。

（2）宪法性立法与普通立法的区分标准

以某种普遍的、总揽全局的方式来规制公民与国家的关

① James Melton, Christine Stuart and Daniel Helen, *To Codify or Not to Codify: Lessons from Consolidating the United Kingdom's Constitutional Statutes*, The Constitution Unit, March 2015, p.12.

系，或影响到基本权利的范围，这类成文法之所以不同于“普通的”成文法，是因为后来的议会尽管可以通过明示立法加以废除，但却不能被默示废止。①

区别宪法性立法与普通立法，有没有意义？答案是，具有描述性的或教学上的意义。因为这样的划分，有助于理解宪法看起来是什么。

但这种区分，是否仅限于此？答案是否定的。正如上述引文所示，二者的区分，具有法律上的意义。这里有一个非常重要的原则——默示废止原则。议会作为英国的主权者，若其今天的立法与昨天的立法相抵触，且两部法律都没有明确表明哪个效力优先，就应该以最近的即今天的立法为准，昨天的立法自动失效，此为“默示废止”，但是，如果昨天的立法是宪法性立法的话，比如《1998 年人权法》，就不能适用默示废止原则，必须明示废止——即可以明示废止，但不能够默示或者推定废止。可见，是否可以被默示废止，就成为区分宪法性立法和普通立法的一个标准（表 2-1）。

表 2-1

普通立法	适用默示废止原则
宪法性立法	不适用默示废止：必须明示废止

① 2002 年“索博案”：Thoburn v Sunderland City Council［2002］EWHC 195 (Admin)。

（3）优位宪法与平面宪法（图 2-6）

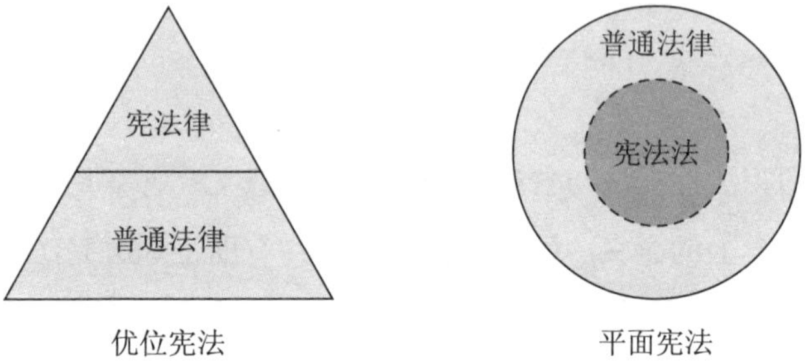

图 2-6

英国没有宪法典，意味着它没有“优位”宪法。换言之，英国宪法是“平面的”，故有学者称之为“平面宪法”。[①] 意思是说，英国的宪法法与普通法律之间没有效力等级的差别。

在优位宪法体系中，宪法律具有特殊的法律地位，难以修改，且与宪法律相抵触的普通法律无效。而英国宪法法是一种非立体化的扁平宪法，不存在比普通法律更难修改的问题，在这个意义上，它又被称为“柔性宪法”。

2. 判例法：法官造法

法官造法，意思是法官创制的法律，与议会法相区别。法官不仅仅是机械地适用法律，在英国，法官通过解释活动赋予法律以血肉。法官到底在什么情况下造法？主要采取三种形式：[②]

---

① Mark Elliott & Robert Thomas, *Public Law*, Oxford University Press, 2020, pp.91—96.

② Ibid., pp.60—62.

（1）对宪法性立法的解释

法官裁决案件，并非机械地适用法律。因为正如我们之前所提到的，制定出来的法律和现实之间是有落差的、有漏洞的。所以当法律条文有争议的时候，法官就必须对其作出解释，解释的过程就是填充抽象的制定法文字的内容的过程。如在贝尔马什监狱案中（详见本书第十四章），被告对 2001 年反恐法的一个条文提出质疑，认为它涉嫌违背人权。该法规定：

> 对有恐怖嫌疑的非英国公民，只要内政部有合理理由怀疑他们威胁国家安全，就可以对其进行无限期监禁。

这个法条十分严厉，而且执法主体是一个行政机关，只要发现非英国公民有理由怀疑其威胁国家安全，就可以对其无限期监禁。比如去英国旅游，因为某种原因，涉嫌威胁国家安全，内政部就可以对你进行无限期监禁，这在现代法治的国家里，似乎是非常难以接受的。因为 1215 年《大宪章》第 39 条就已明确规定，任何人非经国法审判并定罪，不得被剥夺生命财产和自由。而这种监禁是没有经过审判的。

审理该案的尼科尔斯勋爵说，这种监禁措施在任何遵守法治的国家都是令人憎恶的。这个解释结论，相当于确立了一个规则：对是恐怖分子嫌疑的非英国公民，即便有合理理由怀疑其威胁国家安全，内政部也不能在未经审判的情况下，对其进行“无限期监禁”。法官针对该问题确定的规则本身就成为了法律①，这就是法官造法。

① 在此，我们暂不考虑法官法和议会法的冲突问题，或者法官的不一致宣告，并不直接导致议会法无效的问题。

对于普通法而言，解释本身具有普遍的法律效力，可以作为后来类似案件判案的依据。

（2）对一个一个判决的提炼

法官造法是普通法系的主要标志，造法的功能不止于解释。普通法之所以又叫判例法，简单说，就是判例确立了法律，或者说，法律在判例之中，这跟法律在立法文件中形成鲜明对照。《判例汇编》与《制定法汇编》，是两种不同的东西。

判例确立了许多法律。关于个人自由的多数法律，都是由判例确立的。阅读《英国宪法研究导论》“法治”篇，一个令人印象深刻的就是戴雪所援引的法律，几乎都来自英国法院的判决，例如关于公民的人身自由、集会自由、言论自由。“法治”篇的脚注中，充满了各种各样的判例汇编。

司法判决的例子如下：“安提克诉卡灵顿案”认为，政府主管大臣无权签发一般逮捕令，对那些发表煽动性言论的人进行逮捕和搜查；① 在现代，“伯马石油案”认为，国王行使君主特权而征用私人财产，必须对财产所有人予以补偿；“M诉内政部案”认为，内政大臣犯了藐视法庭罪，因为他没有遵守法官的命令，将一名被驱逐到扎伊尔的人带回联合王国。② 如此等等，这种判决宣布了重要的公法规则，而这些规则往往是议会不可能颁布的。在没有成文宪法的情况下，这些判决提供了所谓的英国宪法的法律基础。即便如此，它们也不会永远具有约束力，因为它们可能被议会搁置或

---

① 详见第四章。

② 详见第九章。

修改。

在这个意义上，说普通法是不成文法，也是不准确的，因为它早就成文了。之所以说普通法是不成文法，有两个原因，一是法院早期适用的规则是“习惯”，它的确是不成文的；二是直到现在，也没有一个统一的文件来描述所有的普通法规则。[①] 其实，后者更能说明问题。这是法官造法的最核心的特征。

（3）根据宪法原则的解释

在法官造法的过程中，法院阐述了一些普通法的宪法原则，如“法律确定性”。

如果对某种行为的法律规定在措辞上很模糊，以至于该法是否对该行为创设了刑事责任，是无法确定的，那么，法院就可以解释为没有创设责任，以让该法与“法律确定性”原则相符。比如通奸行为，如果之前的法律没有规定，但道德上又不允许，若诉诸法院，法院就可以采取后一种解释，即没有创设责任，即现有法律没有明确表达这种行为是违法的，所以这种行为不构成犯罪。

这背后的依据是说，法律要有确定性，但所谓“确定性”，是一个很模糊、很抽象的标准，现在法官作出了一种解释，实际上就对法律确定性原则进行了一个细化，这样，“现有法律没有为通奸行为创设刑事责任”，这个解释本身就成为一种法律了。[②]

---

① ［英］威廉·格尔达特著，大卫·亚德里修订：《英国法导论》，张笑牧译，中国政法大学出版社 2013 年版，第 5 页。

② 关于普通法对宪法的发展，可研究一个典型案件：Attorney General v. Jonathan Cape Ltd［1976］QB 752；详细介绍参见 Alison L. Young, *Turpin and Tomkins' British Government and the Constitution: Text and Materials*, 8th Edition, Cambridge University Press, 2021, pp.208—214。

3. 国际法

国际法对英国宪法产生了重要影响，在很大程度上也是英国宪法的渊源。我们分两个方面来阐释这一点。

第一，当英国成为某条约的缔约国时，它通常会通过立法让其在国家法（或国内法）中生效。如《欧洲人权公约》通过《1998年人权法》在国内法中生效。通过这种方式，公约对英国的宪法安排有着重要的影响。本书最后两章会详细讨论这个问题。

第二，国际条约用以辅助解释国内法的含义。这种情况发生在没有通过立法将条约纳入国内法的前提下。这种时候，也有一个公认的原则，即法院应尽可能地根据所缔结的条约来解释国内法。例如，在《1998年人权法》之前，法院并未忽视《欧洲人权公约》；相反，在国内法的含义不明确时，它至少被用作解释的辅助工具。

要提示一点：虽然英国已经正式脱欧了，但是《欧洲人权公约》仍然对英国具有效力。

4. 惯例：宪法的“潜规则”

（1）宪法惯例

有一些宪法规则没有体现在法律中，而是体现在惯例中，仅举三例（表2-2）：

表 2-2

	法 律	惯 例
御准	否决权	必须同意
组建政府	裁量权	有明确的程式
王国有关放权地区事务的立法	有权为之立法	必须经过其同意

英国通过一部法律有三个程序：下院通过、上院通过和国王批准（御准）。在法律上，国王有否决权，但惯例上，国王必须同意已由上下两院通过的法案。这是最常见的例子，以说明有些规则没有体现在法律里，而是以一种惯例的形式存在，惯例可以理解成一种道德。

组建政府是极其重要的宪法问题，直到今天，英国的政府是没有明确法律依据的。在法律上似乎是明确的，即名义上国王来组建政府，而且国王任命这个程序，应该说是最典型、最显眼的一个环节，但未必是最重要的一个环节。因为更重要的规则都体现在惯例中，法律是没有明确规定的。

在英国，“地方”主要是指郡一级。这里的“地区”，特指英国中央权力的下放地区，比如威尔士、苏格兰和北爱尔兰，这样就形成了一个惯例：如果英国议会，即有时说的威斯敏斯特议会，要为有关放权地区的事务立法，那么必须经过地方的同意。以苏格兰为例，苏格兰属于权力下放地区，是地方自治的区域，属于英国不可分割的一部分，但英国是单一制国家，苏格兰不具有像美国的州那样的宪法地位，因此，在法律上，英国的国家立法机关即威斯敏斯特议会有权为苏格兰立法，但是，若涉及权力下放的事务，如经济管理、大学教育、环境、卫生、经济发展等，那么必须经过地区的同意，这就是王国有关放权地区事务立法的惯例，称“休厄尔惯例”(或“斯维尔惯例”)。

四、宪法编纂的三种可能

1.“制定法”汇编是可能的

汇编宪法文件与制定宪法是不同的。英国制定不出来宪法典，是因为制定宪法典，必须在很多事情上达成共识，必须有类似于革命、独立或者战败的那种制宪时刻。

但是需要强调的一点，没必要法典化，并不是不可能法典化。理论上，将各种宪法性立法汇编在一起，不仅可行，而且在教学上也是有意义的。如戴雪所说，如果每部制定法更改起来都同样容易或者同样困难，就没有多大必要把宪法成文化。为什么？因为即便是把所有宪法性立法放进一部制定法中，从而称之为《英国宪法》——其实比利时宪法几乎就是成文化的英国宪法——这部所谓的《英国宪法》，同样也可以通过普通方式加以修改。所以，即使把一些“宪法性立法”汇编在一部法律里面，它的意义也就仅仅体现在教学上，或者宪法宣传上。在制宪时刻到来之前，匆匆“制定”宪法，意义不大。

2.“宪法法”汇编不可行

理论上，将各种宪法渊源汇编在一起，不仅可行，而且在教学上也是有意义的。但不止于此。如果说英国宪法中成文的部分，容易获取和识别，那么不成文的部分，就不那么容易被发现了。因此，英国内阁在2011年做了一个汇编工作，将其文件命名为《内阁手册：关于政府运作的法律、惯例与规则指南》，关于英国宪法，该文件序言是这样表述的：①

> 英国没有宪法典。没有一份描述、建立或规定国家机构，以及它们与人民之间关系的文件。相反，宪法秩序随着时间的推移而演进，并将继续演进。它由通常被理解为"宪法性的"各种惯例、制定法、司法判决、原则和常规组成。英国没有一个宪法法院，以对宪法典的含义进行裁决，因此，议会的主权不受这种法院的约束。
>
> 宪法事务和惯例可包括：
>
> **制定法**，如1215年的《大宪章》、1689年的《权利法案》和《苏格兰的权利要求法》、各《联合法》，各种扩大选举权的《议会法》，1911年和1949年限制上议院权力的《议会法》，《1972年欧共体法》和《1998年人权法》，各《人民代表法》《1998年苏格兰法》，1998年和2006年的《威尔士政府法》，以及《1998年北爱尔兰法》；
>
> **君主特权**，也就是君主固有的剩余权力，现在主要在首相和君主大臣的建议下行使；②
>
> **司法判决**，例如"佩珀诉哈特案"，载《上诉案例汇编》

---

① Cabinet Office, *Cabinet Manual*, London 2011, pp.2—3.

② 严格说来，按照宪法学家的说法，君主特权属于行政权的一种，已经不是独立的宪法法源了。参见 Mark Elliott 和 Robert Thomas 的《公法》；以及本书第六章第二部分。

1993 年第 593 页；“M 单方诉讼案”，载《上诉案例汇编》1994 年第 377 页；“杰克逊诉检察总长案”，载《英国上议院案例汇编》2005 年第 56 页，对于该案，（英格兰、威尔士和北爱尔兰）的高等法院和上诉法院、苏格兰最高民事法院，以及英国最高法院（前上议院）均作出了判决。

惯例，即宪法实践中的规则，被视为具有实际约束力，但不具有法律的效力。

欧洲法和国际法，两者对英国宪法均产生了各种影响。

这是一份正式的宪法性文件，但它本身不是法律。正如其副标题所示，它试图对有关政府运行的惯例进行概括和记录，但本身并未创设规则。此外，它虽然对有关政府运行的各种规则进行整理，但不是对英国宪法的全部规则进行整理，就此而言，它不是严格的汇编宪法。

这份文件是值得研究的。在此，我们可以得出几个初步结论：第一，英国宪法惯例，大部分已经“成文化”，即被书面记载下来，但仍然没有被“成文法化”。第二，对英国宪法的汇编，涉及对宪法惯例的识别和记录，所以，要把所有宪法规则全部汇编起来，是一项不可能完成的任务。第三，即便只是对其中的“宪法法”进行汇编，也不可行，可以说是一种“英雄行为”。类似的尝试不是没有，但似乎都以失败告终。最根本的原因，一是人的认知能力有限，二是“宪法法”的外延无法确定。第四，汇编英国“宪法律”是可能的，但是，制定英国宪法（典），却困难重重，充满争议和阻力。[①]

---

① ［英］韦农·波格丹诺：《新英国宪法》，李松锋译，法律出版社 2014 年版，第九章“迈向成文宪法？”

3. 制宪难题

波格丹诺有一段话比较有代表性：

> 关于未来上议院的设计，没有共识。关于未来地方政府的角色，也没有共识。关于全民公投的作用，没有共识，并且，可能最为重要的是，关于产生平民院选举制度也没有共识。①

可以确信，当制宪时刻还没有到来时，强行制定的宪法是无法实施的，人们可能会消极不服从或积极抵制，所以说，强行制宪无意义。在制宪过程中，达不成共识，难免会伤及制成的宪法本身，从而会引起新的宪法危机和混乱。

此外，是否制宪的问题还涉及全民公投问题。关于宪法案的批准问题，我们可以推断，它很可能涉及全民公投；实际上，在制宪究竟是否需要举行全民公投的问题上，英国人民基本上是能够达成共识的，认为这不仅需要，而且可行。但是，对于具体如何执行，如公投问题如何设计，以及公投通过比例是三分之二多数还是过半数等一系列问题，目前也并没有肯定的答案。

五、本章小结

英国“不成文宪法”的渊源，具有很大的启示意义。

---

①《新英国宪法》，第 304 页。

宪法成文与否只是个形式问题。

第一，“成文宪法”和“不成文宪法”的区分，不等于“法律”与“惯例”的区分，因为“惯例”既有不成文的——这点好理解，也有总结成文的——这是较为晚近的现象，如英国《大臣守则》和《内阁手册》。[①] 它们是对惯例的书面化表达，但不是法律文件。而“不成文宪法”首先表达的只是没有宪法典这么一个事实。

第二，“成文宪法”和“不成文宪法”的区分，具有形式上的意义，但其意义也仅限于此。英国宪法除了没有统一的法典形式，就宪法的规范性而言，它与成文宪法没有实质区别。不仅如此，因为大量的宪法规则都以制定法形式固定下来，所以英国宪法是“不成文的”说法具有很大的误导性。只是“不成文宪法”的说法已约定俗成，我们也不能说这个概念毫无意义，但必须指明的是，它只是非常笼统地表达了没有成文宪法这一事实，除此之外没有多大用处。在成文宪法国家的语境下使用不成文宪法概念，通常会引起巨大的争议。

第三，宪法确有古今之别。英国到目前为止，没有把所有重要的宪法规则规定在一个文件中，它实际上保留着一种古典的宪法形态，英国人或许是认为，很多重要的规则是不需要制定成文件的，或者反过来说，制定成文件反倒不一定有用。直到今天，英国依然不认为神圣的“宣告”比实践中的“实行”重要，这是英国的经验主义传统所导致的。

理解宪法渊源问题，意识到第一章中的三个概念区分——“宪

---

① Cabinet Office, '*Ministerial Code*' (London, 2016). Cabinet Office, *The Cabinet Manual* (London 2011).

法”“宪法法”和“宪法律”的区分——不仅是有用的，而且是必要的。对英国而言，第一，宪法性立法构成宪法的渊源；第二，它的“宪法”可以司法适用，司法判例构成宪法的渊源；第三，宪法惯例也是宪法的渊源，但它确实不是宪法法的渊源。

第一篇　原则

第三章　议会主权：如何保证不被滥用？

英国宪法最根本的规则是，王在议会是主权者，国王经议会两院同意颁布的立法是至高无上的……议会可以通过颁布主要立法，任意地改变王国的法律。①

——“米勒一号案”高等法院判词

宪法必须优先于法律及法律适用行为，从而才能将法（宪法）适用于法（法律），并由此提高宪法得到落实的可能性。因此，这种优先性在概念上乃是宪法必需的。优先性是宪法的标志；如果宪法缺少优先性，它就无法完成其任务。②

—迪特·格林

议会主权，是英国宪法的一个重要原则，但历来充满争议。它

① R (Miller) v. Exit Secretary [2016] EWHC 2768 (Admin), [2017] 2 WLR 583 at [20] .

②《现代宪法的诞生、运作和前景》，第 14—15 页。引文中的“优先性”需从法律位阶理论来理解，即“优位性”。

也是除“不成文宪法”之外，最为人熟知的一个概念。2017 年，英国的脱欧判决中，仍然引用了戴雪有关议会主权的定义。在某种意义上，对于议会主权原则认识的深浅，决定了我们对英国宪法理解的程度。

首先需要弄明白，议会主权在法律上意味着什么？但最重要的是要理解，为什么一个看上去如此专断的权力，实际上却受到“宪法”的约束？因此，本章作为一种导言，主要讨论议会主权和“宪法”的兼容问题。为加深对这个问题的认识，本章还要讨论一个里程碑式的案件，即 2005 年的“杰克逊案”。

一、议会主权是什么？

“从法律角度而言，议会主权是我国政治制度的主要特征。”① 关于议会主权原则的重要性，戴雪的这句话最有代表性。议会主权是英国宪法的基本原则，后文诸如弱型宪法审查、国家机构、政府问责等多种制度都是围绕这个原则来讨论的。

1. 议会有权制定或废除任何法律

议会主权的含义是什么？用戴雪的原文来表述，即：

> 议会主权原则的准确意思，是指如此定义的议会根据英国

① ［英］A.V. 戴雪：《英国宪法研究导论》，何永红译，商务印书馆 2022 年版，第 141 页。

宪法，有权制定或者废除任何法律；而且英国法不承认任何个人或者团体享有推翻或者废止议会立法的权力。①

议会“有权制定或者废除任何法律”，这是英国的一个法律原则，我们不妨从正反两面去看待它。

从正面讲，议会有权制定任何法律，即没有什么是享有无限立法权的议会不能制定的。德·洛尔姆把这个问题概括成一句“荒诞”的表述，它几乎已变成一句谚语：“对英国律师和法官而言，这是一个基本原则，即议会除了不能把女人变成男人，把男人变成女人之外，什么事情都可以做。”②还有一个比较典型的例子就是说：“假如立法者规定，凡蓝眼睛的婴儿都必须杀掉，那么保留蓝眼睛的婴儿就是非法的。”③很显然，立法者不至于失去理性通过这样的法律，人民也不至于愚蠢到遵守这样的法律。

从反面讲，议会法的有效性不受“任何个人或者团体”质疑。个人除了“君主”，还有谁能质疑？然而，国王否决立法的问题已经解决了。所以，其实只有“团体”才有可能去质疑立法，而这个“团体”，在现实中最可能的又只能是法院。以美国为例，国会立法的有效性是可以受到质疑的，若国会制定的法律违反了宪法，美国

---

①［英］A.V. 戴雪：《英国宪法研究导论》，何永红译，商务印书馆 2022 年版，第 142 页。

② 让-路易·德·洛尔姆（Jean-Louis de Lolme，1740—1806 年），出生于当时独立的日内瓦共和国，是日内瓦和英国的政治理论家和宪法作家。成年后，他移居英国，成为英国臣民。他最著名的作品是《英格兰宪法》（1771 年），后来也以英文出版（1784 年）。文中所引这句话出现在 1784 年版《英格兰宪法》第 134 页注释中；戴雪引用了这句话（见《英国宪法研究导论》，第 145 页）。

③ 这是伦理学家莱斯利·斯蒂芬（Leslic Stephen）在《伦理科学》中的论述；转引自戴雪《英国宪法研究导论》，第 179 页。

联邦法院可宣告该法律无效。然而在英国，法院是没有这项权力的，法院始终承认“议会主权”，法官们在历史上从来都不承认自己或者别人享有推翻立法机关立法的权力，① 议会法的有效性不受质疑。

所以，“有权制定或者废除任何法律”，不只是一种宪法学说，它的力量来自实践。且看两段判词，看看法官是如何表述的：

> 制定法本身所规定的东西不能是非法的，因为制定法所说的和所规定的本身就是法律，并且是这个国家已知的最高形式的法律。这种法律，凌驾于所有其他形式的法律之上，法院无权说议会通过的法律——这个国家的最高法律——是非法的。

> 我不得不说，自始至终，在本案中，我没有听到任何使我怀疑这一简单规则的东西：法院的职责就是遵守和适用每一部议会法，并且法院不能认为任何此类法令是越权的。当然，对于法令的含义可能存在疑问，也有权裁定行政法规和其他附属立法越权。但是，一旦一份文件被承认是议会法，任何英国法院都不得拒绝遵守或质疑其有效性。②

可见，法官在不同案件中都承认议会法的有效性不容置疑。换言之，议会主权不只是一种学说，仅仅存在于教科书上，更是在实践中得到法官承认并一贯遵守的法律原则。

---

① 柯克的“邦纳姆医生案”或许是一个例外，参见本书第十二章。

② 分别见于 Cheney v. Conn [1968] 1 All ER 779 (Ungoed-Thomas J), In Manuel v. Attorney General [1983] Ch 77, 86, Sir Robert Megarry V-C；转引自 *Turpin and Tomkins' British Government and the Constitution*, pp.65—66。

2. 两种视角

上述界定，显然是从国内法视角出发的，自然就没有考虑国际法、政治或道德问题。所以，议会主权作为一个法律概念，是指国内法律对它没有任何限制，这就是上面所说的“议会除了不能把女人变成男人，把男人变成女人之外，什么事情都可以做”的内涵所在。

但是，还有一个更广的视角，即舆论、道德、政治或国际法的视角。比如，从国际法的角度，欧盟法、欧洲人权公约以及其他所缔结的国际条约，都对议会主权具有限制的作用。换句话讲，议会如果制定了不人道的法律，它不仅受到国际法的限制，还可能受到政治、道德的制约。但这与国内法视角并不矛盾，也是可以共存的。至于它们是如何相容的，可以根据法律主权与政治主权的概念来理解。①

3. No entrenchment

要深入理解这句话，“从法律角度而言，议会主权是我国政治制度的主要特征”，参照成文宪法是必要的。总结起来，议会主权有两大特征。

第一，议会法一律平等（unentrenched）。

Entrench 的本意是“用壕沟围住”，以加强防御，免受攻击，继而演变出让某事物牢固确立的意思。如果形容一个法律条款 entrenched，形象地说，就是把该条款“围护”起来使其不受损害，

① 参见［英］A.V. 戴雪：《英国宪法研究导论》，何永红译，商务印书馆 2022 年版，第 175—182 页。

其实就是不让它轻易受到更改或破坏。破坏当然不是指革命的破坏，而是指不受普通法律程序的更改。

大多数成文宪法都 entrenched，即都规定了严格的修改程序。成文宪法难以更改的特性，与普通法律形成对比，也与英国宪法形成对比。换言之，宪法法典化的重点，不在于把宪法书写在一个文本之中，而在于这种宪法文本受到“围护”和“保障”，难以更改。前面讲过了，英国的议会法中，没有哪一部法律比其他法律更加难以修改，这就是“平面宪法”的含义。所以，英国宪法是不受保障的宪法，不受保障的宪法就失去了宪法的本来意义。所以才出现第一章所说的，英国其实没有宪法。

第二，议会法是最高的法律形式。

既然议会法一律平等，同时又没有一个高于议会法的成文宪法的存在，那么就可以得出一个推论，即议会法就是最高的法律形式。

在英国，可以用普通立法的手段去制定和修改宪法，议会法之上的确找不到一个更高位阶的法律形式，也就是，议会法在法律效力和位阶上都是相同的，议会法就是最高的法律形式。比如，《1984 年牙医法》《2023 年鱼翅法》《1936 年国王退位法》和《1706 年与苏格兰联合法》等，虽然它们对于国家的重要性而言是不一样的，但是在效力上、位阶上却是相同的，它们都是由议会制定的普通的法律，至少在程序上没有“根本法”这样的说法。

二、宪法意义：立法即立宪

在讨论议会主权的宪法意义之前，我们不妨先简单介绍下“王在议会”一词的含义。议会主权中的“议会”，是指“王在议会”，即君主、上院和下院的集合体。

这个词早先多译为“君临议会”，它实际上表达的是国王和议会两院之间的一种结构性关系，或者说，这三个部分共同组成一个享有主权权力的机构。这个词本身是具有宪法史意味的，其中大有文章可做。这里作一个简短介绍。在17世纪，英国发生了著名的宪法冲突，即光荣革命，冲突的双方就是国王和议会，结果是议会取胜，其成果就是《权利法案》，或者是如今的君主立宪政体。在光荣革命以前，国王的权力要大于议会。而光荣革命最大的宪法成果就是限制了国王的权力。但是，限制权力并不是废除权力，尽管有国王被杀头的短暂插曲，但政治制度上的“国王”并没有废除。国王的权力被吸收在了议会之中。

也就是说，在法律上，议会是指“王在议会”。国王并非可有可无，法律是以国王的名义制定的——每一部议会法开头，都是这样写的：

> 现由最尊贵的女王（或国王）陛下，经上院神职议员、世俗议员和下院议员的建议和同意，在本届召集的议会上，以上述权威，制定如下法律：

而另一方面，国王又必须在议会之中立法。这样，国王、上院和下院是主权权力的三个组成部分，三方共同构成了法律意义上的议会。

1. 托克维尔的评论

如第一章所说，托克维尔认为英国议会“既是立法机关，又是制宪机构”。作为一个“立法”机关，议会能够制定普通法律。但这些法律中，有一些又足以变动宪法的根基，因而具有十足的“宪法性”，在这个意义上，议会又是一个立宪机构。比如，英国议会1689年通过的《权利法案》就改变了王权至上的政治体制，成为立宪君主制，这就改变了宪法的根基。因此，我们不妨把议会主权的宪法意义理解成：立法即立宪。

由此可以得出三个结论。

首先，没有哪部法律是议会不能更改的。

比如，《1911年议会法》废除了上院的否决权，只保留了它的搁置权。这实际上是关于最高立法机关之间内部关系的变更。既然如此重要的关系，都可以随着立法机关的意志轻而易举地变更，这部宪法就是没有意义的，实际上就没有所谓的宪法。这就是柔性宪法的特征。总之，不管看起来多么重要的法律，一点都不比其他法律更神圣，或更加不可变更。诸如《2005年宪制改革法》《1998年人权法》之类的重要法律，同样也可以通过普通程序加以修改。

其次，宪法性法律和普通法律之间没有区别。

比如，议会1998年制定的《苏格兰法》《北爱尔兰法》以及《威尔士政府法》，虽然都是普通法律，但这三部法律的制定却具有宪法上的意义，因为它们改变了这个国家中央和地方权力的关系、宪法机构以及最基本的规则，所以说议会又是一个“立宪”机构。

最后，没有哪个机构可以宣布议会法无效。

法院可以对行政行为和附属立法进行司法审查，审查的对象不包括议会法。但是这不代表司法机关在宪法审查的过程中不起任何作用，尤其是在《1998年人权法》之后更是如此。

2. 没必要法典化

> 宪法从未成文化或法定化，是因为它的任何一部分都能为议会随意变更。如果一个国家的统治，想要基于一部不可更改，或至少更改起来特别困难的宪法，其实就是想让宪法具有永久性或不变性，这样就必须将宪法成文化……但是，如果每部法律更改起来都同样容易或同样困难，则就没有太大必要把宪法成文化，甚至没有必要把其中某些法律视为宪法的专门组成部分。……事实上，比利时宪法几乎就是成文形式的英国宪法，而英国宪法也可以在它的特征不作重大改变的情况下轻易地变成一部议会法。①

前文已提到，成文宪法与普通法律的一个显著差别就是“难以修改”。戴雪所说的不过是：英国在议会主权原则之下，没有必要把宪法成文化。我们在第二章中已讨论过这个问题。但这段话仍然有两个启示：一是成文宪法之下，不可能存在一个至高无上的立法权力；二是如果英国将来真的制定成文宪法，那么可想而知，首先被改变的就是“议会主权”。

三、议会主权的争议问题

戴雪所阐述的议会主权原则，作为一种正统的理论和学说，在实践中得到了认可，但是也受到了一些质疑。其中，最核心的争议就

---

①［英］A.V. 戴雪：《英国宪法研究导论》，何永红译，商务印书馆 2022 年版，第 185—186 页。

是，议会主权在法律上能够受到限制吗？或者说，这样一种至高无上的、没有边界的议会主权如何能够与现代法治相兼容呢？这就需要我们去理解：在现代法治国家，宪法是如何限制至高无上的立法权的。

我们已然知道，成文宪法对立法权的限制出于两点：一是宪法的难以更改性，二是宪法的优位性。难以更改性指的是宪法所分配的一些权力，非经特殊程序不能修改，实际上就对立法权进行了限制。优位性是指宪法处于法律体系的金字塔顶端，其他法律不能和它相抵触，这也就对立法权构成了限制。以美国为例，美国国会的立法权受到美国宪法的限制，并不是因为美国宪法成文化的事实，而是因为美国宪法本身难以更改且具有优位效力。所以宪法成不成文只是一个形式问题，或者不是关键问题，这是我们理解议会主权争议问题的核心。

1. 议会主权是怎么来的?

关于议会主权原则的来源，无非以下两种解释：一种是政治事实，另一种是普通法原则。

议会主权是一种政治事实，这需要从历史视角加以理解。1688年，王位空缺，威廉、玛丽受邀共同统治英格兰，但前提是放弃立法权。从此，议会而不是君主成为国家的最高立法者，享有最高立法权。可见，“议会主权”是革命后的既成事实。这个政治事实，至今得到人民的承认、法院的承认。除非有“制宪时刻”的出现，否则延续几百年的议会主权就会保持不变。

议会主权实际上又是一个普通法原则，这也需要我们回溯历史。何为普通法原则？实际上，普通法就是法官“造”出来的，普通法的原则就是法官长期审理案件过程中发展出来的原则。议会制定法律，但是法律是不能够自动实施的；长久以来，法官在适用法律的过程中，从来没有质疑议会立法的有效性，而是选择遵守和适用；不仅如此，法官还会在某些关键案件中，明确表达议会立法是不受普通法质疑的。这样，议会主权作为普通法原则就存在于法院判决中。

2. 议会能限制继任者吗？

议会能够限制继任者吗？既然是议会主权，本届议会能否制定出一部法律，规定某些规定是下届议会无权更改的？这里就有一个逻辑悖论，如果答案是“能”的话，对下届议会来说，它的权力就受到上届议会的限制，这就相当于本届议会制定的法律变成了优位法，这和议会主权是相悖的。按照戴雪的传统理论，议会主权是不受限制的。对于下届议会来说，既然它也享有与上届议会同样的议会主权，它怎么可能接受上届议会的限制呢？

有理论家发展出了“形式与方法”理论。该理论认为，法律条款对于下届议会来说，即便在内容上可以更改，但是更改的“形式和方法”有限制。也就是说不对实际内容进行限制，而是从立法程序来进行限制。这种解释，其实是有争议的。

但不管怎样，作为一种正统理论、主流学说，议会主权是不受限制的，是不能够限制继任者的。如果能限制的话，就对议会主权本身构成了一种自我否定，这是一种逻辑悖论。

3. 欧盟法限制了议会主权吗？

1973 年英国通过欧共体法加入当时的欧共体（现在的欧盟）——

欧盟法限制了议会主权吗？这涉及解释问题。后面第十章的脱欧程序案会专门讨论，这里先给出一个简单的评论。

欧盟法肯定对议会主权有一种国际法上的限制，所以才会有“欧盟议会和议会主权，二者不可得兼”这种口号。

这里补充一点。欧盟是一个超国家组织，在货币、贸易和法律上，欧盟统一化的程度非常之高。脱欧就是脱离欧盟这样一个共同体。由此我们才能理解英国脱欧，为何能造成如此巨大的冲击。但是，英国脱欧不代表脱离《欧洲人权公约》，脱欧不影响《欧洲人权公约》在英国的适用，因为它们本来就是两个体系。

4.《1998 年人权法》有何影响？

《1998 年人权法》是一部国内法，但其背后的价值秩序是《欧洲人权公约》，人权法实际上是把公约规定的权利转化成国内法。那么，《1998 年人权法》到底给议会主权造成了怎样的影响？有学者认为，《1998 年人权法》是半部成文宪法。既然有这种说法，人权法就很重要，似乎处于更高的价值位阶，以后制定的法律显然就不能与之相抵触。这样的话，人权法是否对议会主权构成了限制？这也是一个有争议的问题。

5. 有没有“宪法性”立法？

前文提到过“宪法性”立法的概念，也就是说，从内容上是可以区分宪法性立法和普通立法的。但到底有多少部“宪法性”立法，目前及今后都不会有定论，有十几部到二十几部不等。

目前有争议的是，在法律位阶上，究竟有没有“宪法性”立法？一方面，在议会主权原则之下，似乎不存在这样的法律；但另一方面，有些立法在内容和功能上又确实比较重要。

6. 对上述争议的总体评论

上述争议指向一个核心问题：在现代宪法国家，“宪法”是如何限制立法机关的权力的？或者说，难道英国的立法机关即议会，除了在道德上受到限制外，在法律、宪法层面真的不受限制吗？

一个现代国家，有一个立法机关享有无限的立法权，听起来是让人不安的。此前说过，对成文宪法国家而言，立法机关的权力之所以受到限制，是源于宪法本身的“难以更改”和它的“优位性”，而不是源于其成文性。“优位性”是指宪法的法律地位和法律效力高于其他普通法律。以美国为例，美国宪法的权威高于美国国会及最高法院，不是因为美国宪法具有成文的形式，而是因为美国宪法具有“优位性”。

英国没有宪法典，议会法是最高的法律形式。所以，在法律上，不可能有更高的法律来限制议会主权。但是“宪法”能吗？存在一种高于议会法、并限制议会权力的宪法规则吗？其实是有的。虽然法律上不能对议会主权进行限制，但是更高位阶的宪法规则、宪法原则和宪法精神可以对其进行限制，只不过这个宪法规则有些是不成文的，有些甚至不是法律。对此，我们可以从三个角度去认识。

（1）政治事实

剑桥大学前校长威廉·韦德曾经说过一句非常具有代表性的

话："议会主权是一个政治事实，除非经过严格意义上的法律革命。"如前所述，光荣革命之后议会取得了至高无上的地位，但是并没有制定一部成文宪法，把英国国王与议会之间的关系固定下来。然而，议会主权这个经过斗争取得的既定政治事实，已在现实的法律中得到了司法界的认可，一直被沿用下来。因此，韦德说这是一个政治事实，除非经过严格意义上的法律革命，不然这个法律制度、法律原则是没有办法推翻的。

所谓"严格意义上的法律革命"，是指制定成文宪法这样的"制宪时刻"。而成文宪法和议会主权原则又是相互冲突的，在没有成文宪法的议会主权原则下，这依然是一个政治事实。法院承认议会享有无限立法权，这个状态本身是一个事实，但这个状态其实是值得深思的。正如汉密尔顿所说，司法部门既无钱亦无剑，如果出现二者针锋相对、相互对抗的情况，且双方都有理由坚持自己的主张，而宪法又没有对这种情况进行规定，那么这种对抗达到一种程度就有可能出现宪法危机。

（2）受到质疑

议会主权原则并不是不受质疑的，事实上，议会主权原则已经开始受到质疑。这种质疑，不仅仅是法学家、学者的想象性评论，也不仅仅是普通公民行使言论自由权的质疑，而是在国家法层面，法官们开始思考，真的要坚持议会主权吗？议会主权原则真的那么绝对吗？

以英国最高法院前院长黑尔女士为代表的法官，开始质疑英国议会主权原则的纯粹性、绝对性，不过，到目前为止，也仅仅是质疑而已，还没有达到推翻的地步。"推翻"议会主权，意味着议会法有可能被法院宣布无效，现在是“质疑”议会主权。英国法官在作判决的时候有两种原则，一个是判决本身，还有一个是附随意见。有的附随意见其实就展现了对于议会主权的质疑。

（3）自我限制

为什么说“存在质疑，但也仅仅只是质疑而已”？这是非常有意思的英国宪法问题。这是说，议会主权依然是一个政治事实、一个被普遍接受的法律原则，但也受到了一些挑战，只是尚未达到被推翻从而引发宪法危机的地步。

原因是什么？在现代，能够质疑英国议会立法的机构，只可能是法院。实际上，司法机关和立法机关都会自我限制，相互尊重，以避免宪法危机的出现。这是一种新的默契和一种新的平衡。

四、案例：2005 年杰克逊案

2005 年的“杰克逊案”①涉及议会主权问题，被称为“英国三百年来最重要的宪法案件”。我们通过此案来巩固我们对“法院认可议会、议会保持克制”惯例的理解。

案情大致是这样的：《狩猎法》规定禁止用猎狗猎杀狐狸，该法案于 2002 年 12 月 3 日获得下院通过，但被上院否决。它于 2004 年 9 月 9 日重新引入下院并由下院通过，但上院对其进行了重大修改。下院于 11 月 18 日拒绝了这些修正案，并于当天晚些时候通过诉诸议会法批准了该法案。

---

① Jackson v. Attorney General [2005] UKHL 56.

在分析该案之前，简要介绍下《1911 年议会法》和《1949 年议会法》是必要的。《1911 年议会法》第二条第一款如是规定：

> 如果任何一个公法案……由下议院在连续三次会期（不论属于同一届议会与否）之内通过，并于每次会期结束前至少一个月送达上议院，而上议院在每次会期中均将其否决，那么在上议院第三次否决之后，除非下议院有相反的指示，否则应将该法案呈送国王陛下，并在国王签字批准后成为一部议会法，纵使上议院未予同意亦可不计。但是，除非该法案在下议院第一次会期中进行二读之日，与该法案于下议院第三次会期通过之日，其间相隔已达两年，否则本款不予生效。

《狩猎法》是根据《1949 年议会法》规定得以通过的，《1949 年议会法》又对《1911 年议会法》进行了修改。传统的立法程序要求：制定一部议会法，需要上下两院通过且国王签署同意，而《1911 年议会法》却规定了一种不同于传统的立法程序，它省去了上院通过这一要件，仅要求下院通过和国王签署同意。简单来说，如果被上院两次否决之后，在相隔两年的时间之内，上院有可能会连续第三次否决，若到了第三次否决之后，上院的权力就用完了，下院可以自动通过法律，直接交国王批准，这就是我们常说的两年“搁置权”。所以如果遭到上院否决，否决的效果其实就是两年的搁置或延宕、拖延。《1949 年议会法》又把“两年”搁置权改为了“一年”。

这就引发了一个问题，《1949 年议会法》是对《1911 年议会法》的修改，《1911 年议会法》又是根据非传统立法程序制定的。

那么，《1949 年议会法》在程序上是否有效？它是否有权将搁置权期限缩短至一年？这就是本案争议的中心。

在杰克逊案中，以杰克逊为代表的乡村联盟挑战《狩猎法》和《1949 年议会法》的有效性，他们反对《狩猎法》的通过。杰克逊的律师主张，《1911 年议会法》并没有允许《1949 年议会法》可以把两年搁置权修改成一年搁置权。即《1949 年议会法》应该适用传统程序制定，才能成为议会法。因此，通过非传统程序制定的《1949 年议会法》，不是议会法，不具有法律效力，其本身是违背《1911 年议会法》的。如果《1949 年议会法》的制定在程序上是无效的，那么根据《1949 年议会法》制定的《狩猎法》也是无效的，不是议会法，不具有法律效力。

最终判决如下：

> 《1911 年议会法》没有设置任何限制，不能阻止其用于颁布《1949 年议会法》。因此，《1949 年议会法》有效地修改了使用《1911 年议会法》以通过一部议案的程序要求；而《狩猎法》是按照这些修改后的要求通过的，因而也被认为是有效的；上诉人的上诉被驳回。

可见，法院没有认可杰克逊的律师的观点，最后是认可了《议会法》本身的效力。法院认为《1911 年议会法》《1949 年议会法》《狩猎法》都是有效的，不管它们相互之间是怎样关联、怎样参照的。因为上院向下院妥协是内部关系，与此处的判决无关。凡是依照议会意愿通过的法律都是有效的，要主张议会通过的法律无效，在英国法上目前是做不到的。这就再次印证了“议会有权制定或者废除任何法律”，并且不受其他任何个人或团体的质疑。

这个案件和判决是为了说明：

第一，议会确实是在按照自己的意愿制定或废除任何法律。

第二，法院[①]没有真正地推翻议会的法律。

这个案件之所以引起讨论，除了涉及议会主权原则外，还有一个问题就是，有三名法官在他们的附随意见中，对议会主权以及《狩猎法》颇有微词。

斯泰恩勋爵认为，司法审查是法院的核心职责，也是常规职责。如果站在议会的角度，议会有权废除法院的司法审查职责；但站在法院的角度来讲，法院不会容忍议会这样做，如果是这样的话，法院就可以质疑议会法的有效性、正确性，法院可能会不承认议会法的效力，即法院可能会考虑这是不是宪法的基本原则。通俗地说，如果议会制定的法律，限制了法院的常规职责，那么法院也会考虑议会主权是不是宪法上的原则。

霍普勋爵说，英国议会绝对立法主权的原则逐步地、渐渐地，但又确确实实地正在受到修正；由法院实施的法治是英国宪法所依靠的最终控制因素。各位法律勋爵愿意审理这一上诉并对此作出判决，这一事实再次表明法院在界定议会立法主权的界限方面是可以发挥作用的。这就是说，在法治原则之下，法院是可以对议会的行为进行限制的，而议会本身做事也必须保持克制，不能随心所欲。如果议会制定一部法律，以限制法院所享有的审查政府行为的司法审查权，法院就会以特别怀疑的态度来看待这种法律，甚至会拒绝适用。这其实是表达了法院立场。所以，前文说法院在质疑，但也

① 在本案中其实是“上院上诉委员会”。

仅仅是质疑而已，没有去正式宣告，但法院所表达的这种态度是很重要的。

黑尔女士认为，如果英国议会立法涉及对法院司法审查职责的排除，那么法院是不会同意的。

这三个法官的评论，看起来和杰克逊案似乎没有多大的关系，但实际上都涉及议会主权原则。关于附随意见，举一个不太恰当的例子：裁判吹哨就相当于作了判决，但在这之后，裁判私下跟运动员沟通一番，说其实很多时候是可以不吹的。这些附随意见是法官对自己所理解的法律的特别说明，这些说明在某种程度上没有直接的法律效力，但是却具有法律影响力。可见实际上，议会主权原则是有受到质疑的。

五、法院认可，议会克制

2014 年 10 月 15 日，剑桥大学马克・埃利奥特教授[①]在面向公众的，名为“人人公法”的网站上发布了一篇“议会主权”的帖子，虽然只有约 1000 个单词，但却能够把“议会主权”的精髓深入浅出地讲述出来，对于我们的学习有很大的启发意义。

> 套用戴雪的话来说，议会在法律上有权制定、修改和废除任何法律，没有人有法律权力阻止它这样做。这个观点很简

① 马克・埃利奥特（Mark Elliott），英国剑桥大学法律系主任、宪法学家、行政法学家，也是剑桥圣凯瑟琳学院（St Catharine’s College）研究员。2015 年到 2019 年，他还担任上院宪法专门委员会的法律顾问，就一系列立法和其他事项向委员会提供咨询意见。

单，但却很夸张：正如斯蒂芬的名言所说，规定所有蓝眼睛的婴儿都应该被杀掉的法律是有效的。这种法律之所以没有制定出来，是因为“政治宪治”（political constitutionalism）而不是“法律宪治”（legal constitutionalism）的约束：发挥约束作用的是政治因素，而不是法律因素——包括人们希望的立法者自己的道德感。

……

然而，正如法院不急于挑起宪法危机一样，议会也不急于这样做。因此，在大多数情况下，双方都实行了一定程度的自我克制，这是出于对另一方在过度使用立法权或司法权时可能作出何种反应的合理关切。正是这种建设性的制度紧张，加上民主政治的抑制作用，构成了理解议会主权真实含义的背景。由此可见，即使我们接受议会拥有无限立法权这一戴雪式正统观念，也不意味着议会有能力行使其全部权力。①

埃利奥特教授的解释表明：第一，法官有一种自我克制，它对议会立法有一种尊重；第二，法官自我克制的同时，也有一种对对方自我克制的期待。这就是宪法惯例的根本精神，某种意义上，也是宪法的根本精神。这种精妙的平衡，也是英国宪法有意思的地方。

① https://publiclawforeveryone.com/2014/10/15/1000-words-parliamentary-sovereignty.

六、本章小结

议会主权是法院所承认的一个法律原则。其含义是：议会有权制定或废除任何法律；无人可以推翻议会法。议会主权让成文宪法没有必要，对英国议会而言，立法即立宪。议会主权是法院所承认的一个政治事实。如果政治现实发生改变，普通法上的这一原则也会随之改变。

议会主权在法律上能否受到限制，是有争议的，但也只是争议而已。争议的解决，有赖于法院的认可和议会自身的克制、依赖于对对方行使权力的期待。法官尽量避免直接挑起争端，因为一旦违背默契，下届议会和人民就会质疑法官的权威和正当性，甚至引发宪法危机。政府也同理。这种相互尊重构成的精妙平衡本身有可能形成一个新的惯例。

第四章　法治：古典普通法向现代的演进

法治的概念不是一成不变的……但在一个因国籍、种族、肤色、宗教和财富的差异而分裂的世界里，它是一个重要的、也许还是最重要的统一因素，可能是我们最接近于普遍世俗宗教的东西。它仍然是一个理想，但为了国内和全世界的善政与和平，是一个值得为之奋斗的理想。①

——宾汉姆

激进左派最感愤懑的是自由主义和资本主义，法治因为服务于这种政治和经济制度而备受攻击。……这种严厉的批评只能产生于这样的国度：对法治超长时间的了解导致人们对它的局限性极为熟悉，还导致了一种安全感，这促成人们患上对其益处的健忘症。②

——塔玛纳哈

① [英] 汤姆·宾汉姆：《法治》，毛国权译，中国政法大学出版社 2012 年版，第 243 页；译文有改动。

② [美] 布雷恩·Z. 塔玛纳哈：《论法治：历史、政治和理论》，李桂林译，武汉大学出版社 2010 年版，第 94 页。

英国宪法有两个原则，一个是议会主权，另一个则是法治。这是英国宪法的传统，至于分权原则，则是后来演变出来的。

议会主权原则界定的是议会和法律的关系，而法治原则处理的是政府和法律的关系，这里的政府指的是狭义的行政部门，即执行法律的机构。虽然法治原则的含义、价值等都存在很大争议，但是大多数争议都是围绕戴雪所阐述的法治原则进行的，尤其是针对他的前两个定义。

一、法治要解决什么问题?

本章讨论的“法治”，涉及很多问题。虽然法治概念很常见，但它的内涵往往是不确定的，曾引起很大的争议。要化繁为简。

法治到底要解决什么问题？——人治！可人治又是什么意思？难道在实行法治的国家里面，不需要人的作用吗？我们经常引用的一句话，“徒法不足以自行”，即法律需要立法者、执法者、法官去运用。难道法治就是指法高于人或高于权力？这些说法都没问题，但太宽泛了。

那么，英国的法治要解决什么问题？是怎么来的？有两点是比较清楚的：一是法治是政治斗争的产物；二是在英国语境下，法治是一个普通法上的概念。

先说反对王权的“恣意”。注意，不是反对王权。因为从中世纪一直到近代，很难说王权一定是被反对的对象。君主制是正统，是社会所认同的，没有人认为君主制本身应该被推翻——那是非常晚近的事情。下文只讲述两个非常有象征意义的事件，因为类似的事件非常多，不能一一陈述。这两个事件非常有象征意义，为法律人所津津乐道，常说这就是“法治的开端”。

为什么叫象征性事件？一方面，我们在谈论法治的时候，往往会引用这两个以及类似的宪法事件，把它们当作法治的最高象征，但另一方面，这些事件也仅仅是一个象征，本身并没有真正确立法律规则。

这两个事件都是政治斗争，而且最后因为战胜了国王，这些故事才流传至今。否则，如果英国的历史发展像欧陆，特别是像法国那样的话，这些故事很可能会被淹没掉。法治是一种政治斗争的产物，在强大的、不服从法治的王权面前，仅仅宣扬和宣告法治是很苍白的。实际上，这两个事件并没有真正地确立“法治”，这和1689年《权利法案》不一样，因为《权利法案》是实实在在的法律，是能够得到执行的；和后文要讲的“安提克案”也不一样，因为该案确立了真正的规则。

1. 反对王权的恣意：两个象征性事件

在西方，有几件被称为“历史性的法治时刻”的大事件，它们是西方法治史上的关键时刻。在这里，讨论两个以浮雕的形式反映在美国联邦法院铜门上的代表性事件。

（1）第一件事：《大宪章》的签订

对我国所有自由人，朕也代表王室与朕之千秋子嗣，允许他们享有下文所载之所有自主权（all the liberties）。①

---

①《大宪章》，陈国华译，商务印书馆2016年版，第27页。

1215年，约翰王和二十五个男爵在伦敦的兰尼米德草地签订了一个和平协议，这个协议不仅承认贵族和臣民的自由和权利，同时约束了国王的权力，蕴含着浓厚的法治精神，《大宪章》的签订成为一个历史性的法治时刻。甚至19世纪有英国宪法学家说，英国的宪法思想史就是对《大宪章》的注解史，可见《大宪章》在英国历史上的地位之高！

《大宪章》的签订，之所以被当成是一个典型的法治事件，是因为它体现了“王在法下”的法治原则。第一，从历史的角度，《大宪章》签订之后，在当时及若干年之内根本没有得到执行，之后《大宪章》被重复颁布。第二，直到后来尤其是17世纪光荣革命，国王权力被真正地限制了之后，当我们回溯历史，才发现法治精神可以追溯到1215年，所以它是一个象征性事件。

《大宪章》第39条

> 任何自由人将不受逮捕、监禁、没收财产、剥夺法律保护、流放或以其他任何方式受到伤害，朕亦不会对之施加暴力或派人对之施加暴力，除非通过其平等人士之合法裁决或通过英格兰法裁决。①

为什么要讲解这一条？首先，这个条文很有影响力，很多文献都引了这段话。这段话的核心意思就是，“未经审判任何人不受处

①《大宪章》，陈国华译，商务印书馆2016年版，第44—45页、第88页。

罚”，与罪刑法定原则相契合。虽然通常说罪刑法定原则是意大利法学家贝卡利亚[①]阐述的，但英国在 1215 年就表达了今天如此重要的法治原则，其影响可谓深远。

其次，这样的条文或许表达了一种抽象的、模糊的法治精神，但其中很多词的含义是很难准确界定的。以两个词为例。

第一个词，“自由人”。现在可以说，每个公民都是法律上的自由人，但在签订《大宪章》的时候，自由人到底指谁，实际上是不清楚的。或许在签订的时候，双方的意思是比较明确的，但在签订的背景隐去之后，意思就模糊了，因为在封建社会，在各级领主与封臣之间，到底指哪一级的自由人是无法明确的。

第二个词，“平等人士”。有的英文版中，表达成 his peers/equals。如果说“逮捕”“监禁”“剥夺法律保护”等专业术语，其含义都比较清楚的话，反而是简单的词含义模糊。比如，这里的英文表达中，为什么是选择关系呢？因为《大宪章》原文是用拉丁文写的，现代英文中有两种译法，一种是 peers，一种是 equals，而 peers 一词在演变过程中，至少有以下三种不同的含义。

其一，贵族，这里指同等贵族。它在文中的意思是，贵族只能由贵族进行审判。也意味着，如果是伯爵犯了罪，就只能由伯爵来裁判，男爵犯罪就只能由男爵来裁判。这也是 his peers（同等人士）的含义。

其二，上院。这个含义是随着社会的发展产生的，因为上院是由贵族组成的，那时候的贵族显然是指所有的世袭贵族，这就意味

---

① 贝卡利亚（1738—1794）最有影响的著作是《论犯罪与刑罚》。

着，除非经过上院的合法裁判，否则自由人不受逮捕。

其三，陪审团。这个含义比较现代。这就说明一个文件产生之后，会随着历史的发展为同一个字句注入不同的含义。

（2）第二件事：法官与国王之间的冲突①

詹姆斯一世宣布："要我受制于法律。说这话就是叛逆。"

柯克："布雷克顿是这样写的：'国王不受制于人，但受制于上帝和法律。'"

17世纪，英国著名的法官爱德华·柯克爵士，和英王詹姆斯一世有一段经典的对话。詹姆斯一世认为，整个王国都是他的，法院也是他的，所以他想要亲自审案，而柯克法官却指出国王没有学过普通法，不具备审案的经验和普通法的知识；纵然国王聪明过人，但司法是要经过训练的，所以国王不适合审理案件，审理案件的事还是应由法官来进行。这实际上是否定了国王进行审判的权力。国王反驳说："要我受制于法律，说这话就是叛逆。"柯克引用《大宪章》时期的法学家布雷克顿的话反击："国王不受制于人，但受制于上帝和法律。"柯克法官本人很有思想，在案件判决中对《大宪章》频繁地引用、注解、阐释和演绎，因此被看成是维护普通法精神、维护法官地位，甚至独立性的一个象征。

---

①［英］威廉·格尔达特著，［英］大卫·亚德里修订：《英国法导论》，张笑牧译，中国政法大学出版社2013年版，第2—6页。这个事件实际上是"禁审令案"，进一步的解释参见本书第九章。

2. 反对行政裁量权：普通法上的开创性案例

1765 年安提克案

英国宪法上的法治，不仅仅是一个抽象的政治哲学概念，而是在法律体系中有着确切含义的法律概念。但它得以生成的契机和依据是什么？一定是从相关案件中总结出来的。所以我们找到一个开创性的案例，此案非常出名，即 Entich v. Carrington（安提克诉卡灵顿案）。

> 1762 年 11 月 11 日，卡灵顿和另外三名国王信使，奉枢密院大臣哈里法克斯伯爵之手令①，强行闯入了格拉布街作家安提克的家。在 4 个小时的时间里，他们砸开门锁，搜查房间，没收文件，带走了 100 张图表和 100 本小册子，造成 2000 英镑（合今天约 413906 英镑）的损失，并将安提克逮捕，关在伦敦塔 11 天。事后，安提克以侵害之诉控告卡灵顿。

这个案件的情节很简单，现在读来，很容易联想到《行政处罚法》。在这个案件中，被告做了一个简单的辩护，卡灵顿认为，他进行搜查和执行逮捕是有依据的，那就是加盖国务主管大臣印章的手令，但首席法官卡姆登勋爵却不这样认为。

> 只有在有法律依据的情况下，英国人的财产权才能被妨

① 这个手令，即当时流行的一般逮捕令，由国务大臣签发，不写明被逮捕人的姓名而只指定针对某一行为进行逮捕，谁应受逮捕则由执行令状的人决定。

碍，而仅凭大臣手令的临时授权，是不可以的。

一位律师写了一本名叫《英国人权 60 案》的书，书中引用了卡姆登勋爵在相关案件中的一句评价：

> 凭一纸不知所谓的手令进入私人地方搜集证据，简直比过去西班牙宗教法庭的迫害还夸张，没有一个英国人愿意在这种法律之下活一小时。这是一次公然对人民的自由非常大胆的攻击。①

这段话的象征和宣告意味很强，但是它没有解释这个案件真正的意义在哪里，只是表达了一种自由、争取人权的愿望。这个案件真正的意义体现在卡姆登勋爵的判决书中：

> 政府主管大臣所宣称的这一权力，现存法律书中找不到任何一段引文来支持……如果它是法律，它会在我们的书中找到，如果在那里找不到，它就不是法律。②

这句话看起来有些矛盾，因为 18 世纪的英国法仍然是以大量的普通法为主，而普通法是不成文法，现存法律书数量并不多。但法官的意思就是说没有明确的法律授权，后面这段话就说得更清楚了：

> 辩护理由提交给法官，而法官要去查书；[看看]这种理

① 黄金鸿：《英国人权 60 案》，中国政法大学出版社 2011 年版，第 87 页。引文略有改动。

② *Turpin and Tomkins' British Government and the Constitution*, p.112.

> 由是否可以得到成文法文本或普通法原则的支持。如果不能找到或提出这种辩解理由，书的沉默就是对被告不利的一个依据，而原告就必须获得……判决。①

意思是，政府官员若想有所行动，必须得有明确的法律依据，否则的话就对官员不利，沉默就是没有明确依据。对此，还要补充三点评论，才能真正理解这个案件所说的是什么，以及“没有明确法律依据”所具有的重要法治意义。

第一，普通法不列举或宣告权利，普通法对个人权利的保护是针对个案的。普通法的法官在判决中不会像法国的《人权宣言》那样去列举或宣告权利，也就是说普通法对个人权利的保护，是个案保护。

第二，这里面有一个逻辑前提，就是个人享有自由，除非受法律限缩。凡是英国人，只要没有受到明确的限制，就是自由的，只有当行为越界了，才可能受到惩罚。这就是说，普通法不宣告自由，不宣告权利。只有在这个前提下，我们才能够理解戴雪在讲法治的时候这一段话的意思。

> 正如我们基本上不能主张英国法认可出版自由一样，我们也几乎不能说，我国宪法中存在公众集会之类的特殊权利。实际上，英国有关公众集会的规则，是英国宪法如何建立在个人权利基础之上的最佳例证。②

---

① *Turpin and Tomkins' British Government and the Constitution*, p.112.

② [英] A.V. 戴雪：《英国宪法研究导论》，何永红译，商务印书馆 2022 年版，第 340 页。

这段话结合上述分析，就是说，英国人的自由根本不需要法律专门授予，事实上也没有法律宣告所谓的出版自由和集会自由，只有当你在行使自由的过程中诽谤别人、诽谤政府、煽动犯罪时，法律才会予以禁止，除此之外自由始终存在。

第三，核心理念："法无授权不可为"；"法无禁止即可为"。

安提克案的核心思想是什么？概括起来就这两句话，这两句话今天已经很流行了，但在英国法语境下，更能展示它的力量。"法无授权不可为"是针对政府或者公权力的，也就是说，在普通法传统上，政府要去做某件事情的时候，尤其是涉及公民财产自由时，必须得到明确的授权。如果没有明确的授权，政府的行为就是非法的，违背法治的。而"法无禁止即可为"则是针对普通公民而言的。

有人认为，前者是公法上的原则，后者是私法上的原则，这种理解失之偏颇，二者实际上是一体两面的关系。所谓法无禁止即可为，即公权力没有禁止公民的某种行为，公民即享有这种行为自由。但是禁止必须有法律的明确授权。总而言之，如今的法治，最核心的理念肇始于此。

二、谁来施行法治：戴雪的阐释及其争议

1. 戴雪的阐释

今天讨论法治、解释法治，在某种程度上都要归功于戴雪，因为戴雪是第一个将现代法治概念作出清楚阐述的学者。戴雪是承前启后的人物。尽管他的法治论后来引起了争议，某些说法在今天看来也不是特别准确，但是他所阐述的法治内核仍然没有变。

《英国宪法研究导论》中，有近一半的篇幅在讲法治，主要论述的就是英国的普通法，其核心是普通法如何保护公民的权利，比如人身自由、言论自由、集会自由等。戴雪的法治论，在某种意义上比议会主权论的影响更深远。

（1）法律的确定性

首先，与专断权力的支配形成对照，“法治”意指普通法律的绝对至上或者绝对支配，因而排除恣意、特权甚或政府宽泛的裁量权的存在。英国人受且只受法律的统治；在我们的观念中，任何人可以因违法而受到惩罚，但不能因其他任何事情而受到惩罚。①

这里的普通法院是相对于特殊法院而言的，在法院中要依法定罪，必须依据确定的法律。这句话看起来和《大宪章》第39条非常接近，其实这句话体现了一个核心的要素，也即法官的重要作用，就像体育比赛里裁判所起的作用一样。如果有恣意的裁量权存在，就不能说有法治。法律的确定性由法院通过法律程序或者普通法的方式来确定，而不是由国王、行政机关、公职人员确定。如在生活中，偶尔因一个非法律的原因，或没有经过正当的法律程序，尤其是没有通过法院的合法裁判，就使个人的身体和财产受到损害，那么对普通个人而言，这个法律就是不确定的，对个人的生活而言也是不确定的。

---

①［英］A.V. 戴雪：《英国宪法研究导论》，何永红译，商务印书馆2022年版，第281—282页。

（2）法律面前人人平等

> 当我们把“法治”作为英国的一个特征来谈论时，第二层含义不仅是指我们当中没有人能够凌驾于法律之上，而且是指（这是另一回事）在这里，不论其地位或身份怎样，每个人都必须遵守王国的普通法律，并且服从普通法院的司法管辖。
>
> 在英国，法律平等的思想，或者说，所有阶层的人都受制于普通法院所实施的同一种法律的思想，已推行到极限。在我们这里，所有官员，上自首相下至警察或税吏，只要他们的行为没有法律依据，就会与任何其他公民一样承担相同的责任。①

何谓“普通法院”和“普通法律”？在英国历史上，存在一些特权法院，比如臭名昭著的星室法庭——该法庭因天花板上所镶嵌的群星而得名，位于威斯敏斯特宫中。它实际上服从于国王的专断权威，不像其他普通法院一样进行司法救济，维护正义。另外，戴雪将英国法与法国法进行对比，因为法国在普通法律之外，发展出来一种为我们今天所熟知的行政法体系，这种体系是从政府中发展出来的——在当时法国，公职人员在执法过程中与普通公民之间发生纠纷，并不是由所谓的普通法院裁决，而是由政府中熟悉政府业务的行政专家和行政法院来裁决。可是，在戴雪看来这种事是不可容忍的，因为他认为法国行政法院本质上不是为公民发声，而是为政府说话的。所以，哪怕下至警察上到大臣、首相违了法，都应该

① ［英］A.V. 戴雪：《英国宪法研究导论》，何永红译，商务印书馆 2022 年版，第 274 页。

像普通人侵了权那样，由普通法院按照普通司法程序进行裁决。

这里的平等和宪法中的“平等权”不是一回事。这两段话，今天看起来好像没有什么特别令人惊讶的地方，但重点在于：“不论其地位或身份怎样，每个人都必须遵守王国的普通法律，并且服从普通法院的司法管辖”，意思是，任何人都必须遵守王国的常规的法律，服从法院的常规的司法管辖，不能搞特殊化，若针对某些特权人士或特权阶层，另搞一套法律或法院体系来进行单独的审判，就是法律不平等。有人把这一观念概括为“司法的同一性原则”，也就是说所有人都要服从同一种类型的法律的统治。

这里的思想和戴雪在《英国宪法研究导论》第十二章里阐述的行政法思想是相关的。每一个普通公民都要受制于相同的普通法律，但是公务员或者高级别的公务员往往不受制于普通公民所受制的那些法律，那这种法律，在戴雪看来，就是一种搞特权的法律。在当时主要是指行政法——准确说，是指法国行政法。戴雪说在英国不存在、也不需要行政法，就是这个原因，即所有的官员在做了错事侵犯公民权利之后，必须像普通公民那样承担一般意义上的侵权责任，这就是法律面前人人平等。

（3）法律的司法实施

> 当我们把“法治”或者法律精神的支配说成英国制度的特有属性时，它还有第三层不同的意思。之所以说宪法充满着法治精神，是因为宪法的一般性原则（如人身自由权或者公众集会权），在我们这里是司法判决所导致的结果，而这些判决要对法院所受理的各个案件中的私人权利进行判定；然而在许多外国宪法之中，个人权利所受到的保障（也不过如此）则源于

（或者似乎是源于）宪法的一般性原则。[①]

对于第三个含义，跟普通法概念是密切相关的。法院的判决是对案件中双方当事人的权利进行判定，判决的结果是普通法的组成部分，如果判决的内容和宪法有关，就属于宪法。什么叫“司法判决所导致的结果”？就是说，我们在法律上享有怎样的人身自由、公众自由和集会自由，在法院判决之前，我们是不知道的，或者说是不知道具体边界的，但始终是享有一般意义上的自由，法院的判决会为自由确立某个界限。

而在许多外国宪法之中，个人权利受到的保障则源于宪法的一般性原则。比如，在成文宪法国家谈个人权利，几乎总是先谈宪法条文，看宪法条文里面是如何规定公民基本权利的，然后再谈法院如何根据宪法规定来保障基本权利，这是一种演绎式的思路。在英国则是相反的，个人权利是从判决中生长出来的，是司法判决的结果。当我们知道有这种人身自由的时候，那就已经意味着，这种人身自由已经切切实实得到了司法的实际保护。因为英国没有宪法典，也没有成文法规定公民享有哪些自由和权利，《大宪章》不是，《1689年权利法案》也不是——《1998年人权法》是，但那是后话。所以传统上，英国没有一部完整的法律规定人身自由权或者公众集会权这样的一般性原则。

那么，如何证明英国在法律上是保障人身自由、保障公众集会权的呢？证据就是法官在各个案件中作出的判决，这就是法律的司法

① ［英］A.V. 戴雪：《英国宪法研究导论》，何永红译，商务印书馆2022年版，第276页。

实施。所谓法治，在英国就是法官之治，英国公民的人权、自由权都是法官通过判决在背后支撑着的。戴雪法治论的第三层含义其实非常重要，它强调宪法是从法官的判决中归纳出来的，法治精神最后落实到法官的司法实施上，如果一个法律制定出来，法官却不能在判决中援引并依据其作出判决和实施，那这样的法律不过是一纸空文。

2. 关于戴雪法治概念的争议

戴雪关于法治的三层含义，对于理解英国的普通法和英国宪法的经典文本都是很重要的，但是对此也有很多争议。

第一，关于法律确定性。

戴雪反对一切自由裁量权，这在今天看来是不现实的，行政机关离开自由裁量权是没有办法执法的。这里的争议不在于有没有自由裁量权，因为无论如何，都不可能将行政机关的权力事无巨细地列明，有些细节是法律明显规定不了的。所以，现代法律不反对自由裁量权，而是反对任意的自由裁量权。

第二，关于行政法。

戴雪认为行政法本身就带有专制色彩。任何官员在执法过程中，只要是侵犯了公民的权利，都要像普通公民承担侵权责任，这是不现实的，也与现代的行政法思想格格不入。

第三，关于司法实施。

传统上，权利是司法判决的结果，但《1998 年人权法》就明确宣告了权利，即“公约权利”。[①] 由人权法引发的争议很多，“怎样才更符合法治”就是其中之一。

---

① 参见本书第十三章。

综上，尽管存在各种各样的争议，但戴雪的法治观并未因此过时，或者被推翻。如果那样认为的话，就是误解了戴雪的法治观在英国已经落地生根的基本事实。为什么这样说？因为后来法治概念的发展，其实都是在戴雪的基础上进行阐释和修正的。

因此，对政府而言，它如何做才（就）能满足法治的核心要求？这实际上是两个问题。一是，政府如何做才能满足法治的核心要求？当然是得到法律的明确授权。二是，政府如何做就能满足这个核心要求？这就涉及政府和议会的关系问题。政府要满足这种有人称之为最低限度的法治要求，其实是比较容易的，因为政府主导着议会，政府想得到议会的授权，不说易如反掌，也是很容易实现的。下文第十四章，会讨论这个问题。

所以，随着行政国家的兴起，行政机关处理的日常事务越来越多，它的功能越来越强大、权力越来越多、触角越来越深、所获得的实际授权也越来越多的时候，法治的概念就变得更加复杂。随着行政法体系的发展，法治原则就逐渐具体化了。或者说，行政法就是法治原则的具体化。与此同时，法治原则仍然具有宪法上的意义。

三、上升为宪法层面的准则

这里重点谈论两个问题：第一，法治到底是什么？第二，法治有何用？

1. 法治在英国何以重要？

法治不仅仅是一个口号，或者一个蓝图。成文宪法国家的优势是，关于谁是立法机关、谁有权立法、按照何种程序立法，一般宪法文本里面都有明确规定。而英国没有这样的成文宪法，对于立法机关权力的限定、什么是法、法律本身应该满足什么样的要求，很难找到一个确切的依据，所以英国公法只能围绕法治概念来做文章，通过演绎、阐述、界定什么是法治，从而界定一些宪法价值观。这就是为什么法治概念在英国其实很重要的一个原因。

2. 法治是什么：三种观念

法治有三种观念：最低限度的合法性、形式法治、实质法治，分别代表了法治要求的较低层次和较高层次（图 4-1）。

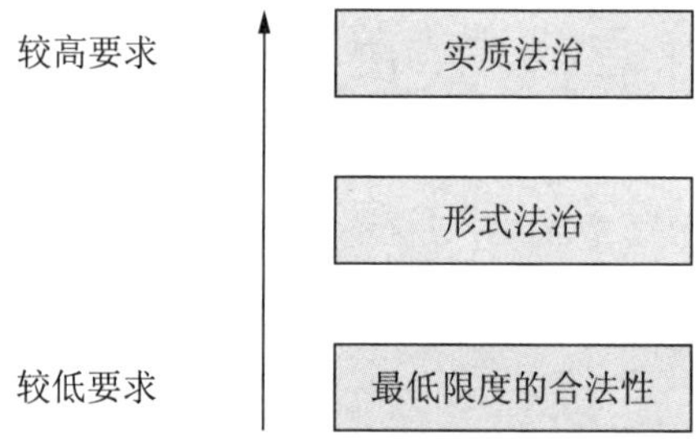

图 4-1

（1）最低限度的合法性原则

在现代国家，法治是必须的，但法治到底是什么，就有争议了，最典型的争议就是纳粹的法律之治，到底是不是法治呢？这个问题至少有两种答案，所以法治是一个非常有争议的概念，但是有争议不代表完全不能言说，再怎么不能言说，都有一个最低限度的合法性，即内容、要求越低，越容易达成共识。最低限度的合法性原则可以从三个角度来讲。

第一，合乎立法程序。在议会主权那章谈到《狩猎法》，《狩猎法》算不算法？这个法有没有效？这涉及必须按照法定程序制定出来的才能称为"法律"，否则"连法也不是"，连法治的基本要求都没有达到。在英国，法律制定通常要经过下院、上院通过以及国王御准三道程序，如果未按照这个程序制定出来的所谓"法"，就不叫法，这是没有争议的。

第二，政府制定规则得有法律授权。即行政法规的制定必须有法律的授权，有上位法的根据。这与政府行为是有区别的，在现代行政国家，政府会制定大量的规则，这在戴雪那个时代是不可想象的。政府本身就像立法机关一样，会制定很多规则，而这个规则的制定都得有法律授权。这一点也没有疑问。

第三，政府行为得有法律授权，举两个案例。

前述1765年"安提克案"，确立了政府行为得有法律明确授权这一规则。这个案件在今天是好理解的，而当时在没有任何制定法、判决的情况下，法院第一次宣告这样一个规则，是真正意义上的创造。

第二个案例，1979年"马隆案"①。这个案件今天看来会很奇怪。警察窃听马隆的电话，马隆不服控告警察，后法院作出判决。这个判决让人大跌眼镜，判决说警察的窃听行为并没有构成对当事人隐私权的侵犯。因为在1979年之前，英国法上没有隐私权的概念，所以在没有侵犯公民隐私权的前提下，政府的窃听行为不需要

① Malone v Metropolitan Police Commissioner [1979] Ch 344; Malone v United kingdom (1985) 7 EHRR 14.

得到法律的授权，法院判决是合法的。

这两个案件一正一反——第一个案件从正面确认，第二个案件从反面确认，说明政府行为都必须得到法律的授权。当没有侵犯公民财产权的时候，政府的行为不需要得到法律授权。

这三点加起来就是最低限度的合法性原则。首先得合乎立法程序，然后政府制定规则得有法律授权，最后政府行为必须有法律的授权。但是，这显然是法治的必要而非充分条件，如果法治就是这样简单的话，就不会引起争议了。随着法治的要求越来越高，争议就会越来越大。

（2）形式法治[①]

满足上述要求的法律，不涉及任何具体内容，实际上还是很低限度的。更进一步的要求是形式法治，也就是说不仅要符合立法程序，要得到授权，而且制定的法要像法的样子。比如：

（1）可公开获取。所颁布的法，人人可见。

（2）非溯及既往。今天的法不能追究昨天的行为。

（3）可理解。法的目的之一，是明晰规则。

（4）法律不能前后矛盾。

（5）非不能遵守。如，有的小区道路上规定机动车的行驶速度不得超过5公里/时，这样的“法”就是不能遵守的法，

① 之所以有“形式法治”和“实质法治”的区分问题，就是因为英国历史上的法治，一开始就是一个纯粹形式上的概念，即“法无明确授权不可为”（对政府），和“法无明确禁止即自由”（对个人）。对政府的实质限制的讨论，参见本书第十章。

如果要按照这样的“法”来惩罚的话，显然就不符合形式法治的要求。

（6）不能频繁更易。即不能朝令夕改，因为法律确定之后，要能满足一个最基本的预期，公民要在法律的规定下，去安排自己的生活。法律更改是必然的，但不能频繁更改。

（7）独立法院可预见性地适用。法律制定出来后，要有一个机构可预见性地适用，而且是独立适用，裁判者如果受到干扰，规则再合理也没有意义。

（8）有限的自由裁量权。行政机关没有自由裁量权，便无法有效治理，但必须是有限的，至于什么是有限、有限到什么程度，这就是行政法讨论的范围。

以上可以概括成三句话：法律可预见、生活有计划、知情才选择。

形式法治保障的是什么？是公民公平的服从机会。规则就在那里，公认的裁判就在那里，每个人按照规则来办事，合理地安排自己的生活。自己可以选择违反或遵守某个规则，但至少都是在自己同意和知情的情况下做出的。这背后是一种对人的尊严的维护，对人的自主权的尊重，所以不要小看形式法治的要求，如果真能够做到，那也是很好的。

但形式法治不涉及内容，所以剑桥大学的艾伦教授说，形式法治像一把利刃，如果只从形式上讲法治，法治在道德上是中立的，那么法律就是一个达到良好或者邪恶目的的有效工具。就法律的内容而言，它在道德上是中立的。

（3）实质法治

实质法治就对法律的内容提出了要求。若问，规定种族隔离的法律符合法治要求吗？按照形式法治的要求看，符合。因为该法可能是明确、可预见、公开并且面向未来的。

但从实质法治上来看，不符合。因为法律没有尊重最起码的人格尊严和自主性。如果一部法律，达到了形式法治的标准，但法律本身导致对人的尊严的破坏和损害，那么这也不是法治。

经常有所谓“符不符合法治的要求”的说法，实际上很多时候争议是非常大的。当然一般来讲，最低限度的合法性是没有争议的，在形式法治上，通常也不会有太多争议。但对于实质法治而言就存在很多争议。

3. 法治有何用：三种用途

关于法治的用途，可以从三个方面来阐述（图 4-2）。

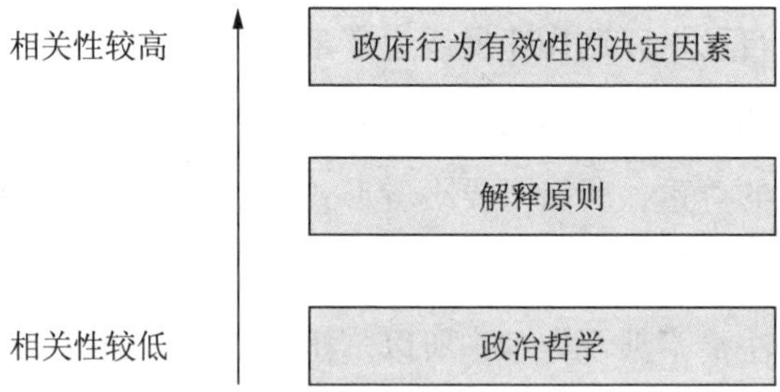

图 4-2

（1）政治哲学

这是对法律人而言相关性较低的一种。政治家一般都会讲法治，但他们口中的法治，往往是一种政治哲学式的，即关于这个国家的理想。所以，史珂拉说，法治“很可能成为那些令英美政治家的公共言论增光添彩的一种沾沾自喜的言过其实的策略”，[①] 说白了，就是一种修辞手段。

（2）解释原则

这里讲一个案例——“尤尼森”案。[②]

《2007 年裁判庭、法院和执行法》第 42 条规定：“司法大臣可以就雇佣裁判庭问题以命令的形式规定应支付的费用。”2013 年，司法大臣颁布了《2013 年雇佣裁判庭和雇佣上诉裁判庭费用令》的行政法规，而收费导致的一个结果是，诉讼请求的数量急剧下降，当事人因此打不起官司了，或者当事人不愿意为了一个很小的利益去支付较大的诉讼费用。尤尼森工会就代表这些劳动者进行诉讼，认为这个费用令不符合议会法的要求。

按照字面意思，这个行政法规得到了立法授权，行政机关按照立法的授权行事没有问题。只不过该行政法规实施的结果是让当事人打不起官司，利益受到损害。法官所面临的问题是，这个费用令是否得到了议会法的授权？法院的解释很有意思。

法院是这么说的，行政收费令颁布实施以后，导致申请劳动仲裁的数量减少，实际上就变相限制了普通法授予的公民获得司法救济的机会。但是，仅此还不能判断费用令违法。法律是议员制定出来的，而议员是人民选举产生的，他们不可能授权行政机关制定一个实

① ［美］茱迪·史珂拉：《政治思想与政治思想家》，左高山等译，上海人民出版社 2009 年版，第 23 页。

② R (Unison) v Lord Chancellor［2017］UKSC 51,［2017］3 WLR 409.

施后会侵犯人民自身利益的行政法规。这在逻辑上是说不通的。也就是说，这样的行政法规制定出来，肯定不符合议会法的精神，所以不符合法治原则。这就是根据法治的最低限度原则来解释。这个过程实际上就是把法治当成一种解释原则，依赖法治原则去解释行政费用令是否得到议会法的授权，最后答案是该行政法规违反议会法。

这个案例的结论是，法院对行政法规的解释应该符合议会法。当议会制定出法律后，尤其是当行政机关按照议会的要求制定出行政法规后，法院在适用的过程中就面临一个问题，即要解释这样的行政法规是否符合法治的要求。

（3）政府行为有效性的决定因素

法官可以拿“法治”这杆秤来衡量政府各部门的政策、部长的决策、委托立法、公共机构的行为，以及自治地方的立法是否符合法治的要求，如果不符合就可以直接判定这些规则无效，所以法治是法律[①]有效性的决定因素。这些行政法机关，或者附属立法，因为没有成文宪法条文的规制，所以它们是否符合“宪法”，在功能上就依赖于法治概念，也即法官裁判时，会直接说政府的决策不符合法治。所以在英国法上，法治的用处主要在于三点：判定公共机构决策是否有效，解释某些法律，建构一种社会理想。

4. 与欧陆“法治国”的比较

典型的英国的法治观，并不是与欧陆法系国家或其他国家无

① 这里的“法律”是议会法以外的法律；因为议会主权，法院是不能审查主要立法（即议会法）的有效性的。

关，它其实有很多可普遍适用的地方。但从欧洲国家，比如德国发展出来的一种叫做“法治国”的观念，跟英国普通法的法治观有很大差别。① 因为有文献讨论得比较清楚，这里不再赘述。

四、本章小结

在今天，“法治”是一个大词，含义很宽泛，有时争议还很大。但在普通法上，它的核心思想却十分清楚，可以概括成两句话：“法无授权不可为”（对政府），“法无禁止即可为”（对个人）。

这一组法谚，如果放到普通法语境之中，更能体现它的力量。事实上，普通法对个人自由的保护是一般性的，它从不列举，也不宣告个人权利；换言之，除非有明确的法律限制，否则，个人都是自由的。因此，政府的干预，需要法律的授权，而个人的自由，一般情况下反倒不受限制，除非行为越界了。“安提克诉卡灵顿”案，就是英国公法上确立上述法治原则的第一案。它简单而有力量。对照起来，反倒是那些象征性的法治事件，有时不免显得有些苍白。普通法的法治观念，是一步一步地在体系中确立起来的。英国法就像英国人的政治哲学理念一样，它是一种务实性的经验主义路径。

普通法上的法治与传统的自由观，乃一体之两面。二者结合起来，构成了自由的法律边界理论。19 世纪的密尔从政治哲学上阐

① 有学者曾撰长文详细比较了英国的“法治”与德国的“法治国”概念之间的异同，其中对英国法治观念的讨论是以戴雪的法治论为基础的，参见陈新民：《国家的法治主义——英国的法治与德国法治国家概念的比较》，载陈新民：《法治国公法学原理与实践》（中），中国政法大学出版社 2007 年版，第 77—133 页。另参见劳东燕：《自由的危机：德国“法治国”的内在机理与运作逻辑——兼论与普通法法治的差异》，载《北大法律评论》2005 年第 6 卷，第 541—563 页。

述了这一理论，[①]任何人都是自由的，除非已伤害到别人，而戴雪则从法学上呈现了这一思想。戴雪法治观的精髓在于，法治乃法官之治，法官是宪法秩序的守护者，是个人自由的保卫者。它的争议性，不在于法治应不应该是这样，而在于，随着民意的汹涌而起，随着行政国家的强大，戴雪式的法治观便显现出它的局限性。于是，形式法治和实质法治的区分，以及法治何用的讨论便出现了。

但不论怎样，英国宪法高度依赖“法治”概念，这一点是确定的。

① 关于自由的法律边界理论，最经典的表述当属密尔的这句话：“对于文明群体中的任一成员，所以能够施用一种权力以反其意志而不失为正当，唯一的目的只是要防止对他人的危害。若说为了那人自己的好处，不论是物质上的或者是精神上的好处，那不成为充足的理由。”见［英］约翰·密尔：《论自由》，程崇华译，商务印书馆 1959 年版，第 10 页。

第五章　分权：孟德斯鸠错在哪?

英国宪法的有效秘密可以说是在于行政权和立法权之间的紧密联合，一种几乎完全的融合。[①]

——白芝浩

旧宪法以议会主权为基础，新宪法则是以分权为基础的宪治国家。议会主权正逐步缓慢地被宪法主权所取代。[②]

——波格丹诺

对于分权，有两种讨论方式。一种是将它作为一个原则，并据此来解释一国的法律；另一种是从历史的角度来讨论，目的是说明，一国之中权力是如何分离的?

采用“分权”而不是别的表述，是因为几种表述之间不能完全等同，分权这个概念极容易被教条化。现如今，一讲到分权就想到

① [英] 沃尔特·白芝浩:《英国宪法》，夏彦才译，商务印书馆 2005 年版，第 62 页。
②《新英国宪法》，第 374 页；译文略有改动。

几种权力之间的分立，甚至把分权概念等同于权力之间的分立。权力分离更接近于英文 separation of powers 的原意，即表示权力之间的一种分割。这是因为 separation 一词的本意是“分开、分离”；而汉语“分立”一词很容易理解成“各自为政，互不相干”。英国宪法之下的分权原则，与美国式的“分权”并不相同，也没有所谓的“制约和平衡”机制。英国的分权其实没有那么严格，这恰恰也是英国宪法的重点。

一、孟德斯鸠论“英国宪法”

1. 英国早期的分权倡导者

最开始在理论上提出分权的，是 17 世纪中期的英国作家，但是其观点并不明确。这些早期的倡导者，主张立法与行政（包括司法）职能的分离，从而达到限制“王权”的目的。至于他们为何提出这类主张，需要联系英国 17 世纪波谲云诡的时代背景来理解。

这时期具有代表性的分权倡导者，是思想家约翰·洛克。洛克在《政府论》（下篇）中阐述了分权原则。《政府论》分两篇，产生于英国一个重要的制宪时刻——光荣革命时期，上篇驳斥费尔默神父的君权神授说；下篇具有建构性，关于分权问题的讨论就集中在这里。

> 如果同一批人同时拥有制定和执行法律的权力，就会给人们的弱点以极大的诱惑，使他们动辄要攫取权力，借以使他们自己免于服从他们所制定的法律，并且在制定和执行法律时，

使法律适合于他们自己的私人利益，因而他们就与社会的其余成员有不同的利益，违反了社会和政府的目的。①

这是从人性的角度讨论分权的必要性。很重要的一个观点是：公职人员或者其他掌握公权的人，从制度设计的角度来看是不可信任的。其中隐含的意思是制定和执行法律的权力不应由同一个人掌握，禁不住诱惑，乃人性使然。换一句通俗的话，制度上不要给人犯错的机会，如果让一个人同时掌握制定权和执行权的话，犯错的几率就很大。“好人”在某种环境下，完全有可能表现出邪恶的一面，反之亦然。所以，在设计制度的时候，不能假定人是道德高尚的。这就是洛克认为“同一批人不能同时拥有制定和执行法律的权力”的根源所在，若把各种公权力放在同一批人手中，这些人就会因缺乏监督为自己谋取私利。分权的必要性不言而喻。

2. 经典的“错误”理论

洛克之后，是孟德斯鸠。他的分权理论被公认为是经典，成了古典自然法的核心原则之一。孟德斯鸠是法国人，他在论述分权的时候，是以英国宪法为经验材料的，但他的学说反过来又对英国法学家产生了重大影响。

但是，孟德斯鸠的分权理论“错误地”描述了某些现象。比如，他在《论法的精神》第十一章“英格兰政制”中说，英国宪法

① [英]洛克：《政府论》(下篇)，叶启芳、瞿菊农译，商务印书馆1964年版，第143段。

本身就是分权的政制。实际上，这种说法是失之偏颇的，英国宪法并不是这样。这里我们节选孟德斯鸠的三段论述，这些论述明确、简洁、有力，但同时又有武断之嫌。

> 当立法权或行政权集中在同一个人或同一个机关之手，自由便不复存在了；因为人们将要害怕这个国王或议会制定暴虐的法律，并暴虐地执行这些法律。①

这里谈到了立法权和行政权的问题，跟洛克关于立法权与行政权关系的阐述有相通之处。

> 如果司法权不同立法权和行政权分立，自由也就不存在了。如果司法权同立法权合二为一，则将对公民的生命和自由施行专断的权力，因为法官就是立法者。如果司法权同行政权合二为一，法官便将握有压迫者的力量。②

意思是，如果某人既是法官，又是立法者，那其实执行的就是法官个人的意志；如果某人既是法官，同时又拥有行政权的话，法官就是一个压迫者，至少拥有压迫者的力量。

> 如果同一个人或是由重要人物、贵族或平民组成的同一个机关行使这三种权力，即制定法律权，执行公共决议权和裁判

---

① [法] 孟德斯鸠:《论法的精神》(上册)，张雁深译，商务印书馆 1959 年版，第十一章第六节“英格兰政制”，第 185 页。

② 同上注，第 185—186 页。

私人犯罪或争讼权，则一切便都完了。①

后人对孟德斯鸠分权学说的理解，往往就建立在这段话的基础之上。在启蒙时期，这段话的针对性非常强，因为这是一个现实问题。如果一个人同时拥有现代意义上的立法权、行政权与司法权，就不用谈自由等价值，“一切便都完了”。

3. 孟德斯鸠的影响

孟德斯鸠的分权学说对后世产生了极大影响。突出表现之一就是影响了不少国家的制度设计，诸如美国的国父们对美国宪法的制度安排。此外，孟德斯鸠对英国本土的思想家、法律家也产生了重要影响，布莱克斯通就是典型代表。布莱克斯通是18世纪的普通法大家，他对法律的阐述就是权威，并在很大程度上影响了实践，可以与19世纪的戴雪在宪法领域的影响相提并论。

在分权原则上，布莱克斯通可以看成是孟德斯鸠在英国的代言人。布莱克斯通对分权原则的理解与孟德斯鸠有许多相似的地方，主要表现在《英国法释义》中有关君主特权的论述中：

对于公众自由进行保护的主要方式存在于独立的司法权以及由一些人组成的特别团体中，这些人虽然实际上由国王任命，但国王不能随意免去他们的职务。除非公共法官在某种程

---

①［法］孟德斯鸠：《论法的精神》（上册），张雁深译，商务印书馆1959年版，第十一章第六节“英格兰政制”，第186页。

> 度上独立于立法权力，同时也独立于行政权力，否则不论在哪个国家，公众的自由都不可能长久保持。如果司法权与立法权结合，人民的自由、生命及财产将全部落入独断专行的法官们的手中，到那时，法官们将根据自己的判断，而不是法律的基本原则进行判决，对于这些法律基本原则虽然议会可以不加遵守，但法官们却必须遵守。如果司法权与行政权结合，这一联合可能会立刻打破他们与立法权之间的平衡。①

这段话是想表达，如果立法权和司法权合二为一的话，法官就会变得独断专行，这样一种结合，可能立刻打破它们与立法权之间的平衡，引发难以估量的后果。

要想更好地理解“分权”，我们首先要知道它的英文表达，即 separation of powers。实际上，把这个短语译成“权力分立”，是不太准确的。因为“立”在中文里，有各自为政、相互对抗的意思；而这个短语，其实它的真实含义是“权力分离”，上述几个经典表述强调的都是：不同性质的权力应该分属于不同的人或者机构，而不是特别强调权力之间的对抗。比如说，在洛克看来，根本就没有严格意义上的三种权力之间的分立。

4. 在北美大陆受到欢迎

我们对分权的理解，基本上停留在行政部门行使治权，立法机

① [英] 布莱克斯通：《英国法释义》（第一卷），游云庭、缪苗译，上海人民出版社 2006 年版，第 293 页。引文中的“特别团体”，就是英国上院的那些司法上议员，相当于今天最高法院的法官，这些法官具有独立性，独立于立法权和行政权。

关制定法律，司法机关裁决案件的层面。这种理解也不能说完全错误，但至少不是英国实践中的分权。相较于英国，这种分权观与美国宪法更契合。

> 立法、行政和司法权置于同一人手中，不论是一个人，少数人或许多人，不论是世袭的、自己任命的、或选举的，均可公正地断定是虐政。①

可见，“权力分离”在北美大陆是受到欢迎的。美国在制定宪法的时候，首先从消极的角度强调权力之间的分割，目的就是防止权力过于集中而导致权力的滥用。此外，美国国父们对宪法的制定作了一个修正，旨在促使权力所有者都能够负责任地行使权力，这是一种积极策略，最终目的是制约与平衡。

总之，不管是注重权力分割的消极策略，还是讲究制约与平衡的积极策略，如果我们对分权的理解，仅仅只停留在“权力分别由三个机关掌握，不能集中由一个人掌握”的这么一个抽象的原则上，就难免会犯教条主义的错误。

5. 宣告的法律原则

法国有两个代表性的法律文件，一个是《1789 年人权和公民权利宣言》(简称《人权宣言》)，一个是《1790 年 8 月 16 日至 24

---

① [美] 汉密尔顿等：《联邦党人文集》，程逢如、在汉、舒逊译，商务印书馆 1980 年版，第 47 篇，第 246 页。

日法》。

《1789年人权和公民权利宣言》第16条非常具有影响力：

> 一切社会，凡权利无保障或分权未确立，均无丝毫宪法之可言。①

权利保障和分权是现代宪法中最基本的要素，如果一部宪法做不到这两点，那这个宪法就是有名无实的。“无丝毫宪法可言”，不是说没有宪法文本，而是说，尽管有宪法文本，但是在这个宪法中，权利是没有保障的。

这里要表达的是，1791年《法国宪法》把《人权宣言》作为序言放入了宪法中，其实就是把分权作为一种宪法原则进行了明确的宣告，这样就使其具有最高的法律效力，即宪法效力。所以在法国，分权原则是宣告出来的。

第二个代表性文件是“1790年8月16日至24日法”，这个法律条文是在1790年的法律以及1791年、1799年宪法中重述过的，这里宣告的是司法问题：

> 司法的功能是有区别的，总是独立于行政的功能之外。普通法院的法官们无论在任何的情况下，以任何的形式，涉入了行政官员的运作之中，都是触犯了刑事法律的行为。他们也不能要求行政官员在他们面前说明有关行政官员执行公务的

① 王建学主编：《1789年人权和公民权宣言的思想渊源之争》，法律出版社2013年版，第3页。

情况。①

这里讲的分权，是从法官不能侵犯行政领域这个角度去看的。在欧洲中世纪以及孟德斯鸠的写作背景下，也就是法国大革命或者启蒙时代，司法权并不是我们今天所讲的司法权，而是一个带有封建色彩的、复合型的、强有力的、包含行政权的司法权，所以行政权需要从司法权中独立出来。因此，法官们必须保持在自己的活动领域中，不能要求行政官员在他们面前说明有关行政官员执行公务的情况。

总之，虽然法国也在讲分权，但是他们的分权，讲的是需要特别防范法官，而不是像我们今天理解的那样，要站在法官的角度去特别防范行政权。② 通过这两个代表性文件可以清楚地看出，孟德斯鸠的分权理论，在法国表现为一种清晰的、明确的、正式的、权威的宣告。

二、为什么错了？

1. 作为一项政治标准

> 我们不准备接受政府可以以“效率”为由或其他任何理由而变成单一的、无分工的、铁板一块的结构，我们也不能接受

---

① 1790 年 8 月 16 日至 24 日法，重述于 1791 年和 1799 年宪法。参见［英］L.N. 布朗、约翰·贝尔：《法国行政法》（第五版），高秦伟、王锴译，中国人民大学出版社 2006 年版，第 119 页。

② 参见杜苏：《司法独立的黎明——法国古典司法体制诸问题研究》，载《中外法学》2013 年第 1 期。

可以允许政府成为由纯粹实用关系而偶然发生的简单凑合。①

分权作为一项政治标准，得到了的政治家们的认可。即分权作为一项政治标准是存在的，大家认同由合适的机构做合适的事，各机构仍然要讲究分工，只不过分权不作为一项严格的法律原则。法律原则和政治理想最大的不同之处在于：如果是一项法律原则，它一定会在某些案件中引起争议，而不仅仅是一种政治立场的表达。当分权原则作为一项政治标准，它其实基于两个考量。第一是从机构本身出发，要让合适的机构做合适的事情；第二是从权力制约的角度，讲究制约与平衡。所以作为一项政治标准，分权还是十分有必要的。

2. 制度事实

（1）人员

英国宪法，不是法国或美国式的分权模式，英国的“分权”在制度上是站不住的。按照权力分离的字面意思，或者按照孟德斯鸠的标准，所谓分权显然要求不同的人在不同的国家机构中工作，或者不同的公共职位应该由不同的人来担任。但是英国很显然不是这样的，存在人员上的重叠，举三个例子：

① 国王：国王是国家元首。严格来说，国王是国家所有三个机关的成员，包括立法、行政和司法——“国王陛下政府”“王在

① M.J.C. Vile, *Constitutionalism and the Separation of Powers*, Oxford University Press, 1967, p.10.

议会”和“国王陛下的法官”的说法，就能说明这一切。

② 大臣和法律勋爵：政府大臣来自议会但并不脱离议会。英国的内阁大臣，基本上都是议员，行政部门和立法部门都是同一批人担任。这就是白芝浩所说的行政权和立法权之间的融合。

上院中行使司法权的 12 个议员，我们称之为“司法上议员”或“法律勋爵”(简称“法爵”)。2009 年 10 月 1 日前，上院（作为最高法院的上院）的法官也是上院（作为立法机关的上院）的议员，但是他们不参加纯粹的政治辩论，因为这会损害司法独立性，这样看来，司法权和立法权之间在惯例上保持某种独立，但并没有实行彻底的分离。

③ 大法官：有学者译为“大法官大臣”，或译为“大法官兼上议院议长”。这是一个很重要、非常具有代表性的职位。在《2005 年宪制改革法》之前，大法官是三个国家机构的成员，首先是内阁成员，其次是上院议长，最后是司法机关的首脑，集三种权力于一身。可见，这个角色本身就是对分权的否定，这就是制度上的反例。不过，这个职位已经因《2005 年宪制改革法》发生了根本改变。

（2）职能

除了人员上的同一，还存在职能上的重合，也可举例说明：

① 议会特权，即对议会事务的自我决定权，不受议会之外的政府或者法官干预，本质上是一种司法职能，但该司法权针对的是议会内部管理。

② 部分内阁大臣掌握对刑期的裁量权，如“斯塔福德诉联合王国案”中，内政部长拒绝接受假释委员会缩短刑期的建议，“安

德森诉英国上院案”中，内阁大臣拒绝法官15年刑期的建议，这相当于法官的刑期裁量权被部分内阁大臣所掌握。

③ 授权立法，即议会将某些事项的立法权授予行政机关、司法机关或者其他组织。

④ 法院对自身活动程序规制的权力——法院组织法的立法权。

⑤ 实践中法官会主持公共调查，行使本属于行政权力的公共调查权。

3. 争议及其解释

对于孟德斯鸠的错误，有两个方面的解读，一是孟德斯鸠在描述的意义上产生了错误，即他的确对英国宪法产生了误解，二是孟德斯鸠只是在构建英国宪法的理想化模型。孟德斯鸠或布莱克斯通所提倡的那种严格的分权学说，在英国不断地遭到评判，这里选取四位学者的评论来进行说明，此四人所处时代横跨差不多两个世纪，所论具有相当的代表性。

第一个是1867年的白芝浩，他在《英国宪法》里有一句名言：

> 英国宪法的有效秘密可以说是在于行政权和立法权之间的紧密联合，一种几乎完全的融合。[1]

这段话的意思是，英国宪法不要说是分权，不仅没有分，而且是将立法权和行政权完全地融合起来了，这才是英国宪法的实质。

---

① 白芝浩：《英国宪法》，第62页。

这个话的背景是，掌握最高行政权的内阁，是惯例的产物，法律中是没有明文规定的。换句话说，无法从议会法中找到“内阁掌握最高行政权”的类似表述，内阁的发展运行是实践的产物、是惯例的结果。

第二个是1885年的戴雪，他说：

> 该理论依据的是孟德斯鸠《论法的精神》第十一章第六节的论述，而且可以说是双重误解的产物；孟德斯鸠在这一点上误解了英国宪制的诸项原则与习惯做法，他的学说反过来又被法国大革命的政治家们所夸大和误用。①

戴雪的“双重误解说”具有一定的代表性。现代研究认为，孟德斯鸠的分权论是建立在他对英国宪法实践的概括或者阐述基础之上的，也就是说，他的分权理论是以英国宪法为模型的，但是戴雪却说他误解了英国宪法，是因为英国宪法恰恰不是像说的那样。另外，孟德斯鸠的误解反过来又误导了法国革命的政治家们，他们又把孟德斯鸠的这个建立在误解基础之上的理论绝对化了，甚至把它供奉起来，认为它很神圣。

第三个是1938年的霍尔兹沃斯，他说：

> 在孟德斯鸠的时代，国王、议会和法院之间的分离是不彻底的，界限也是不清楚的。②

---

①《英国宪法研究导论》，第398页。

② W.S. Holdsworth, *A History of English Law*, Vol. X (London: Methuen, 1938), pp.713—724.

第四个是1971年的杰弗里·马歇尔，他说：

> 权力分离或许是政治和宪法思想中最令人困惑的术语；历史学家和政治学家使用这一短语时，一直赋予它变动不居的含义。①

权力分离和法治概念一样，虽然都在被谈论，但实际上很多时候所指向的含义是不一样的。分权原则在英国完全有多个不同的理解。实际上，在英国，权力分离有一个演变过程，它并不像法国《人权宣言》里所表达的那么绝对。作为法国标准式的权力分离，在英国是不存在的。

那么，分权原则在英国，更多是从司法的角度来看待的；尤其是在法律人眼中，它更多强调的是司法之于行政和立法的独立性。这样，我们才能理解，为什么一方面说分权理论适用于英国宪法是错误的，同时又说它是英国宪法的一个原则。这里介绍几个重要案件，用以说明英式分权的独特性。

（1）维纳布尔单方申请案

Triff是英国刑法上的一个概念，指处以刑罚时的裁判尺度。对于未成年人犯罪的收容教养问题，英国刑法的通常做法是由法官判决是否犯罪，再由内政大臣决定收容教养的期限。在1998年的

① [英]杰弗里·马歇尔：《宪法理论》，刘刚译，法律出版社2006年版，第115页；译文有改动。

“维纳布尔单方申请案”① 中，斯泰恩法官认为：在确定裁判尺度的问题上，内政大臣履行的是司法职能，这与宪法分权原则不符。之后，此案被上诉到欧洲人权法院，欧洲人权法院在 1999 年作出判决：确定尺度，就等于施加刑罚，大臣不是“独立而公正的法庭”，因此 2000 年《刑事司法和法院服务法》违背了《欧洲人权公约》第六条第一款“获得公正审判权”。

在此判决之后，英国改变了之前的通常做法，在未成年人犯罪的问题上明确规定，诸如收容教养期限等刑罚的裁判尺度，应由法官在法庭上公开说明，而不是由内政大臣决定，这就是英国实践中的“分权”，在政治家和法官的这种“斗争”之中，司法权之于行政权的分离程度越来越高。

（2）斯塔福德诉英国案

在 2002 年的“斯塔福德诉英国案”② 中，斯塔福德因被判终身监禁而服刑，内政大臣拒绝接受假释委员会对其缩短刑期的建议，认为斯塔福德有犯罪前科，仍然可能再犯非暴力但不得监禁的罪行，所以拒绝了假释委员会的建议。斯塔福德不服，在英国法院挑战失败后，又上诉到欧洲人权法院。

欧洲人权法院认为：英国行政机关的这个决定，违背了《欧洲人权公约》第五条第一款（“自由权和人身安全权”）；内政大臣的这个裁量权，违背《欧洲人权公约》第五条第四款（“被监禁者获得法院对其监禁合法性裁判的权利”）。因此，这种做法与行政机关

---

① R v Secretary of State for Home Department, ex P Venables and Thompson [1998] AC 407.

② Stafford v United Kingdom (2002) 35 EHRR 32.

和司法机关之间的分权理念不符。

（3）安德森诉英国上院案

在 2002 年“安德森诉英国上院案”[①] 中，安德森因犯谋杀罪被法院判为强制性终身监禁。法官建议刑期是 15 年（即至少服刑 15 年），而内阁大臣却拒绝了这个建议，认为最低刑应该是 20 年。在 15 年刑期即将届满时，安德森提起诉讼，认为内阁大臣的决定是非法的。

《欧洲人权公约》第六条第一款规定：在确定公民权利和义务或提出任何刑事指控时，每个人都有权要求在合理的时间内由法律设立的独立和公正的法庭进行公正和公开的听证。

针对此案，宾汉姆法官评论道，这个决定没有在真正的庭审之前就作出来；这是典型的处以刑罚的职能，这是该法官做的事儿。意即内政大臣把这些原有的规则推翻了。这是一种基于个案对刑罚进行的处理。可见，内政大臣的这种决定不符合分权原则。在英国，司法机关和另外两个机关的分权是一个非常有力的宪法原则，而且还被法治原则所强化。

三、英式分权：一种逐渐生成的模式

英国的分权原则显然不同于法国，它不是宣告的，而是逐渐演进的，其独特性不言而喻。法官们在法律判决中，始终强调英国人对分权原则的理解——司法权之于行政权的独立性。这是英国特

---

① R (Anderson) v Secretary of State for the Home Department［2002］UKHL.

色，因此我们称之为英式分权，这种分权见于判例法和规范陈述，主要有三个依据。

1. 三个依据

第一，制度上没有孟德斯鸠式分权（见上文“制度事实”部分）。

第二，可以确定，英式分权并非源于任何权威性的宣告。

在英国历史上，有三部历史性立法和分权问题相关。其中，《1701年王位继承法》是宪法性法律，另外两部法律，即《1641年查理一世十六年第十章法》和《1760年乔治三世一年第十三章法》，所涉内容虽与宪法问题相关，但本身却很难归入宪法性立法中。这就是英国宪法比较麻烦的地方，即便是成文法或制定法，也很难确切地说，哪部法律是宪法性法律，哪部法律不是；或者说哪部法律具有宪法重要性，哪部不具有宪法重要性。因为有的法律，看起来不是宪法，但是其中的内容，比如废除星室法庭，将司法权从枢密院中移除出来这样一些事情，肯定具有宪法重要性，所以这三部立法，都是具有宪法重要性的法律，是某种意义上的“宪法时刻”。

《1641年查理一世十六年第十章法》：废除星室法庭、将所有的司法权从国王的枢密院中移除。上文已提到，星室法庭可以说是英国历史上臭名昭著的一个法庭，不是说这个法庭在历史上毫无作用可言，而是从事后评价来说，星室法庭不是现代意义上的法庭，而是一个比较反动的、维护国王特权的法庭。这部制定法就把这个法庭废除了，效果就是把司法权从国王的枢密院中独立出来，这在英国宪法发展史上有非常重大的象征意义，象征着司法权开始走出独立的一步。就星室法庭的废除而言，斗争的双方就是国王和议会。但是，这部法律在制定之初的意图并不是这样的，司法权的独立实际上是一个历史的产物，是慢慢地发展出来的，并不是“一蹴而就”的。

《1701 年王位继承法》：只要法官在工作中品行良好或者品行端正就不会被免职，而且薪酬固定有保障；但国王一旦逊位，法官就必须立即辞职。这部法律是光荣革命之后的产物，也可以看成是国王和贵族妥协的一个成文法形式。这部法律和分权相关的地方在于法官的任职和免职问题。该法对法官的独立性和公正性，特别是独立性是很重要的，但它也有缺陷，即国王一旦逊位法官就必须辞职，所以并不是我们今天所说的终身制，也就是说没有解决法官得以任职终身的问题。

《1760 年乔治三世一年第十三章法》：法官如表现良好，可一直担任，即使国王逊位对此亦无任何影响。这部法律产生于《英国法释义》问世前不久，针对《1701 年王位继承法》的缺陷，解决了法官得以任职终身的问题。

这三部法律的时间跨度很长，只涉及法官，并没有直接表达分权的概念，但它们所要解决的，确实是法官之于国王的独立性问题。从这三部涉及国家权力分配的法律中，可以看出英国模式和法国模式之间的差别。当谈到司法权时，英国法律没有从宪法的角度明确地宣告分权。所以这三部法律解决的问题是有限的。如果对比法国《人权宣言》第 16 条那句话，就会觉得英国的法律吞吞吐吐、欲言又止。

这里讲三部历史性立法，是为了说明英式分权不是源于任何像法国那样的权威性宣告，而是源于实践。这个原则从来没有被一部法律明确地宣告过，它是通过上述三部法律渐进式发展出来的，是通过后来实际的司法判决一再确认的。

第三，英式分权可被归为一种“宪法惯例”。

这是一种惯例，一种习惯性的常规的例行做法。对此，唐纳森勋爵说了一段比较有意思的话：

> 我想我应该谈一谈英国议会和法院各自的作用。虽然英国没有成文宪法，但立法机关和司法机关是相互分开且独立的，这是一项最重要的宪法惯例；尽管议会对法院享有某些最终的权利，但这些权利对眼前的问题而言是无关紧要的。因此，法院应始终敏感地注意到，特别不要侵入议会的领域，或者只要能够避免，甚至都不要试图这样做。虽然这对我来说不是问题，但我希望并期待议会对避免侵犯法院管辖范围的必要性具有同样的敏感性。①

这段话是什么意思？遵守惯例，遵守规则。法院应该高度自觉，不要侵入议会的领域，因为议会代表的是政治，是人民的意志，而政治本身是需要妥协的，可左可右，时刻变化的，立法过程本质上是一种政治过程，一旦通过立法过程成为法律之后，法官就应适用法律。唐纳森勋爵说法院不应该侵入议会领域，意思是说，由议会处理的那些政治事务法院不应该染指。而他自己作为法官明确表态，可以做到不侵犯议会的领域，但是法院也希望并且期待议员或者议会待在自己的领域，不要侵犯法官的领域。那就是各司其

---

① R v HM Treasury ex parte Smedley [1985] 1 All ER 589, especially at 593 BC.

事，各就其位。

但是，这个各就其位不是明确宣告的法律原则，而是一种默契，希望并且期待对方遵守规则。宪法的运行，需要一种默契、一种相互的协作。这里提示一点，在讨论分权等宪法原则时，我们的重点是理解这些制度是如何发生的，即解释它们的出现、历史发展和具体实践形态，并不是将这些原则当作应当遵循的标准。

2. 两个例证

18 世纪的英国，从整体上来讲，是反对分权学说的。这是因为当时普遍认为，宪法不是像孟德斯鸠所说的那样，建立在分权原则的基础之上。恰恰相反，英国人认为，他们的宪法既有君主制的因素，又有贵族制的因素，还融合了民主制的因素，这种宪法实际上是“混合宪法”或“均衡宪法”，各种权力之间达成了一种较好的均衡。

19 世纪的情况又发生了变化。1832 年议会改革之后，英国宪法完全不是按照所谓分权原则来演进的，并没有一个主张说，要建立一个司法机关，然后与行政机关和立法机关各自分离。英国仍然遵循议会主权原则。

在 20 世纪，有学者概括，制定规则的是文职官员、法官以及立法机关；适用规则的是法院或者其他“执行机关”；而判决则是由文职官员、大臣以及法官作出的，可见英国社会显然没有按照孟德斯鸠的分权学说来运转。

在 1998 年之后，分权在英国变得日益重要，这主要是由于《1998 年人权法》带来的，新宪法由此开始形成。另外，在分权问题上，《2005 年宪制改革法》也很重要。

总之，英国宪法的演进并没有按照美国宪法那样，或者按照孟德斯鸠所阐述的那样来发展。英式分权是逐渐发展出来的。以下两个例证足以说明这一点。

例证一：多诺莫尔委员会报告（1929—1932）

本报告是由议会专门成立的调查委员会作出的，主要内容是关于授予大臣或其他公共机构立法权、司法权的情况。英国盛行个人自由主义，传统的观念是，越小的政府就是越好的政府。然而实际上，20 世纪上半叶，英国也如同诸多西方国家一样经历着“福利国家”的发展，政府的职能越来越多、社会对公民的职责越来越大，政府机构逐渐增长，这就需要议会授权政府制定法规管理社会的各个方面。此时，授权立法就不可避免与人们所推崇的自由主义产生了冲突。

> 今天，议会通常会授予下级政府部门和机构较小的立法权。国王大臣是这些权力的主要拥有者；但它们也被不同程度地授予地方当局、法定社团和公司，以及大学教师、律师、医生或其他职业的代表团体。①

20 世纪二三十年代，英国社会的政治氛围总体上是敌视授权立法的，即人们普遍反对议会授权大臣和其他公共机构以立法、司法职能。但事实上，授予大臣这些权力，并没有严格地违反分权原

① 选自《多诺莫尔委员会报告》(Report of the Committee on Ministers' Power)。

则，因为英国宪法本来就不是严格按照分权原则运行的，英国宪法的演进根本不是美国路径，也不是孟德斯鸠那样的分权模式。

例证二：亨利八世权力

亨利八世权力是一个不常见但很重要的法律概念，指议会授予行政机关的某种立法权。根据亨利八世权力制定的授权立法可被用于修改前法、母法以及后法（图 5-1）。

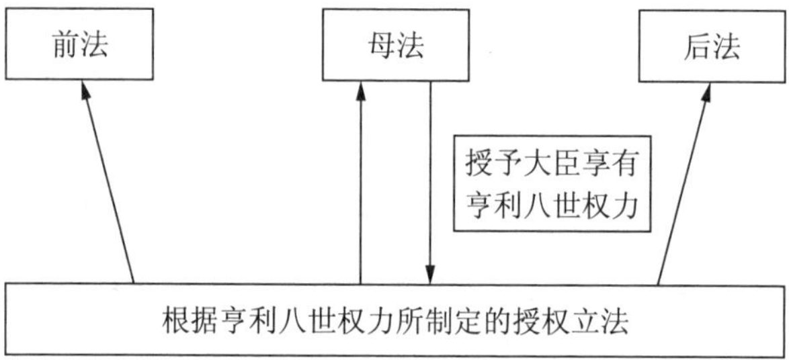

图 5-1

母法是指议会制定法。议会制定法律授予行政机关某种立法权，但它不是笼统地授予行政机关，而是直接授予某个大臣可以直接去做什么，所以就有“母法授予大臣享有亨利八世权力”的说法。换言之，享有亨利八世权力指的是，大臣根据议会授予的这么一种权力，可以废除修改前法（上位法）、改变母法本身、改变后法，乃至引起反噬的效果。可见，政府机关享有亨利八世权力，这就已经不是按照孟德斯鸠的模型行事了。时至今日，政府的这种权力仍然存在。

有两个关于亨利八世权力的例子，一是《2004 年民事应急法》，二是《2018 年欧盟（退出）法》。可见，当议会授予政府亨利八世权力，政府权力就过大，完全达不到制约与平衡的效果。贾奇勋爵在谈到亨利八世权力时评论道：议会主权绝不是行政主权，除非严格违反主要立法，否则每一个亨利八世条款、每一个模糊的框架法案，都是对议会主权的打击。每一个都是自我施加的打击，每一个都增强了执行机关的力量。他的意思是，行政权和立法权，至少应该维持在议会主权原则的框架下，不应该允许亨利八世权力这类权力类型存在。

我们由此可以得出结论：分权原则在英国的提出，既有其思想背景，也有其本土经验，但我们绝对不能说，英国分权模式就是孟德斯鸠所说的那样，或者与美国宪法的分权模型相同。

3. 为何说“审判”法官?

2020 年 2 月 20 日，《经济学人》刊载了一篇文章，题为《审判法官》。该文想讨论的是，为什么削减法官的权力被证明是棘手的？政府新任检察总长想要从她认为权力过大的法官手中“夺回控制权”。这个口号的意思很明确，有些事要我们政治家自己掌握，而不是交给法官。

乍一看，文章题目有点奇怪，平常说的都是法官审判别人，这里为什么叫审判法官呢？

该文有一个背景。2019 年 9 月 24 日，英国最高法院在“米勒二号案”[①] 中作出判决，判定首相向女王陛下提出议会应休会五周

① R (Miller) v Prime Minister [2019], UKSC 41 [2020] AC 373，一般称“米勒二号案”，与“米勒一号案”形成对照（参见本书第十章）。

的建议是非法的，即有时所称的“休会判决”。此案一出，反响热烈。因为议会休会属于君主特权的范畴，当然该特权是在首相的建议下行使的。此案可不可诉，即该不该由法院来审判就成为问题。法院在判决中首先解决的就是这个问题，认为自己有权来判定君主特权的范围。

包括约翰逊首相在内的很多人都认为，什么时候休会这件事，法官压根就不该介入，否则就是破坏了分权，而法官表面上肯定不会认为自己在搞政治，他们认为自己是在解释法律。英国政府想要约束英国法官的权力，为什么难以做到？这篇文章就进行了分析。且看原文：

> **蜘蛛饰针**：英国法官习惯于默默无闻。与美国同行不同，即便是资深法官，也只在高霍尔本和泰晤士河之间的几条狭窄街道上才会被认出来，那里就是伦敦的法律界。他们喜欢拉丁文。
>
> 这一情况发生了变化，就在去年，最高法院裁定鲍里斯·约翰逊暂停议会（即休会）五周的决定是非法的。时任法院院长布伦达·黑尔，在电视上直播了判决结果。不久之后，一本《布伦达法官》的儿童书出版了，书中宣称它“等于一切”。《卫报》宣布她在宣读判决时佩戴的蜘蛛胸针为本年度“最具影响力的一个配饰”。
>
> **收回控制权**：政府不太满意法院新获得的名声。约翰逊批评了休会判决，尽管他承认判决的合法性。现在他所在的保守党以多数票再次当选，他有机会采取行动。他承诺要在几个月内，成立一个关于宪法、民主和权利的委员会来审查权力分

> 离。其他政府官员则喜欢更朴实的措辞，据报道，他们谈到需要“让法官回到自己的位置上去……”
>
> 2月13日，约翰逊先生决定任命苏拉·布雷弗曼为检察总长，这让人们更加期待一场斗争正在酝酿之中……相比之下，布雷弗曼女士却在煽风点火。她上个月写道，法官“长期而稳定地侵占”政治地盘。她援引脱欧派最喜欢的口号，敦促议会“收回控制权”。①

说到蜘蛛胸针，这里要表达的意思是，法官开始引人注目了，并且已经引起争议了。这不是因为佩戴的饰品本身，而是因为戴着饰品来宣告如此重要的一个判决。

这段话涉及分权原则，但却是针对法官的。媒体一般不批评法官，但这篇文章至少是含蓄地批评法官可能过于高调了。我们学习公法，时常会想，应该由法官来控制行政行为，喜欢谈论“规制”“规范”“法治化”等——对于具体的行政行为，当然需要法院的监督，这叫司法审查，但是在最高行政权和最高司法权的关系上，问题可能就没那么简单，因为有些事情和有些领域，法官去干预可能是不合适的。这就是典型的宪法问题，也就是我们所讲的分权问题。

四、本章小结

判断宪法中是否存在实质意义上的分权，首先要意识到实质意

① The Economist, Feb. 20th 2020 edition, Britain. Para.1—5.

义上的分权是指什么。如果是指孟德斯鸠的或者法国的这种严格的标准，那么很多国家肯定都是不合格的。但是，强调权力分工，或者“科学配置”权力是可以的。英国的分权，是一个逐渐发展的过程。

英式分权不同于法式分权。英国事实上的分权，实际上就是法官的独立性。如今，有些人所说的，在英国，法官已经侵入了行政领域，这只是一种评论而已。

第二篇　权力

第六章 君主：个人剩余特权如何规范？

从富于尊严的层面上说，女王的作用是不可限量的。①

——白芝浩

宪法惯例主要是规范君主特权行使的规则。②

——戴雪

本章开始讲国家权力。英国还有一个很特殊的制度就是君主。君主的宪法作用其实很重要，至少它引发的问题值得关注。通常介绍英国君主的时候，都说英国君主是虚君、统而不治，基本上一笔带过了，但实际上，它在现代宪法中的作用是很大的，更不用说它在历史上所起的作用了。

另外，英国宪法和法律体系在很大程度上依赖于“君主”的概念。因此，理解君主的宪法作用和相应的宪法问题，就很有必要

① [英] 沃尔特·白芝浩：《英国宪法》，商务印书馆 2011 年版，第 82 页。

② [英] A.V. 戴雪：《英国宪法研究导论》，商务印书馆 2022 年版，第 466 页。

了。有人曾说，英国君主是英国宪法的核心，但是没有得到很好的理解。其实，可以从多个角度来理解君主，历史的、政治的和法学的。本章主要从法学的角度来讲述。

一、君主还重要吗?

1. 君主的三种功能①

与美国不同，在英国，国家元首是君主，政府首脑是首相，国家元首和政府首脑是分开的。在两种首脑相分离的这种情况下，君主在国家中具有三种不同的功能。

第一种，宪法功能。这些宪法功能，看起来只是一些形式上的权力，而不是实质权力，并且是一种剩余权力，即君主以前享有的巨大的宪法权力，在被逐渐剥夺之后，至今仍然剩下的一些权力，如批准立法。

第二种，礼仪功能，好像国家元首只承担一些外交上的或者公共礼仪上的职责。国家元首需要出席许多公共仪式。例如，新一届议会产生时，君主需要做开幕演讲，列出新一届议会的立法议程。之所以说只是礼仪性的，是因为君主的演讲稿是由政府撰写的，法案是由大臣提出的，立法时间表是由内阁委员会决定的。

第三种，象征或者代表功能。有学者认为，这是一种最重要的功能。什么叫代表功能？就是君主作为国家元首，代表和象征的不仅仅是国家，更多的是代表人民。

---

① Vernon Bogdanor, *The Monarchy and the Constitution*, Oxford University Press, 1995, pp.62—63.

为什么说第三种功能很重要？因为君主是国家的象征。举个例子，维多利亚女王在位时期，她的丈夫阿尔伯特亲王在1861年去世，她非常悲伤，然后她很长时间未公开露面、不履行公共职责。如此，就有人认为，这样的表现实际上是对君主制的破坏。因为君主要发挥代表的作用，就需要不停地将自己暴露在公众面前，让人民看得见，让人民知道一国之君还在。白芝浩也认为，君主要有效地代表国民，从而要达到一种象征的效果。事实上，里面暗含了一种戏剧表演的因素，意味着君主需要露面，需要参与一定的公共仪式，让人民感受到君主的存在。

2. 白芝浩论王室婚礼

> 没有什么情感能比英国人对威尔士亲王的婚礼所表现出的热情更显孩子气。作为一种纯粹的事务，这件事情的确是微不足道；但是英国人却把它当作一次重大的政治事件。然而又没有任何情感能比这种情感更像或更可能像普通的人类情感。妇女们——她们至少占人类的一半——对一次婚姻的看重程度要超过对一届内阁的看重程度的五十倍。除了少数玩世不恭的人，所有人都不愿看到一部不错的小说一时间描述灰暗世界的枯燥场面。一位亲王的婚礼就是一个普遍事实的排场样板，而作为这样一个事实，它吸引了人类的注意力……皇室是这样一种管理机构，在这种机构中，国人的注意力集中在一个人身上，而这个人所做的事是有趣的。①

① [英] 沃尔特·白芝浩：《英国宪法》，商务印书馆 2011 年版，第 85 页。

这是白芝浩在论述1863年威尔士亲王的婚礼时说的一段话。王室婚礼看似与英国宪法无关，但是，我们从中可以看到王室的大排场，以及王室举行重大仪式时受到全国瞩目的盛况，从而体会君主制国家王室的重要性以及地位，同时也是我们谈论和审视英国宪法的一种方式。

白芝浩认为，结婚本身并不具有重大的宪法意义，但英国人却将其看作一项重大的政治事件。从贵族到平民，结婚这件事，人人都熟悉，而妇女对王室婚礼的关注可谓狂热。王子的婚礼是大家梦寐以求的，是人类生活的最高理想，或者说是一种样板，普通人都想要去模仿。虽然普通人无法亲自举行如此盛大的婚礼，但可以通过见证等方式参与其中。英国王子的婚礼是全民的盛会，不能去现场的，则通过电视直播观看。尤其是女性，在谈及王子婚礼时，脸上露出的那种喜悦之情，让人感到惊讶。一个多么盛大而热烈的场面!

当英国人谈论国王或者王室的时候，他们抱着一种敬仰和赞美的态度。有人比较过英美两国元首在公众中的形象，区别非常明显，美国总统走到哪里都会有反对者，或诋毁或调侃。但在英国，民众对国家元首的感情是不一样的，有一种发自内心的尊重和爱戴。

王室婚礼是审视英国宪法的一个极佳的机会，显现出白芝浩论断的深刻性。为何这种童话般的故事对英国如此重要？白芝浩认为，这虽然是一个政治事件，却与每个人息息相关。君主代表着英国宪法中的尊荣部分，王室的工作，就是通过盛大的仪式来象征这个国家，也就是说，其工作就是起象征作用。像戏剧一般，王室成员只是其中的“演员”。美剧《王冠》充分地揭示了这一点。在我们的观念里，君主是随性而为的，但立宪君主不仅不能随性而为，他们的自由往往不如普通人。他们一言一行是被规定的。

《经济学人》有一个“白芝浩”专栏，专门讨论英国宪法。2018 年 5 月 19 日刊出的一篇文章，是评论哈里王子的婚礼的，[①] 看看它如何评论。

（1）英国宪法的两部分

王室婚礼是审查英国宪法的最佳时机。《经济学人》1860 年至 1877 年间的编辑沃尔特·白芝浩认为，英国宪法被分成了两个分支。君主制代表着“尊荣”的部分。它的工作是通过盛况和仪式来象征国家。政府——议会、内阁和公务员——代表着“效率”的部分。它的工作是通过立法和提供公共服务来管理国家。尊荣部分通过诗歌进行统治，而效率部分则通过散文进行统治。今天，尊荣部分比效率部分更能适应民粹主义时代。

二十多年前，君主政体似乎处于高度分解的状态。查尔斯王子和戴安娜·斯宾塞不幸的婚姻破坏了君主制通过尊荣统一国家的主张。这对夫妇的争吵，将戴安娜的支持者和查尔斯的支持者分成了两派，并为小报媒体提供了大量且令人作呕的八卦。女王对戴安娜之死的处理，使这一切雪上加霜。她五天一言不发，用她的沉默烧掉了几十年的善意。

---

① The Economist, May 19th 2018 edition, Bagehot. Para.7—11.

二十多年以来，英王室似乎处在分崩离析的状态，查尔斯王子与戴安娜王妃的婚姻破坏了王室的尊严与荣耀感。因为两夫妇经常争吵，不符合人民所想象的童话剧本，王室的“任务”就是甜蜜、团结，不能有任何负面的东西。虽然王室成员本身是一个生活化的个人，但他们必须展现美好的一面。查尔斯王子与戴安娜王妃为小报提供了许多花边新闻，以至于损害到了王室的形象，大家都在讨论是否要废除君主制；最糟糕的情况，就是在戴安娜王妃车祸去世后，女王使这一负面影响加深了，在电影《女王》里可以看到。戴安娜去世五天后，民众要求举行国葬，而女王并没有进行表态，透支了人们的善意，威信衰减，这是女王及王室近年来面临的最严重的一次危机。

（2）王室的神秘感

相比之下，尊荣部分却欣欣向荣。女王代表着动荡世界中的稳定，也代表着两极分化世界中的团结和统一。她 92 岁，在位 66 年，历经 12 任首相和数不清的政治危机……威廉王子和凯特·米德尔顿看起来就像白芝浩的宪法观要求的高贵的模特儿。

哈里王子和梅根·马克尔的婚姻，可能是这个复兴故事的另一个辉煌篇章。瑕疵是有的，马克尔的家人看起来几乎和温莎家族一样奇怪。但这对幸福的夫妇还是给这一尊荣部分提供了重新塑造自己的机会，以适应一个更加多元、更加感性的时代。

马克尔女士是美国混血，离过婚。作为一名演员，她已经为她奇特的新职业接受了理想的训练。哈里随和、富有魅力，同时还表现出某种脆弱感，他公开谈论自己正在接受治疗，以从成长的恐惧中恢复过来，尤其是他母亲的去世。

哈里王子的婚姻扭转了王室的局势，在这一过程中，伊丽莎白二世起到了很好的作用。在分化的世界中将人民团结起来。今天算起来，她在位 70 年，历经 15 位首相，最近的一位是 2022 年 9 月 6 日“任命”的莉兹·特拉斯。威廉王子与凯特王妃，像极了白芝浩在《英国宪法》中所要求的那种模特儿。这个话意味深长，意思是说，在白芝浩所描绘的宪法中，君主就应该像凯特王妃和威廉王子那样，或者像伊丽莎白女王一样，展现高贵与尊荣，除了豪华的、奢侈的、温馨的、幸福的婚礼之外，平时也要表现出甜蜜感，不能有争吵，要让民众分享到幸福感，这就是尊荣部分的职责。哈里王子与梅根的婚姻掀开了新篇章，虽然有一定的缺陷（梅根是离异人士等），但刚好是一个机会，给这个高贵部分重新塑造自己，适应一个更加多元的时代的机会。哈里王子的形象很好，为人随和，具有亲和力。他自己还公开谈论说自己正在接受治疗，即由于母亲戴安娜王妃去世所给他带来的伤痛，他的忧郁、沉重以及坚强，都是十分动人的。

当然，后来这个事情有了反转，哈里王子与梅根脱离了王室。如果王室成员要自由，就必须失去王室成员的资格。

最近有一些评论，说这种温馨的味道在他们两个人身上完全没有了，梅根还说王室搞歧视之类的八卦，所以有评论说，资本主义的力量正在毁掉英国的君主制。对英国宪法而言，其中的问题在于，由于英王室有着特殊的作用，不适宜把任何事情都暴露出来。王室本身是一个机构，它不是一个简单的家庭，很多事情需要王室官方告知。但是，哈里王子与梅根将王室的私生活公之于众，这对君主制是十分不利的。试想，英王室里面的各种争吵、各种八卦都被曝光了，公众对他们的尊崇感和神秘感是不是就消失了？没有神秘感，对王室而言是一种伤害，对君主制是一种破坏。以后谈论王室，可能顶多就像谈论美国第一夫人和第一家庭那样的感觉，那么王室的作用就大大降低了。

（3）查尔斯三世

然而，这个尊荣部分却面临着一个问题，即未来的查理三世。汤姆·鲍尔的新书《叛逆王子》为这位世界上最年长的实习生描绘了一幅不讨人喜欢的画面。查尔斯既自以为是，又爱发牢骚。他住了6套房子，却对自己的地段抱怨连连。他自私得惊人，坐私人飞机旅行时还为全球变暖而烦恼。

对政治家来说，既坚定又正直是一件好事，但对一个立宪君主来说，则很危险——尤其是当坚定逐渐变成顽固，而正直又伴随着大量愚蠢时，就更加如此。查尔斯最好把余下的实习时间花在阅读沃尔特·白芝浩的伟大著作《英国宪法》上。这本书以清晰的文字阐述了现代君主应该做什么，不应该做什么。否则，他可能会发现自己对高贵部分所做的，就像公投对高效部分所做的一样。

问题出在查尔斯三世身上。但从另一个角度来讲，他也十分令人同情，从小父母都将其当作一个国王培养，他注定不能有自己的自由。

决心坚定、正直，对政治家而言这本来是一件很好的事情，但对于立宪君主而言就十分危险。文章作者强烈建议，查尔斯在余下的“国王实习”生涯，应好好读一读白芝浩的书——《英国宪法》，这是伊丽莎白接受家庭教育时的教科书。王室最重要的作用，就是扮演甜蜜的角色，一个表演不好的王室成员会毁了君主制本身，而君主制对英国来讲，又是有用的。否则，他就会发现，自己对于尊荣部分的伤害，就像全民公投对政府的损害一样大。这里面，暗含着作者或者这个杂志对公投的一种不满和批评。

综上所述，君主是国家元首，但更多的是代表整个国民。她或他，有助于把被统治者和统治者调和起来。民众关注英王、王室与君主制本身，却很少看到一种阶层的划分。

君主是权威的来源。这与我们“现代国家的权力来源于宪法”的观念是不同的，在英国，国家的权力来源于君主。她或他，让政府的统治具有了权威性或正当性。因为以首相为代表的大臣，其所行使的权力是来源于君主的，如果君主给国家创造的是一种和谐且幸福的政治氛围，这有助于增加政府权力的正当性，让政府在行使权力的过程中更具有权威。

君主本身是远离政治纷争的。君王不参与具体的政治斗争和党派事务，更容易保持其高贵的形象，从而实现其相应的功能。因为相比于君主，作为政府首脑的首相，他或她，处理的是具体的政治事务，因而其所从事的工作或职责，几乎永远是饱受争议的，任何一个政府决策都无法取得民众百分百的同意，君主则远离了这种争议。如此这般，国家元首“统而不治”——“统而不治”这个词，很好地概括了英国宪法中两个分支的关系，但似乎又不足以理解君主的作用。

二、Crown：英国公法上的核心概念

英国宪法上有一个很重要的概念：Crown，很难翻译。Crown的本义是指物理意义上的“王冠”，但是，当我们看到Powers of the Crown时，显然就不是指王冠了，而是“君主”的意思。此外，英国公法上没有“国家”的概念，或者说不需要“国家”的概念，因为英国总是用Crown来指代国家，所以该词还有“国家”或“政府”的含义。这是大致的情况。

1. 布莱克斯通论王权

这里引18世纪布莱克斯通的两段话：

> 国王特权赋予国王陛下大量的职权和权力，使其具有完美的、不朽的政治身份；政府的行政部门就依靠这类权力来行使职权。不列颠宪法很明智地将这种权力置于一人之手，以实现团结一致、坚强有力、迅速敏捷。倘若该权力由多人执掌，它就必须服从多种意志，一旦这些意志不能趋于一致或出现分离，就会造成政府的虚弱无力。而将它们统一起来并使其合而为一，又要大费功夫、拖延时日，在紧急状态下，是经不起这样的耽搁和拖延的。①

① [英]威廉·布莱克斯通：《英国法释义》，游云庭、缪苗译，上海人民出版社2006年版，第277页；戴雪予以大段引用，参见[英]A.V.戴雪：《英国宪法研究导论》，何永红译，商务印书馆2022年版，第113页。

这段话的意思是，国家的权力置于一人之手，是有利于团结、有利于坚强领导、有利于反应迅速的；尤其在紧急状态下，一个人掌握权力能够更好地应对突发情况，这是布莱克斯通在18世纪的评价。但我们的目的不是评论或者分析权力置于一人之手更好，还是置于多人之手更好，而是分析布莱克斯通的描述是否符合英国君主制的实际情况。

对于法学家布莱克斯通的描述，戴雪的评价是：

> 把征服者威廉所实际拥有和运用的一切权力（甚至比这还大），在言辞上归属于一个现代的立宪君主。①

布莱克斯通这样的法学家们，对英国君主制的描述不符合英国今天的立宪君主，也不符合18世纪的君主状况，更不符合19世纪的状况，所以戴雪认为是不真实的。读英国宪法史的时候，应该分清楚作者的描述适合于哪一阶段。英国的君主制度具有连续性与拟制性，看起来是同一个君主制度，实际上背后却发生了很大的变化。

除了不真实，戴雪认为，布莱克斯通的这种描述在语言和思维上还存在着无可救药的含混性。戴雪引用的是这段话：

> 在国内事务中，国王被认为是正义的源泉，王国和平的最

---

①［英］A.V. 戴雪：《英国宪法研究导论》，何永红译，商务印书馆2022年版，第113页。

> 高守护者……所以只有他才有权设立法院：尽管王国宪法已将全部的法律执行权授予国王，但他不可能也不便于亲自来履行这项重要而广泛的职责，所以有必要设立法院予以协助，同样必要的是，法院的设立须经国王授权。因此，法院的所有管辖权都直接或间接地源自国王，法院中的诉讼通常以国王的名义来进行，不但要获得国王的批准，还要由他的官员来实施。①

“王国和平”是一个专有名词——King's peace，就是社会秩序和公共治安的意思。布莱克斯通认为，法院也归属于国王，法院的司法权也来自国王，法官是国王的法官。现在名义上还是这样，但实际上，法院和法官已经早就脱离了国王的控制，上一章也讲到这一点。对此，戴雪的评价是：

> 这段文字尽是虚构。无论是国王还是行政部门，都和法院之设立没有关系……君主的真实地位和政府的真实权力被掩盖了。《英国法释义》第一卷的读者，几乎无法辨别出法律事实，它们已被虚构浮夸的文字所掩埋。②

戴雪对布莱克斯通的批评很直接，他认为虽然《英国法释义》

---

①［英］威廉·布莱克斯通：《英国法释义》，游云庭、缪苗译，上海人民出版社 2006 年版，第 277 页。戴雪的引用，参见 A.V. 戴雪：《英国宪法研究导论》，何永红译，商务印书馆 2022 年版，第 115 页。

②［英］A.V. 戴雪：《英国宪法研究导论》，何永红译，商务印书馆 2022 年版，第 115—116 页。

具有很大的影响力①，但仍有不准确的地方，特别是对王权方面的描述。戴雪说，国王的权力没有布莱克斯通所描述的那样大，布莱克斯通所描述的是征服者威廉，那是1066年的事情。在英国法上，读者常常分不清哪个是现实，哪个是超越现实的拟制。但我们需要理解这种拟制的过程。

2. Crown 的两个法律隐喻

（1）从布拉克顿的时代谈起

布拉克顿是英国13世纪时的法学家。在他生活的13世纪，至少发生了两件标志性的事件，一是1215年约翰王与贵族签订《大宪章》；二是爱德华一世时期（1272—1307）英国议会的定型。下面着重谈谈对约翰王与贵族之间冲突的理解。

在谈到《大宪章》的签订时，约翰王常常是一个专断者的形象，而贵族则是保护臣民权利的使者，双方协商之后达成了《大宪章》这个契约。在这种叙述中：一方是代表社会发展潮流的，朝着立宪君主制这个方向的；另一方是比较保守的，力图维护君主专制的，这是一种解读。

在封建制下，还有另一种解读方式，即将约翰王看成封建君王②，他行使的是一种个人权力。封建关系实际上是封臣关系，君主

① 关于布莱克斯通其人，以及他对英美法律和法理学的贡献，参见卡尔文·伍达德：《威廉·布莱克斯通爵士与英美法理学》，载［美］肯尼思·W.汤普森编：《宪法的政治理论》，张志铭译，生活·读书·新知三联书店1997年版，第69—99页。

② 即封建领主，与指代中国古代的“封建君王”概念不一样。

是最大领主，他将王土分封给下一级的各个领主，再层层分封下去。这样，封建君主与他相近的领主就是一种封建契约关系，是封建君王作为个人领主的权力，比如接受贡金、在必要时需要封臣们提供武力保护国王等，这时候，国王的角色仅仅是具有个人性的统治者的王。那些封臣也要尽相当的封建义务，比如国家遭到入侵的时候，需要出兵出钱，因为那个时候国王没有单独养一支现代国家意义上的军队，他必须依靠封臣帮他打仗。所以，君主不仅涉及个人利益的问题，君主本身代表着“国家”，而贵族要分享这个国家的权力。

可见，封建早期，君主的个人性、身份性很强，它实际上没有一种超越性，这是符合人类发展规律的，也是符合政府发展规律的，因为刚开始，君主还不是对整个王国负责的具有公共属性的君主。因此，约翰王与贵族的冲突不仅是专断权力与权利保护之间的冲突，而且是作为封建领主的君王与超越最高领主而具有公共属性的君王之间的区别。《大宪章》时期，慢慢出现了一种超越君主个人性的东西，也就是君主和贵族共同维护的共同体，即现在所认为的国家。所以冲突发生了，约翰王想，“我要求的是符合我最高领主身份的个人权力，有何不妥？”可贵族们却想，“你要分清个人权力和公共权力，行使个人权力我们管不着，可是对公共权力的行使，我们就要分享了！”

（2）王既在法上，又在法下

“王既在法上，又在法下”，这个说法看似自相矛盾，其实里面大有文章。

作为法律人，很好理解“王在法下”的含义，国王作为私人在法下，是没有疑问的，即强调国王对法律的服从，特别是在《大宪章》签订后，对国王的专断权力进行了限制，国王不能为所欲为——至少确立了这样一种观念。既如此，为何又叫“在法上”呢？简单地说，国王不仅仅是作为一个私人在活动，而是具有一种公共人格。国王不仅是一个无论何时都处于“法下”的私人个体，更是一个超越普通私人的公共个体，和普通私人相比，国王多了一个公共人格。

就是说，国王其实有两重身份，一种是作为“自然之体”的个人，另一种是作为“政治之体”的君王，此时，他还需要扮演公共角色，必须代表共同体的利益。这个利益就是公共利益，字面上很好理解“公共利益”，它是超脱于个人的，当然也对个人构成一种限制。这里的“公”远不是现代意义上的公法，也不是现在的国家，而是指国王具有一种公共的人格属性。作为公共人格，国王在某种意义上是高于法律的。

因此，国王不仅仅要做好一个自然人，还要在某种意义上扮演具有象征意义的国家，但在这个时候，这种区分依然是不清晰的，还要在更高层次上把国王进行拟制，即政治共同体。

（3）13 世纪：“王冠”与“国王”

Crown 这个概念起源于中世纪，13 世纪的时候，法学家们开始把它作为王位象征物。①Crown 最初的含义是王冠，后来逐渐用以指代国王，这就是所谓的象征意义：“但是慢慢地，从一个可见的、实体的因而也是具体的‘王冠’，慢慢发展出一种不可见的、非实体的因而也是抽象的 Crown 观念。”② 于是，在法律上，Crown

① J.W.F. Allison, *The Continental Distinction in the Common Law: A Historical and Comparative Perspective on English Pubic Law*, Oxford University Press, 2000, p.75.

② Ibid.

渐渐衍生出抽象的含义。

> 到了13世纪末期的时候，通过对格言"与所有人有关的事情"的解释，国王就受到誓言的约束：未咨询政治要人不可做出涉及Crown的任何事情。①

有一句罗马格言："众人之事众人决。"意思是涉及很多人的事，要由很多人来决定，通过这个格言，就让Crown发展出一种抽象的国王观念，意思是国家不是国王个人的，涉及大家的事情时，应该让大家来决定，但那个时候没有现代民主的含义。13世纪末期，Crown是每个人都要参与的，所谓"每个人"，在不同的时代，其含义是不一样的，当时指的是政治要人。参与的方式是，在涉及Crown事情的时候，国王要听从建议，这实际上也是议会制度起源的思想根据。从效果来讲，扩大Crown这个词的含义，其实就限制了君主的个人权力。这是在13世纪的情况。

（4）都铎王朝时期

在都铎王朝时期，The Crown第一次被视为一个"独体法人"（一个人组成的法人），这是一个典型的英国法概念，相当于"堂区牧师"，把国王拟制为法人，是为了在法律上解决国王的连续性，所谓"国王不死"，以及应对现实政治的需要。先解释一下"独体法人"的概念，以便于更好地理解作为"集合法人"的"国王"。

---

① J.W.F. Allison, *The Continental Distinction in the Common Law: A Historical and Comparative Perspective on English Pubic Law*, Oxford University Press, 2000, p.75.

（5）什么是独体法人？

“法人”是罗马法上的概念，是今天民法上很重要的一个概念，比如说大学是一个法人，那么这个法人里面的成员不止一个。在英国法上，国王、教皇或牧师都属于独体法人，牧师的法人拟制与国王的法人拟制具有一致性，而教皇或牧师的这样一个身份可以帮助我们理解为什么国王是一个“独体法人”。在《英国法释义》中，布莱克斯通举了这样一个例子：

> 从这个意义上来说，国王是一个单独法人，主教以及不同于教堂其他成员的教长和受俸牧师亦然……在最初捐助设立牧区教堂时，教堂自由保有的土地、教堂庭院、牧区牧师的住室、教会附属地以及牧区什一税收入都是由慷慨的捐助者赠与当时的牧区牧师的，以作为他照管牧区居民灵魂的世俗报酬。捐助者的意图是，这些馈赠将继续作为以后负有同样照管责任的牧区牧师的报酬。但这种情况怎样才会发生呢？……有鉴于此，法律很明智地将牧区牧师及他的接任者确立为一个法人以此确保该牧区牧师，或者说他在牧区牧师的身份范围内永远不会死亡，至少在现任国王在位时不会。按照法律规定，该牧区牧师拥有的固有权利都完全留给了他的接任者。因此现任神职者和他七百年前的前任在法律上是同一个人，任何东西在被赠与这个人的同时也就是被赠与了另一个人。[①]

捐赠者捐赠财物的目的，是为了保持教堂的正常运行。但在没

① ［英］威廉·布莱克斯通：《英国法释义》（第一卷），游云庭、缪苗译，上海人民出版社 2006 年版，第 526 页。

有“法人”这一概念时，就会产生一个问题，牧师接受捐赠后去世了怎么办？作为自然人的牧师所拥有的这些财产，其归属就会存在极大的问题，因为当牧师去世之后，牧师的家人显然可以依法继承，很显然，这是不符合捐赠的目的的，更不符合设立教堂的目的。但怎样才能从法律上保证这些捐赠物一直用于捐赠者所设定的意图？有鉴于此，把牧师拟制为一个抽象的法律存在，即“法人”，以确保牧区牧师在法律上永远不会死亡。法人是不死的。这样，当第一位牧师的肉体死亡后，牧师法律上的身份可以由接任的牧师的肉体进行填补，从而保持牧师这个“法人”依然存在。因此，现任牧师和700年前的牧师在法律上是同一个人，这就是法律上的拟制。

和牧师一样，国王的肉体虽然也会自然消亡，但作为法人的国王却永远存在，所谓“国王不死”。这样就可以解决王权的连续性问题，解决国王去世以后权利义务如何继承的问题，也能够解决当一个继任的国王年幼或者生病，无力治理国家时，法律上该怎么处理的问题，这就是独体法人的含义。①

让我们回到都铎王朝的话题。随着共同体事务的逐渐增多，国王不能所有事情都亲力亲为，国王本人也不可能行使所有的权力，这些权力就慢慢地落在大臣手中——在现代，不仅大臣有权行使国王权力，就连文官也有权行使——就这样，国王权力的行使日渐与国王本人相脱离。这个时候，Crown 的概念就要比国王本人的概念范围更大，但是英国法上又没有发展出另外一个词来指代比国王本

① 参见［英］F.W. 梅特兰：《独体法人》，载［英］F.W. 梅特兰：《国家、信托与法人》，［英］大卫·朗西曼、马格纳斯·瑞安编，樊安译，北京大学出版社 2008 年版，第 8—39 页。

人更大的政治共同体，比如“国家”。所以，在 1900 年，梅特兰就调侃“独体法人”的荒谬性，认为不能把 Crown 看成是由君主一人组成的法人，而应该看成是由很多人组成的法人，即集合法人。他认为 the Crown 不仅仅指代独体法人，还指国王和国家。因此，它是一个“由多个官员集合成的法人”，所以才有这个表达：“国王及其官员”，常见的还有“国王及其仆臣”。实际上，作为一个拟制的概念，“国王”不是“国王”一个人！集合法人的范围是很大的，最初主要是指政治要人，如大法官和枢密院大臣，再往后就是内阁大臣，到了当代，还包括文官。这些都是 Crown 所指代的含义，所以现在的 Crown，已经发展成一个类似于政府、共同体概念，实际上 Crown 指代的就是 Commonwealth。

这样一来，国王本人在国王法人中的作用就降低了，此其一；其二，这个法人不止国王一人，还包括他的重要官员。这就是发展到都铎王朝时期，这个概念所发生的变化。

（6）20 世纪早期

到了 20 世纪早期以后，有几个法学家对这种现象进行了概括：

> 在英格兰，我们称为国家的这个极其抽象的概念，至少我们可以在理论上说，连影儿都没有；在严格法律意义上……①

著名的政治学家拉斯基认为，“国家”这个概念是很抽象的，

---

① 转引自 J.W.F. Allison, *The Continental Distinction in the Common Law: A Historical and Comparative Perspective on English Pubic Law*, Oxford University Press, 2000, p.77。

但更有意思的是，在英国居然连“国家”这个概念都没有。

没有这个概念，作为一个主权实体，它如何行使国家权力？如何指代国家这个实体？如前所述，很多时候用 the Crown 来表达，由此就很好理解“国王陛下政府”这个概念了，此时国王不仅仅是他个人，实际上就是指国家的政府，或者国家的官员。

> 我们的国家，从行政的角度来讲，就是一群官员，他们对他们的行为个别地负有责任，但是这群人由一个神秘的 Crown 联合起来；而这个 Crown 本身是不负责的，它主要起到的是一个括号的作用，括号中是一个无穷的序列（1+1+1+……）。①

巴克也说，如果从纯粹个人意义上，是没有办法理解“国王无错犯”②的含义的。国王怎么可能错不了呢？这简直匪夷所思。若从法律意义上，是很好理解“国王无错犯”的。当我们说“国王无错犯”，是说作为政治体的那个国王、那个抽象的国王是没有办法犯错的，即便有错也是由大臣承担责任。说 Crown 主要是起到一个括号的作用，意思是虽然没有一个抽象的国家概念，但是却有一

---

① 转引自 J.W.F. Allison, *The Continental Distinction in the Common Law: A Historical and Comparative Perspective on English Pubic Law*, Oxford University Press, 2000, p.77。

② “国王无错犯”或“国王无过”的含义并不是一成不变的，有一个演变的过程，而且早期还充满了模糊性和神秘性。但可以肯定的是，它既不是指国王“不应当”犯错，也不是指国王在主观上没有“过失”或“过错”，更不是指国王的一切行为都是合法的。大致可以说，这条古老的法律格言所意指的是，国王作为主权者，不对其作为或不作为承担法律责任，不能在国王自己的法院里被起诉，不受自己臣仆的裁判。正是由于任何的违法行为（在法律上）都不可归咎于国王，所以指示作出这种行为的命令，也不可认为是出自国王。另可参见本书第二章。

个 Crown 来指代、包含实际行使国王权力的那些官员。英国有宪法学家还打过一个比方：说 Crown 就像一把伞，具有一个笼罩的作用。异曲同工。

在 Crown 逐渐从独体法人演变为集体法人这个过程中，仍然不是国家的含义。尽管如此，君主仍然保持着法律上的延续性，也就是说，英国公法依然是围绕 Crown 这个概念来思考问题的。

3. Crown 如何翻译？

13 世纪之后，Crown 的含义不同于国家，但又类似于国家①，下面的解释可以说明它的复杂性：

首先，Crown 既指国王本人，也指整个政治共同体。但又不是纯粹的抽象概念，它是借助非常形象的王冠或国王，来表达抽象的含义。

其次，Crown 有无数面向，这里可以列举五个：一是实体的王冠；二是单指国王本人；三是作为政治共同体首领的国王，这个时候就具有了一种公共身份，强调国王的责任、职权和义务；四是指政治共同体本身，但不同于大陆法系中的“国家”；五是指政治共同体不可剥夺的权利或共同向该政治共同体负责的人，比如除非经过授权或大家的同意，否则 Crown 不可让渡，意思就是不能随意地把某些权利转让给别人。②

① 在三个意义上，Crown 不同于“国家”：国家具有独立性、可识别性，而且有自己的意志，并有实现自己意志的机构。Crown 概念远没有达到这一点。

② J.W.F. Allison, *The Continental Distinction in the Common Law: A Historical and Comparative Perspective on English Pubic Law*, Oxford University Press, 2000, p.75.

再次，Crown具有神秘性，适于产生崇敬之情，不适于进行理性分析。[①]Crown含义有无数面向，仅从规范的角度可能有些难以理解。所以梅特兰才批评说，对于“王冠”，“事实上我们知道，它什么也没做而只是静静地躺在伦敦塔中供观光客瞻仰”。[②]当我们说Crown有权做这做那的时候，肯定不是指王冠本身，而是指戴着王冠的那个人。

从上述三点来看，Crown概念实际上有一个发展的过程。英国宪法有一个最大的特点，就是很多名词、概念、制度或机构看起来从古至今没有变化，但实际上它们的内涵在逐渐地发生变化。Crown概念就是典型例证。

三、君主的个人特权[③]

1. 君主特权

在今天，“统而不治”的国王是否还享有某种权力？这涉及君主的个人特权问题。首先，君主特权的概念是非常重要的，它是一种非由议会法授权的历史性权力。在法律上，君主依然享有巨大的权力。但是，君主特权可分为两类：一种是只能由君主本人行使

① [德]恩内斯特·康托洛维茨：《国王的两个身体》，徐震宇译，华东师范大学出版社2018年版；参见尹景旺译本，[德]恩斯特·H. 托罗维奇：《国王的两个身体：中世纪政治神学研究》，上海社会科学院出版社2020年版。另参见书评：王恒等：《“国王的两个身体”：20世纪学术史上的一个神话》，载《新京报》，2018年12月14日。

② [英]梅特兰：《英格兰宪政史》，李红海译，中国政法大学出版社2010年版，第269页。

③ 参见Adam Tomkins, *Public Law*, Oxford University Press, 2003, pp.61—83。

的，还有一些权力是大臣以君主的名义行使的。比如，批准条约、给予特惠金、签发护照、赦免，等等。在君主立宪制建立后，君主权力如同水库中的水被“抽走”，逐渐被议会所限制，但是仍然剩下一部分权力，所以君主特权被称为一种“剩余权力”。

君主个人行使的特权，主要是任命首相、解散议会、解职大臣和御准法案，这些法律上的权力是非常大的，只不过受到了限制，既受到惯例的限制，也受到议会法的限制。这四种权力对理解英国宪法来说很重要。

第一，任命首相就是任命政府首脑，关乎政府的组成。在法律上君主可以任命任何人为首相，也可以不任命任何人当首相。因为法律上甚至没有规定，必须要成立一个政府，所谓英国“法律中不见有政府”，政府是实践中创造出来的。

第二，解散议会是中世纪尤其是都铎王朝君主的致命武器，用以对抗议会，因为议会解散之后人民就无法集会并表达意愿了。英王在任何时候基于任何理由，甚至不提供任何理由，都可以解散议会。本来，《2011 年固定任期议会法》限制了这一权力，该法规定每五年举行一次大选，只有在三分之二的议员投票后，或在不信任投票通过且未能组建替代政府的情况下，才有可能提前举行。有意思的是，2022 年“发生了反转”：《2022 年解散和召集议会法》恢复了君主召集和解散议会的权力，由此，君主解散议会的权力，又恢复到了 2011 年前。

第三，解职大臣更不用说，实际上就是把政府给遣散了，让政府下台。英王在任何时候出于任何理由，甚至也可以没有理由地解职大臣，因为大臣是君主的“仆臣”。

第四，御准法案即批准法案，法案要经过国王的批准才可施行。英王可以出于任何理由，甚至也可以没有理由拒绝批准法案。

当然，这四种权力在实践中受到惯例的限制。比如，对于解职大臣，因为政府是由议会产生的，而议员又是人民选举产生的，所以在现代民主社会，国王实际上是不能轻易解职大臣的，但也不完全如此。尽管在英国本土，最近一次解职大臣发生在1834年，但是在英联邦国家中，最近发生的是1975年澳大利亚总督解职澳大利亚总理，澳大利亚总督代表英王行使权力，所以总督解职总理就相当于英王解职首相。

对于御准法案，通常国王不得否决，最近一次否决是在1708年，当时安妮女王否决了苏格兰的《民兵法案》。除此之外，自1708年以来英王一直没有否决已由上下两院通过的法案。这是不是就说明君主没有否决权呢？只能说君主大概率不会否决。电影《查尔斯三世》中的情节是，当了大半辈子“实习生”的王子，终于坐上王位之后否决了法案，一下引起了宪法危机。历史上，自1708年以来，最接近于否决法案的情形是在1914年，当时乔治五世差点否决了《1914年爱尔兰自治法案》，这是由于爱尔兰自治问题引发的宪法争议，但很快被“一战”打乱了进程。所以，现在的惯例是，国王必须根据人民的选择来选择首相，根据首相的建议来解散议会、解职大臣；并且，国王不得否决已由上下两院通过的议案。尽管如此，我们又不能够非常绝对地认为君主个人特权一定不存在，这也是英国宪法难以理解的地方。

十分有意思的是，英国保留君主制，而且依然在法律上承认君主有解职大臣和否决法案的权力，而不是通过成文法直接把它废除了，这种情况尤其体现在任命首相和解散议会这两个问题上——上述法律就能说明问题。何以如此？先看几个例证。

2. 惯例的运行

（1）任命首相

首先，对于任命首相，君主必须任命下院占绝对多数席位的政党领袖为首相。在每次大选中，若干个政党参选，若有一个政党获得了下院的多数议席，并且是绝对多数，即超过了50%的席位，那么政党的党首就出任首相。因此，大选结果决定多数党，并由多数党的首领出任首相，但是最终要经过国王的任命，尽管君主通常没有裁量权。

但是，有两个难题。第一，若政党无党首或没有占据多数席位的政党，该惯例是否就无用武之地了？对于政党无党首的情况，有一个例子。1957年，当时的艾登首相生病之后提出辞职，这时就出现了谁来继任的问题。当时有两个人选——麦克米伦和巴特勒，最后获得多数支持的是麦克米伦，于是麦克米伦被女王任命为首相。但是，1963年麦克米伦又病了，他并没有马上提出辞职，他只是说他即将辞职，因此就有许多人盯着首相的职位，共有5个人选。巴特勒人气最旺，但是麦克米伦本人作为即将辞职的现任首相，却认为霍姆勋爵最合适。胶着状态下，女王就去医院会见麦克米伦并询问他的意见，麦克米伦推荐了霍姆勋爵，而没有推荐人气最旺的巴特勒，最终女王听从了他的建议，任命霍姆勋爵为继任首相。这是一个极具争议的事件，后来各党内部确立了更细致的递补规则。由此可知，女王在任命首相时也不是完全没有机会行使裁量权。

第二，在没有政党占据议会多数席位时，怎么办？这就涉及一个很重要的宪法概念，叫“悬浮议会”。比如，一届议会有100个席位，如果有三到四个政党同时竞选，那么其中一个政党完全有可能只获得相对多数席位，即所占议席未到50席，这时，哪个政党得票最多，哪个政党即可当选。这就叫做“最高票当选”。这种情况并不常见。虽然英国实行多党制，但起主导作用的还是两党，历史上是托利党和自由党，现在演变为工党和保守党。

1974年2月，发生了这种历史上少见的悬浮议会的情况，最近一次是2010年。悬浮议会出现，女王或国王有三种选择。当大选前的政党首领没有完全失去下院的信任时，为了保持下院的连续性，女王仍可以选择在大选之前担任首相的那个人出任首相。这是第一种选择。第二种情况是选择相对多数政党，在当时是工党占据相对多数。第三种情况是选择任何一个能够组建稳定政府的政党，哪怕不是得票最高，哪怕也不是上任首相。

但当时，威尔森所在的政党取得了相对多数，时任首相希思所在的党派虽说取得了相当席位，但并非相对多数，按照第一种选择，女王仍可选择希思担任首相。但是大选结束，时任首相希思没有立即辞职，而是等到与威尔森谈判破裂之后才辞职，此时，女王就只能够任命威尔森。反之，如果希思不辞职，而威尔森本人又强烈要求女王任命他，如此就把女王、希思和威尔森三者都置于一种极为尴尬的境地。可见，实际上希思和威尔森之间达成了一种默契，即使席位相当但还是自愿退出竞争。同时，希思辞职之前，威尔森也没有急于表态强行去争取首相职位，如此就没有让女王在任命首相中发挥作用。最后，女王任命了威尔森出任首相。

（2）解散议会

对于解散议会，存在这样一个宪法惯例，即何时解散议会是由首相决定的，而非君主。但是，也存在两个问题。第一，在首相不想解散议会时，君主能否强行解散？第二，首相意图解散议会之时，君主是否可以拒绝解散？即需要回答君主在解散议会中的作用是什么。虽说英国本土并没有发生类似的争议，但是在英联邦国家却发生过，如 1926 年的加拿大与 1939 年的南非。

不过，英国曾在 1909 年至 1911 年发生过宪法危机，涉及解散议会的问题。1909 年发生了“人民预算”事件，当时的财政大臣劳合·乔治在年度财政预算中有意打击贵族利益，如大幅增收遗产税、增加所得税、征收土地税等，这类举措势必对贵族的利益产生严重影响。但法案又必须得到上院的通过，也即让上院通过限制其自身利益的法案。因此，上院以 350 票对 75 票否决了预算。此举被下院视为“违反宪法且篡夺下院权力”，提议国王爱德华七世解散议会重新选举，证明选民支持有关法案。最终国王解散了议会，自由党政府在 1910 年 1 月举行大选，不料议席不增反减，但在爱尔兰自治党和工党的支持下继续执政。之后，上下两院对该法案进行重新表决，下院在 4 月 27 日表决通过，而上院在退让下同意预算案，从而结束风波。

此前，上院从未否决下院的财政法案。但是，1909 年上院违背传统，否决下院的财政法案。为避免预算案再次遇到阻滞，下院继而寻求通过议会法来限制上院，从而使该宪法惯例成文化。因此，下院出台《1911 年议会法》将惯例以成文法的方式固定下来。上院能忍受被限权吗？此举果然遭到上院反对，上下两院召开闭门会议进行谈判，试图达成一个新的方案，但以失败告终。自由党政府威胁说，若《议会法案》不获通过的话，议会将被提请解散，但上院立场坚定，因而国王爱德华七世再次解散议会。但是，后来爱德华七世驾崩，同年 12 月的第二次大选后，新王乔治五世秘密承诺，若法律遭到上院否决，他将册封更多自由党贵族进入上院，使得保守党因被稀释而失去优势。最终上院通过《议会法案》，并获得国王御准。从而，上院实际上完全丧失否决拨款法案的权力，也不再能够否决公共法案，而是只能延迟生效最多两年（《1949 年议会法》将此限期缩短至一年），每届议会的任期亦由 7 年减至 5 年。

（3）解职大臣

政府在不信任投票通过后，必须辞职。问题是政府不辞职怎么办？此时君主的作用就得以体现。

（4）御准法案

君主必须同意已由上下两院通过的法案。问题是什么时候国王才可以拒绝同意？

这些事件足可说明：英王远不是一个傀儡，也不同于白芝浩所认为的君主仅享有商议权、鼓励权和警告权。其实，尽管总体上受到惯例的限制，但在特殊情况下，君主仍有行使自由裁量权的机会，君主在政府任命首相、解散议会、行使否决权中的作用，有时是很大的。

既然惯例可以成文化，为什么不直接将所有惯例以成文法的方式确定下来？因为君主特权在政治生活的常态下，是不能由君主本人独立行使的，必须依据大臣的建议行使。但是，这是一种常态下的关系，惯例对君主权力的限制也是一种常态下的限制。问题是，政治并不总是在常态下运行，有可能出现一种非常状态，此时君主很可能在一种非常状态非常规地运用法律权力，这就是保留君主个人特权的意义，即一种宪法上的备用机制。至于君主运用法律上的权力是否违宪，则是没有结论的。等到它发生，你才能知晓。这就是惯例。

四、本章小结

第一，我们常常讲英国的君主是“虚君元首”或“统而不治”，并不完全准确，不足以让我们理解君主在宪法上的作用。第二，从法律上讲，君主享有巨大的权力，但是在现实中一般受到惯例的限制，但在非常状态下，可能并非如此。

可见，君主的作用除了为政府提供合法性来源之外，它还是应付宪法危机的一种备用机制，当然也是一种长效机制，因为“国王不死”。但是，一个现代的立宪君主，能够承担得起这份重任吗？能够发挥宪法“紧急制动器”的作用吗？如果君主不能，又有谁能接管君主原有的宪法职能？在“米勒二号案”中，法院判决首相给女王的休会建议非法，这就相当于在关键时候，是法院充当了“紧急制动器”的作用。这就是2019年休会判决引起巨大争议的根本原因。

第七章　政府：从“政治宪法”的视角看

什么是政府？……在过去两个世纪中成长起来的这个机构并不是一个为法律所承认的组织。当然我不是说它是一个非法组织，而更愿意说它是一个法律之外的组织；法律并未谴责它，但也并未认可它，对它一无所知。①

——梅特兰

内阁是一个混合的委员会——一个起连接作用的“连字符”，一个起紧扣作用的“扣子”，而被连接和紧扣的是国家的立法部分和行政部分。从它的起源上讲，它属于这一部分；而从其所起的作用上讲，它又属于另一部分。②

——白芝浩

本章讲述政府（准确地说是“中央政府”），而且是从“政治宪

① [英] F.W. 梅特兰：《英格兰宪政史》，中国政法大学出版社，第 249 页。
② [英] 沃尔特·白芝浩：《英国宪法》，夏彦才译，商务印书馆 2010 年版，第 64 页。

法”的视角看。这需要再次回到“宪法”的含义。对“宪法”一般有两种理解。一是基于“规则”的理解，按照戴雪的二分法，“宪法”有一部分是法律规则，另一部分则是惯例。二是基于“政制”的理解，即把宪法看成是一个共同体的政治组织、政治结构。这两种理解是不矛盾的，因为宪法规则是关于政制之建立与运行的规则。

对英国宪法而言，真正对立的两种理解是“政治宪法”和“法律宪法”——这两个概念是有点令人费解的。其实也没那么复杂。因为英国宪法没有把所有的规则“法律化”，即未固定为制定法，也未形成判例法，这些未法律化的规则，戴雪称之为“宪法惯例”，也就是“政治宪法”的核心内容；但政治宪法论者强调的不是惯例本身，而是议会问责，即通过政治的途径来维护和实施宪法。

本章讨论狭义的政府，即运用行政权的那一分支，是如何遵循“宪法”的规则来运行的。

一、为什么说“政府不为法律所知”？

上一章说过，crown 在公法上很多时候指的是政府，由于英国是一个立宪君主制国家，如果只把 crown 翻译为“政府”，就会失去 crown 的原有含义，所以有时候译成“王国政府”。王国政府具体由什么构成？表达何意？这涉及英国政府的产生过程。先看梅特兰的著名论断。

1. 公法中的怪异现象

我们此处谈论的政府，不是从社会学或政治学的意义上去讨论，而是从法律的角度去讨论的。梅特兰说：

> 什么是政府？……在过去两个世纪中成长起来的这个机构并不是一个为法律所承认的组织。当然我不是说它是一个非法组织，而更愿意说它是一个法律之外的组织；法律并未谴责它，但也并未认可它，对它一无所知……历史性的，为此我们必须返回到威廉三世时代。①

在英国，“政府”这个概念在法律上既未被否定，也未曾被承认，不为法律所知，也就是说，法律中不见有政府。这是因为，英国政府没有严格意义上的宪法依据，它是惯例的产物，是在实践中逐渐发展起来的。法律中不见有政府，这是一个很奇怪的现象。

一个初步的解释

作为一个整体（大臣及其部门）的政府，不被法律承认（“政府”也未成为一个法律术语），与“国家”不被承认是一致的。之所以有这种奇怪现象，原因有三。

第一，前述 crown 的广泛使用。英国公法中，既用它来指代国王本人、行政机关，甚至有时还用它来指代大臣和文官。梅特兰曾批评说，crown 是一个“方便掩盖无知”的概念，这就是说此概念不够精确，容易导致思想混乱。因此，迪普洛克勋爵在判词中评论道：

① [英] F.W. 梅特兰：《英格兰宪政史》，李红海译，中国政法大学出版社 2010 年版，第 249 页。

> 说“政府”比说“君主”更好，因为这是一个恰当的术语，既可以全体地、也可以是个别地包括君主的大臣和政务次官——在他们的领导下，政府的行政工作由各政府部门的文职人员进行。①

迪普洛克是从法官的角度来看问题的，认为不应使用“君主”这个模糊词指代政府，法律本身就是制定规则，应尽量使用典型的法律概念，如“政府”。总之，英国没有整体意义上的“政府”这样一个法律概念。“君主”在公法上有两个含义，一是指君主本人，二是指代行使君主权力的“政府”，这种现象是公法语言跟不上宪法演进的体现，是一种典型的英国公法现象。

第二，长期的政治实践避开了不承认政府所造成的困难。在政治实践中，政府总体来说运行良好，有问题在实践中解决，一般没有太大的问题。就像没有制定成文宪法的强烈需要一样，英国也没有强烈的需要去制定一部法律来规范政府的运行。不过，法律上没有“政府”这个概念，在各种正式场合、学术文献中，在政治人物的口头表达中，却有各种词来表达政府的含义。诸如“内阁”“部”“政府”“首相”“格拉斯顿先生的第二届政府”“索尔兹伯里的行政部门”等词，这些词就常被用来指代政府。用词的多样性本身，也说明英国没有政府组织法这样的法律。

第三，法律个别授权给主管大臣、官员或公共机构。在成文宪法国家，立法机关制定政府组织法，就意味着通过宪法建构、设置

① Town Investments at 381.

最高行政权，设置一国之行政机构。但是在英国，法律授权是个别化的，当议会授权政府的时候，它是个别授权主管大臣官员和公共机构，而不是授予一个整体的政府，所以梅特兰才会说：过去两个世纪成长起来的政府不是一个为法律所承认的组织。

2.“政府先于宪法”？

潘恩曾说，宪法就是要看得见，否则不足以称宪法；而且，还应该是先有宪法，而后有政府。否则，没有办法让政府受到宪法的约束。潘恩是针对英国宪法而言的，他呼吁制定成文宪法。这也间接说明，英国的情况是相反的，即政府是先于宪法的。

（1）首相

英国首相，全称大不列颠及北爱尔兰联合王国首相，简称联合王国首相。首相是政府首脑，是代表英国王室和民众执掌国家行政权力的最高官员。首相一般情况下由下院多数党党魁或执政联盟的首领担任，经君主任命后正式任职。首相也是大臣，名义上，首相和其他大臣一样，都是国王的仆人，他们都是平等的，不过实际权力不同，所谓“平等人士中居首位者”。

1721年，下院多数党领袖、财政大臣罗伯特·沃波尔爵士被英王乔治一世任命为内阁首领，通常被认为是首相一职的肇始。但职位正式名称并非首相，而是“首席财政大臣”。此后，内阁通常由第一财政大臣主持，但不是绝对的，老皮特就是以掌玺大臣出任首相的。首相的地位和名称被正式确定下来，是在1783年的小皮特内阁时期。

沃波尔和小皮特两人对于首相位的形成，起到了重要推动作用。但是这种推动作用，是基于政治实践而发展出来的，也即基于惯例而不是法律的赋权和规定。换句话说，英国政治制度上的首相由宪法惯例产生，其权力也由宪法惯例决定。

英国首相有权组阁，理论上首相可以任命任何人作为政府大臣，但实际上，首相所任命的对象有且仅有一个限制——所任命的大臣必须出自下院或上院。

首先，首相是国王陛下政府的首长，负责所有政策和决定；其次还监督文官的工作和代理机构的运行；另外，首相是下院的主要成员，还有任命其他大臣的权力。《内阁手册》中关于首相是这样描述的：

> 首相是政府的首脑，担任这一职务是由于他或她有能力赢得下院的信任，而下院又通过大选获得选民的信任。首相独特的权威地位也来自下院的支持。按照现代惯例，首相总是出自下院。首相通常是获得下院多数席位的政党的公认领袖。关于没有政党占绝对多数席位的情况，见第二章第 2.12—2.17 段。[①]

按照现代的惯例，首相必须出自下院。这是因为上院作为一个世袭机构，缺乏宪法上的正当性。

首相可以任命自己信任的本党成员来组成政府，这样，首相的实际权力就非常之大。但实际上，这个权力的大小因人而异，并不

① Cabinet Office, *Cabinet Manual* (London 2011) (https://www.gov.uk/government/uploads/system/uploads/attachment_data/file/60641/cabinet-manual.pdf), p.21.

是每一位首相在实践中都非常强势。是否强势跟首相在议会中的议席有关，也跟本人的性格有关，当然最重要的一点还是党内的支持度，比如撒切尔夫人、布莱尔等人就是英国历史上较为强势的首相。

首相离职一般来说有两种情况。一是失去党内信任被迫下台，如撒切尔夫人、特蕾莎·梅；二是不信任投票获得议会多数通过，政府已不为议会所信任，以首相为代表的内阁就必须辞职。①

（2）大臣

某些大臣的职位甚至比首相的历史悠久，如枢密院院长一职，在斯图亚特王朝时期就出现了。大臣作为一种官职，其存在的年限是不一样的，我们从中可以感受到，行使政府职能的大臣，实际上是随着时代的需要慢慢发展出来的。而这些发展，全都不是出于法律的规定，早期是出于君主的意志，因为大臣是君主的仆人。在今天，我们仍然可以称之为君主大臣，因为它的本意就是指君主任命的大臣。英国如今（2023 年 6 月）有 123 个大臣。这 123 个大臣分为三种，也即我们常说的“三级大臣”。

所有的大臣中，有 1 个首相、22 个内阁大臣，还有其余 100 个普通大臣，这些大臣真正地掌握着英国的行政权力。这些大臣都是首相从上下两院中选出来的，不仅要接受党内监督，还需要接受反对党的监督。

这里需要区分三个容易混淆的专业术语，英国大臣有三个等

① 《2011 年固定任期法》规定，现任政府在 14 天之内没能重新得到议会的信任，以首相为代表的整个内阁就必须下台。

级，分别是主管大臣、国务大臣和政务次官（图 7-1）。

图 7-1

内阁大臣是政府主管大臣，他们一般需要承担部门职责，相当于部长。国务大臣首先设置于 1941 年，在任务繁重或主管大臣需要经常出国活动的政府部门中开始有了这一职位；地位略低于主管大臣，相当于副部长。在外交、内政、国防、财政、就业等部门中，均设有一名或若干名国务大臣。政务次官主要是协助一个部门的议会工作，是有可能承担一些行政责任的，实际上是一种议会秘书，其职责是在议会工作中做协助工作。对政府工作而言，除日常管理外，还有十分重要的工作，即与议会对接。需要注意的是，政务次官随着大选胜利而上台，大选失败而下台，这不同于文官。

此外，英国政府中还有三种特别的大臣：

一是党鞭，是指议会内代表政党领袖，主管政党纪律的官员，其功能是为了确保议员出席并按照政党立场行事。“党鞭”一般是一人，也可以多人。

二是大法官，也可翻译为大法官大臣，最有名的大法官，如托马斯·莫尔爵士、弗朗西斯·培根子爵等。《2005 年宪制改革法》颁布之前，大法官同时是上院议长、内阁大臣、负责遴选法官的法官首领；在这之后，大法官不再兼任上院议长，也不负有司法职责，只是一个行政大臣，主管司法部。

三是检察总长，负责刑事司法体系，监督皇家检控署和严重欺诈案办公室工作，是公共利益的守护者，是政府的法律顾问。需要提醒的是，该职位与大陆法系的检察官不同，行使的是行政权。

（3）内阁

内阁实际上具有聚合功能，它将众多的大臣，包括部门负责人，聚合在一起讨论政务。内阁阁员掌握着核心权力，但在法律上，又没有明确的人数规定。内阁是由政府高级官员组成，并不是任何人都能入阁的，一般是 23 人，现任内阁 22 人。内阁阁员根据惯例必须是议员，下院开会时，坐在前排议席，也被称为“前座议员”。内阁定期召开内阁会议，通常是每周四早上。理论上，内阁会议讨论政府的重要政策并作出决定。会议时间长短，取决于首相的风格，以及讨论事项的情况，大概 30 分钟。内阁会议现场很拥挤。此种政治文化强调一种现场感、一种热烈交流的氛围。内阁发挥着重要的统合作用。

需要注意的是，内阁本身不拥有法律上的任何权力，它是惯例的产物，这是一个事实。内阁的具体运行方式——谁进入内阁，谁不进入内阁，本身都是在实践中发展出来的，这是政府不为法律所知的又一个例证。但是法律并未否认内阁的存在，内阁成员由主管大臣担任，所以，内阁是政府的最终决策机构。议会在通过法律授权政府事务的时候，它授权的并不是整个内阁本身，但内阁仍发挥着巨大作用。

内阁实行集体责任制，关于该原则，《内阁手册》是这样描述的：

> 内阁是政府的最终决策机构。内阁及其委员会的目的是提供一个框架，供大臣们就政策问题进行审议并作出集体决定。内阁及其委员会是按惯例设立的，但由现任政府决定集体决策的具体安排。
>
> 内阁制政府是以集体责任原则为基础的。所有的政府大臣都受内阁集体决策的约束，除了被明确搁置的地方，他们对政府的所有政策和决策负有共同责任。①

内阁所达成的决策必须是一致的，如果有内阁大臣不同意，只有两种选择：第一，保持缄默，即走出内阁之后，在公共场合必须同意且支持内阁的决策；第二，如果觉得政策有违自己的良心、宗教信仰，可以辞职，但是不能公开发表与内阁政策不一致的意见，此即内阁集体负责制。在议会的不信任投票中，内阁若没有赢得下院的投票，集体下台。

（4）政府部门及其机构

政府部门及其机构负责将政府政策付诸实施。政府部门主要有部级的部门、非部级的部门。机构主要分为政府机构和公共机构。其中，部级的部门有诸如内政部、检察总长办公室等。非部级的部门，如皇家检控署、严重欺诈案办公室、国家档案馆等。除此之外，还有很多政府机构和公共机构，比如国民保健署、大英图书

① Cabinet Office, *Cabinet Manual* (London 2011) (https://www.gov.uk/government/uploads/system/uploads/attachment_data/file/60641/cabinet-manual.pdf), p.31.

馆、大英博物馆。还有很多非政府部门，它们具有独立性的同时，仍需要接受政府的监督，总体都属于公共机构的范畴（图 7-2）。

23	**部级部门**
	如内政部、检察总长办公室
20	**非部级部门**
	如皇家检控署、国家档案馆
411	**政府机构和公共机构**
	如国民保健署、大英图书馆、大英博物馆

图 7-2

行政权力的中心在于“部”，而非“内阁”，有三个原因。其一，每一个部，由内阁中的政府主管大臣负责，由三四名国务大臣（次级大臣、非内阁大臣）协助。其二，若涉及整个政府事务时，慢慢地成立了内阁委员会这样的组织。如果首相认为某一事务只需要几个大臣决定，且该事务不涉及司法上的问题，就会组成一个内阁委员会，在内阁委员会中讨论并作出决定，但形式上还是由内阁开会批准。简言之，即内阁委员会作实质决策，内阁在形式上批准。其三，各部、机构的设立、变更、废除，均由首相根据“特权”来决定。部门的设立、合并、撤销都是在实践中完成的。

（5）文官

我们知道，文官是英国政府的一个关键组成部分。它支持政府制定和执行政策，提供公共服务。文官对大臣负责，而大臣又对议会负责。

文官负责政府的具体工作。首相还有一个兼职，即文官部大臣，文官是在首相的指导和管理下进行工作。约有一半的文官直接向公众提供服务，包括支付福利和养老金、就业服务、签发驾照等。对公民而言，跟政府打交道最多的就是文官。2015 年 3 月 16 日更新的《文官守则》规定，公务员要具有正直、诚实、客观性、公正性四个基本素质。文官是根据特权来雇佣的，实际上是以君主的名义任用的。从数量上讲，文官是王国政府的核心组成部分。

《文官守则》的制定，议会和法院均没有参与。议会监督不了，议会问责的是“大臣”，文官不需要对政党负责，也不直接对议会负责。法院也监督不了，因为法院审查行政行为时审查的是“合法性”问题，但文官在行使职权时不仅涉及合法性问题，还涉及合理性问题。

几百年以来，尤其是自 17 世纪以来，政府的整个运行方式，都是行政权本身在主导着宪法的运作，由政府来确立自身的运行方式，这似乎不像一个现代“立宪政府”。

二、政府权力的类型

总的来说，政府权力有三种类型：一是议会法授权，二是特权，三是第三来源权力。

法定的权力以及特权允许政府做一些个人不能够做的事情，只要政府依法行事，就可以影响个人的法律地位和权利、可以执行其行动和决定。比如，在法定权力和特权之下，未经所有者同意，政府可以搜查其财产；政府也可以违背当事人的意愿将其拘留。当然，政府也可以在第三来源权力下作出决定和采取行动。

1. 法定权力

（1）为什么要授予法定权力？

> 如果国家对公民的照顾是从摇篮到坟墓，包括保护他们赖以生存的环境，提供各个阶段的教育，并为他们提供就业、培训、住房、医疗、养老，归根结底，一切衣食住行，那么，它就需要一个巨大的行政组织体系。①

政府想让自己的行为合法化，一是提请议会通过法案，二是诉诸历史上的特权。政府拥有议会规定的法定权力，这是因为议会并不能管理现代社会中的所有事务，政府在诸多领域都需要分工，《2005年调查法》就是一个生动的例证。关于交通管理、执法的领域，政府也需要专业人士的协助。此外，议会并不是全年无休，而是存在休会期的，在此期间的“驱逐外国公民”等强制措施都要求政府有相应的法定权力。

需要指出的是，议会法出台之后，对政府如何行使法定权力的监督可能不力，这是由于政府在很多情况下都能反过来主宰议会，所以就有法律宪法论者主张要加强司法审查。另外，这种法定权力仅仅是议会授予政府在个别事务上的权力，议会授权给“主管大臣”，实际上是“文官”具体行使，责任也归大臣承担，而不是授予整个政府。

---

①［英］威廉·韦德、克里斯托弗·福赛:《行政法》，骆梅英、苏苗罕等译，中国人民大学出版社2018年版，第4页。

（2）关于“授权立法”

授权立法不同于法定权力，不是指议会授权“主管大臣”某项权力，而是授权政府制定一般性的规则，这种规则叫“授权立法”，也有“附属立法”“从属立法”“行政立法”的叫法，其实就是行政法规。

如今，已经不是应不应该授权政府立法的问题，而是如何有效控制政府立法的问题。诸如“亨利八世权力”，当下位法反过来影响上位法时，如何控制这种权力的运行才是重中之重。对此是可以司法介入的。一个生动的例证是，内政大臣利用法定权力，制定行政立法，排除某种类型的政治避难者获得最低生活保障费。此种情况下，司法介入了，法院明确解释，议会不可能制定如此效果的法律，即行政机关超出了议会的授权范围，故而法院可以推翻该项行政立法。

总之，要在尊重议会主权和合法性之间取得平衡；授权立法并不具有议会法那样免受司法挑战的地位。

（3）行政和立法之间的关系

我们知道，行政和立法的关系一般可以概括为：政府制定好政策之后提交议会立法，立法通过之后再由行政部门去执行政策。此种模式下，制定政策和执行政策都是行政部门的责任，而必要时立法就是议会的责任（图 7-3）。

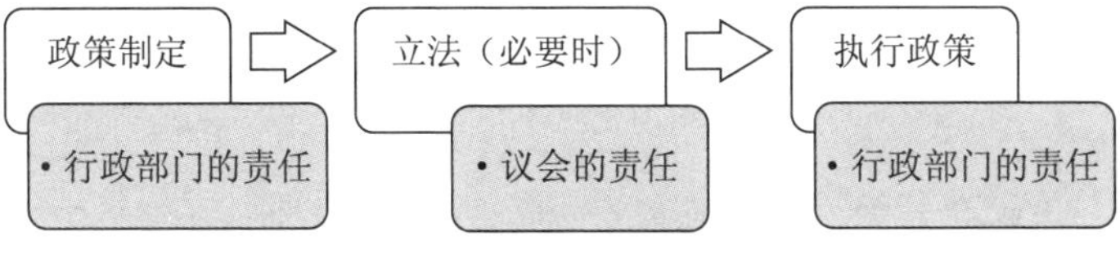

图 7-3

以防范新冠疫情为例，英国政府可能会制定多种不同的政策，诸如提倡社交距离、轻症自行隔离不去医院等。这些政策的制定都属于行政部门的责任，但当需要某种更严厉的手段时，就需要议会来承担立法责任。如某种条件下对民众采取强制措施，就需要政府向议会提交议案，在议会通过立法之后，行政部门才能采取紧急情况下的强制措施。所以，行政和立法之间的关系，在某种意义上是行政占据主动性，而立法赋予行政机关所执行的政策以合法性。

（4）议会的双重功能

从行政与立法的关系中，可以概括出议会的双重功能。

一是保证政府继续执政。政府执政首先必须是在议会中享有多数席位，然后党魁成为首相，党内资历最高最能干的大臣出任内阁大臣。政府的力量取决于所在政党议席的规模，议席越多，主导力量越大，越能大刀阔斧地进行改革。可见，议会让政府掌权，并且政府要始终赢得议会的信任，否则在议会的不信任投票中就会面临被迫下台的风险。

二是监督政府权力的运行。当政府制定政策需要提请议会通过法律时，议会就会仔细审查该项政策。以免费医疗政策为例，一种可能是通过辩论之后如政府所愿，议会通过了议案、制定了免费医疗的法律；另一种可能是反对声音很大，不仅是反对党，本党后座议员也有可能持反对意见。此时，议会就可以监督权力运行。正是由于议会的介入，政府才不能为所欲为。

（5）议会监督，何以可能？

19世纪，政党的纪律性并没有如今这么严格，基本上是议会控制政府，而不是如今的政府主导议会。议会对政府的监督是比较有力的。从历届政府的议会多数议席规模可以得出结论：规模越大，政府就越强势。从 1945 年的工党政府到 2019 年的约翰逊政府中，规模较小的是 1950 年的工党政府和 1974 年的威尔逊政府，规模最大的是 1997 年及 2001 年的布莱尔工党政府，所以，英国最近几十年的宪法改革都发生在这几年。

比如权力下放，让英国成为一个准联邦制国家。《1998 年人权法》改变了英国宪法结构，这些都是因为布莱尔政府非常强势，多出的席位越接近于 200 席的时候，其力量就越强，获得议会支持的力度就越大。比如卡梅伦虽然赢得了选举，但是没有达到绝对多数席位，所以在 2010 年他组织了联合政府。

综上所述，政府的力量取决于议会多数的规模。政府组成由议会大选的结果间接而定；政府对议会负责；政府在下院的多数优势，意味着一般能得到议会支持。但是正因为政府对议会的主导性，政府执政之后若得不到很好的监督，就可能发生“民选的独裁”的情形。所以如何让政府对议会负责，成为现代英国政治中一个非常重要的议题，也是政治宪法论特别关注的问题。

2. 特权及其普通法限制

特权也是政府权力的形式之一，存在着两种特权：一是君主个人行使的特权；二是实际上由政府大臣以国王的名义行使的特权。君主特权包括：宣战、部署军队、缔结条约、给予赦免和荣誉、签发护照、处理国际关系等事项。

特权在历史上和法定权力是一个此消彼长的关系（图 7-4）。

图 7-4

随着立宪君主制的建立以及民主社会的发展，特权的范围愈发狭窄，而制定法上的规定越来越多。实际上，议会把君主原来实际行使的特权一步步削减了。这些特权意味着它们不需要议会批准就能被行使，可以说特权是君主的一种剩余权力。这种剩余权力没有法律的约束，唯一的约束方式就是普通法约束，普通法约束是一种个案化的审查。只有当案件发生，通过个案来界定，界定往往有反复，貌似在当前案件中厘清了，但十年后下一个案件发生，似乎又没厘清，所以特权的约束是英国宪法上一个非常有争议的话题，这也是英国宪法的特点。到 21 世纪，居然还有大量的特权，它们不是不受任何限制，而是限制得不够明确。

关于特权的争议很多，从 1984 年的 GCHQ 案，到 2017 年脱欧程序判决（米勒一号案），再到 2019 年休会判决（米勒二号案），每一个判决都引起热烈的讨论。其中的核心关切在于问责，现代社会为何还有不受议会监督，也没有立法授权的特权存在？这是一个值得思考的问题。此外，英国事实上也将部分特权法律化了，比如缔结条约方面。有些特权仍然没有变化，如部署军队仍然是在政府的特权范围之内。

3. 第三来源权力

对于特权的确切范围，法学家是有争议的。戴雪说（他没有使用“第三来源权力”概念）：

> 行政部门的每一个行为，虽未经议会法授权但仍不至于违法，都是因为有这种特权的存在。①

相较之下，布莱克斯通的看法却不一样：

> 特权本质上必须是独一无二的并且是非常规的；特权不同于其他权利，只能是仅由国王单独享受的权利和身份，不包括国王和其他臣民都能享受的权利。②

可见，戴雪和布莱克斯通对于政府权力秉持着不同观点，二人也代表着对政府权力的两种权力观，前者认为只要法律没有禁止，政府就可以去完成某项事务，即“法无禁止即可为”；后者是认为对公权力而言，“法无授权不可为”。

实际上，政府在行使某些权力之时，并没有议会法的授权，该项权力也不属于特权范畴，但政府还是能够行使，这就是第三来源权力。以订购文具为例，显然议会法不可能事无巨细地作出授权，事实上，政府不可能连购买一件文具都需要具体的授权，政府能够自主购买文具的权力就可以理解成第三来源权力。在司法实践中，法官总体认同戴雪的观点。也有反对者，如韦德，他认为若每个人

---

① ［英］A.V. 戴雪：《英国宪法研究导论》，何永红译，商务印书馆 2022 年版，第 467 页。

② 参照［英］威廉·布莱克斯通：《英国法释义》，游云庭、缪苗译，上海人民出版社 2006 年版，第 268 页。

都能做不是非法的事情，那将会引起巨大争议。

三、“政治宪法”的核心主张

英国政府是生长出来的，也自行发展出了一套规则，这套规则也是英国宪法的组成部分。实践中的争议在实践中解决，权力限制也在实践中进行。通过法律的方式来限制政府权力是必要的、可行的；但是效果不见得尽如人意。法律限制分为两种方式，一种是制定成文法；另一种是法院在司法实践中、在个案中对行政权力进行约束。

政治宪法与法律宪法的区分，是英国宪法学的热门话题之一。前者是以法律为中心的宪法结构、宪法问题；后者以政治为中心的宪法结构、宪法问题。

法律宪法强调宪法运行要以法律为中心，用法律的手段去调整和解决机关之间、国家和公民之间的关系和争议。政府必须按照议会的授权采取行动，否则就是越权，法院进行司法审查，并让其承担法律责任。简单来说，政府只要满足一定条件就可以采取任何行动，这些条件就是法律所设置的界限。

但有理论家认为，英国宪法并不是法律宪法的模式，因为政府的行动能被司法审查的比例是极低的，他们认为，以法院为中心来解决公法问题，实际上是不恰当的。有些纠纷应该通过政治过程来解决，在谈判、辩论的过程中去解决，通过民众参与的方式来解决。这就是政治宪法，强调政治过程才是宪法的核心。

现代政治宪法论的开创人物格里菲思说：“英国宪法持续存

在着，每天都在变，因为宪法不折不扣，正是所发生的事情。亦即，发生的每件事情都是宪法的，即便什么也没发生，那也是宪法的。”①英国议会既是立法机关又是制宪机构，普通法律和宪法性法律之间是没有区分的，政府没有按照某个预设的宪法和法律规范来行事，所以宪法上的改变都是通过普通立法来完成的，政府主导和塑造整个宪法结构、宪法规则，政府的行为在塑造宪法本身——所谓“政府先于宪法”。

这是一种政治宪法思维。需要指出的是，政治宪法观不是强调政府可以为所欲为，也不是强调法律规范没有作用，而是强调通过政治过程来实施宪法，通过政治手段来控制和监督政府，反对过多地依赖法律手段。

简单概括，法律宪法就是以法院为中心来控制政府，政治宪法强调以议会为中心，通过议会政治过程来控制政府（图 7-5）。

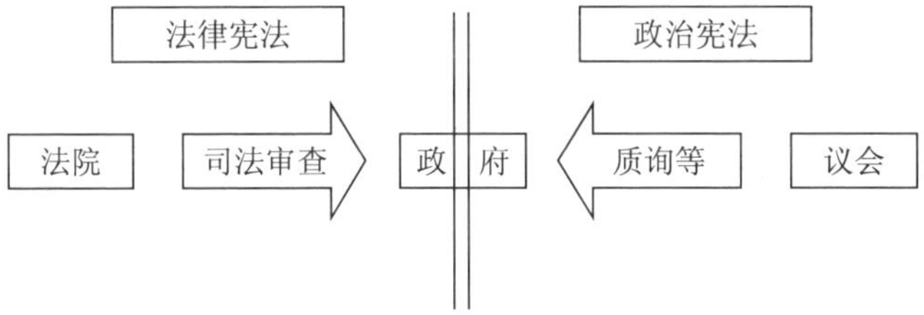

图 7-5

政治宪法和法律宪法这两种模式是一种什么关系？两者实际上

① J.A.G. 格里菲思：《论政治宪法》，田飞龙译，载《朝阳法律评论》2014 年第 1 期，第 296 页。译文有改动。田飞龙教授的译文是：“英国宪法常在，且每天都发生变化，因为宪法恰恰就是每天发生的事情。我们的国家发生的每一件事都是宪法性的。即便什么大事也没发生，这也是宪法性的。”问题的关键在于如何理解文中的 constitutional 一词。

相互补充，此消彼长。如果宪法中的规则，更多地依赖于法院的话，政府通过政治问责的过程就要相对少一些；如果大部分都是通过政治问责的话，那么法院控制政府的作用就会减小。

四、本章小结

英国没有整体意义上的“政府”这样一个法律概念。crown 在公法意义上有两种含义，一是指君主本人，二是指代行使君主权力的政府。crown 实际上是一个模糊的概念，在公法中，它更多地指代政府。英国公法中不见有政府，很大程度上就是因为 crown 这个概念。

政府由首相、大臣、内阁以及其他政府部门和机构组成，它们是在实践中逐渐发展起来的。成文宪法国家，宪法先于政府；在英国可以说，政府先于宪法。政府的发展和宪法地位，再次证明孟德斯鸠的分权说是不适用于英国的，因为它的立法权和行政权巧妙融合；政府实际上享有大量的权力，主要有议会法授权、特权、第三来源权力三种类型。

作为现代立宪政府，政府享有的这些权力当然需要受到监督。对此，议会以及法院都要对其问责。究竟如何监督和控制更有效，目前有三种可能的回应：一种认为当前模式并没有问题，立法权与行政权融合具有优势；另一种认为当前英国应该强化分权，防止政府权力过分扩大，加强司法审查；第三种强调走中间路线即可，寻求司法审查与政治问责之间的平衡。

第八章　议会：控制和监督政府如何可能？

代议制议会的适当职能不是管理——这是它完全不适合的——而是监督和控制政府。[①]

——密尔

议会是一个复杂的机制，但其核心是一个简单的平衡：让政府能够做事和让政府承担责任之间的平衡——询问、提出替代方案，迫使他们披露信息并为自己的行为辩护。

——《惯例联合委员会第一次报告》（2005—2006）

议会的重要性，学理上有很多概括和说法。但无论怎样，不讨论议会的权力和功能，英国宪法几乎无法展开。议会有很多功能，不仅仅是立法，最重要的还有控制和监督政府。

---

① ［英］J.S. 密尔：《代议制政府》，汪瑄译，商务印书馆1982年版，第80页。

一、“王在议会”的诞生

“王在议会”的表述意味深长，意思是王只能在议会中立法，这是历史上逐渐确立下来的。本章第一部分讲“议会的诞生”，着重于历史的叙述，但不纯粹讲历史事实，主要是从“国王对议会”的视角出发，了解议会发展的基本脉络，为本章后面的内容以及第三篇“问责”做好铺垫。在本章，我们会再次发现，英国国家机构所行使的权力和成文宪法国家是不同的。

1. 权力始于君主

成文宪法国家与不成文宪法国家的权力来源不同，不同在什么地方？可以用两个概念总结出来，一个是“权力授予”，指的是成文宪法授予立法机关、行政机关和司法机关权力。另一个是在英国宪法中，可以表述为“权力浮现”。这听起来比较抽象，为什么叫“浮现”？

在早期现代，① 权力是属于君主的，比如说得比较多的一个王朝——都铎王朝（1485—1603），这个王朝处于英国非常强盛、显赫又充满自信的时期，具体表现在：思想文化上繁荣发展、商业成功、军事上居于霸主地位，特别是战胜荷兰取得了海上霸主地位。那时，无论是从社会、政治的角度，还是从法律的角度来讲，君主都是国家的中心，甚至可以说，君主是世界的中心。所以有人这样

① “早期现代”主要是法律思想史上的说法；在英国，尤其指光荣革命之前的时代，光荣革命之后，一般称之为现代。

形容，此时“君主不仅仅是‘在位’，而是还实际统治着”。①

这个时候的议会，实际上是听凭国王的意志，随时召集，随时解散，它是不固定的。而且，它的功能和现在的议会也有所不同，尤其重要的一点是早期君主不需要议会去为他提供财政支持。通俗来讲，国王要用钱治理国家，不需要议会的同意，因为那时所谓“议会”，实际上就是国王的近臣会议，所以国王实际上控制着财权，掌握行政权和立法权，而且还有司法权。

2. 早期王权的限制

但是，君主的权力并不是绝对不受限制，早期王权一直在不同程度上受到限制，但这并不是突然间发生的，而是逐渐被限制的。一个很重要的例子就是 1215 年《大宪章》。

《大宪章》的重心其实不是保障和保护自由，而是控制和征服君主，因为《大宪章》是约翰王在贵族的逼迫下签订的。《大宪章》的内容实际上有三部分，一是已经存在的法律，即重述了已有的法律；二是《大宪章》的支持者希望成为的法律；三是因为迫于政治现实，国王必须接受的规则。

《大宪章》第 12 条，可以说是其中的一个核心条款，这个核心就是控制和征服君主。“未经全国广泛协商，不得在朕之国家征收任何代役金或摊派任何捐助……”这句话的含义很丰富，比如“代役金”，是指代替劳役的金钱或者费用，但是为什么会有劳役这种东西？劳役实际上是封建关系下，封臣对国王应尽的义务。约翰王

① Adam Tomkins, *Public Law*, Oxford University Press, 2003, p.40.

和贵族之间的冲突，很大程度上是因为约翰王巧立名目征收苛捐杂税。“全国广泛协商”让人想到全民公投，但那时显然没有公投这回事，可怎样才叫“全国广泛协商”？到底需要经过谁同意？

（1）Curia Regis：议会的雏形与定型

“谁同意”的问题，就涉及英国议会。有一个概念不得不提：Curia Regis，这是一个拉丁文词，最核心的内容就是开咨议会。它发展出两种制度或者机构，一种就是大咨议会，它是 1066 年诺曼君主征服英格兰之后，盎格鲁-撒克逊贤人会议的一种替代形式，每年召开三次，由主教、伯爵、国王的直属封臣参加，这就是议会的雏形，这个雏形在 13 世纪，也就是签订《大宪章》的世纪逐渐形成，到 14 世纪才开始定型。

这个词还有另外一个意思：御前会议。为什么有两个意思呢？稍作解释。在早期，国家的立法、司法或外交事务的决策，都是在王室会议中完成的。这一点好理解。所谓王室会议的成员，包括直属封臣，也就是贵族，以及国务重臣，如大法官、库务大臣或掌礼大臣等。在比较重大的事情上，这些人就会被国王召集起来，以一种大会议的形式开会。

在两次大会议之间，仍有一些事务需要处理，所以王室会议就变成小会议。小会议跟随国王在全国巡回活动，有时还听取审判。无论大会议，还是小会议，它们的权力和职能都是相同的，实质上都是同一机构在不同情况下的聚会。逐渐地，大会议演变成议会，小会议演变成枢密院；前者是立法机关，后者是行政机关。其实，司法机关也是从中演变出来的，这里暂时不讨论。①

① 参见本书第九章“封建制与司法权的发源”。

总之，在早期，国王实际上居于统治地位。但是自《大宪章》以后，国王收税要经过所谓“全国同意”，就是经过上述大会议成员的同意。但是，并不是《大宪章》一签订，事情就解决了，然后就确立了一个非常清晰的体制。不，它只是一个出发点。权力始于君主，君主享有统治地位，但君主也不能独断专行。

（2）古宪法三原则

这就涉及一个很重要的概念——英国古宪法，古宪法不仅仅是古今的区别问题，而是强调英国宪法是古老的，是一直延续下来的独一无二的传统。①

古宪法慢慢确立了三条原则：

第一，未经议会同意，征税是非法的。这不是空洞的口号，而是通过斗争，通过法律文件，在议会和国王之间确立起来的一种实际关系。

第二，立法须经上下两院同意。在 14 世纪，英国已经有了现代议会两院制的雏形了，但这时上下两院都是由骑士以上的阶层组成的，与平民无关。

第三，下院有权调查和修正国王行政权的滥用。下院可以对行政权有一定的监督，但其界限并不像现在这么清晰。

（3）古宪法原则的两大意义

第一，权力始于国王，但是受到议会的制约。这在今天听起来觉得稀松平常，但在历史语境下，却具有非常重大的意义。

---

① 参见泮伟江：《一个普通法的故事：英格兰政体的奥秘》，广西师范大学出版社 2015 年版，第 129—155 页。

第二，分权仍非原则化，而是一种制度化的区分；权力仍然属于国王，但议会强迫它不能行使的除外。

对于“分权”，前文已经讲过，英国不是按照孟德斯鸠的原则来实行的，而是慢慢发展出来的，最关键的是，议会的分离起先是机构的分离；如前所述，是大会议和小会议的分离。首先，统治权还在国王手上。虽然当时已经有了限制，但这个限制不像今天完全把君主限制成一个虚君，什么都不能做。权力仍然始于君主，来源于君主，“议会强迫它不能行使的”只是一种例外情形。其次，对于许多重要的事情，尤其是征税，国王必须通过议会来决定，这就很重要了。如果君主要挑战古宪法三原则，就会出现问题，因为它既然是一个已经实行的原则，要挑战就会有冲突。

3. 挑战古宪法原则

挑战发生在斯图亚特王朝时期。该王朝是从詹姆斯一世开始的，他挑战古宪法原则有几个很重要的表现。其中之一便是主张君权神授论。君主代表上帝，向上帝负责，而不是向世俗的权力，比如向议会负责。他所设想的是，君主凭什么要听议会的，君主的权力不需要通过议会授权。

看这个问题需要明确一个背景，也就是刚才说的，“权力仍然属于国王，但议会强迫他不能行使的除外”。就是说，君主确实是掌握了许多非经议会同意即可行使的权力，这是得到认可的，议会限制君主的权力是例外。比如外交事务、陆军海军、制造货币，这些都是君主个人的权力，议会没有介入。但斯图亚特王朝有两个很出名的君主——詹姆斯一世和查理一世，想将他们上述不受限制的权力扩展适用于国内事务，尤其是征税和强制借款。国王为什么要征那么多税？其实道理很简单，治理国家需要大笔开销。

议会反对国王对古宪法原则的挑战，国王就把反对派抓起来，更严重的是解散议会，所以英国历史上有一段时期，即1629年到1640年是没有议会的。但正是因为议会是在斗争中产生的，国王把议会解散了，贵族们不同意，就产生了冲突。有一个很著名的案件——船费案，时任国王查理一世在1634年连发6条令状，强征船费税，企图把税种从沿海扩大到内地城镇，而且把它永久化。在这个过程中，有人企图诉诸法院来维护自己的权益，可法院却选择支持国王。这就说明，在当时试图通过司法来限制王权是做不到的，这一点有案例为证。①

17世纪40年代冲突加剧，其中的原因是历史学家所要考察的，我们这里只需要了解一个基本线索，而且是没有争议的线索，那就是议会党人和保皇党人之间的冲突，即议会与王权之间的斗争。斗争可谓惨烈，战火燃烧吞没了整个英国，不光是英格兰，还包括苏格兰和北爱尔兰。

查理一世被推上断头台以后，1649年到1660年是著名的王位空缺期，是英国历史上唯一没有国王的一段时间，也成为短暂的共和时期。同时也是英国唯一拥有成文宪法的时期，克伦威尔颁布了一个文件，称《政府约法》或《政府文书》，相当于成文宪法，但后来查理二世复辟了。这时，议会和国王之间的冲突看似解决了，但也只是暂时解决。1685年当王位传到查理二世的弟弟——詹姆斯二世的时候，整个社会又开始不安了，因为詹姆斯二世是一个天

① 关于船费案，以及这里提出的论点，可参见本书第九章和第十二章。

主教徒，在宗教冲突的背景下，他妄图废除国教；同时企图扩充常备军——国王养常备军是必须得到议会批准的；他还停止法律的施行，所以冲突又加剧了。

总之，詹姆斯二世想要做的，就是取消一切加诸专制者的古宪法原则的限制，但这三条不是法律条文，是后来总结出来的原则。

4. Settlement

Settlement 这个词指什么呢？可以翻译成和解协议，也可以说是一个方案，一个冲突的解决方案。就是说，君主和议会之间长时间的冲突，终于有了一个很正式的 Settlement。

这个方案是什么？就是《权利法案》，议会将王位授予奥兰治的威廉和妻子玛丽。所以在 1688 年，议会不像在 1660 年那样，再也没给对方机会，通过了英国不成文宪法中最重要的一个文件。

王权统治的条件

《权利法案》实际上规定了君主行使权力的条件。但是请注意，这个《权利法案》不是英国当代讨论热烈的那种《权利法案》，因为，那个时候权利实际上是指议会的权力。

这个条件，概括起来就是：君主统治，非因神权，仅因为议会同意。通俗来说，就是国王的统治必须经过议会的同意。具体而言，就是《权利法案》中的 4 条。

> 第 1 条，未经议会许可，以王权停止法律或施行法律之僭越权力为非法。

第4条，凡滥用王权课征赋税，以供给王室经费而久未经议会批准……皆认为非法。

第6条，除经议会批准，平时在帝国境内招募或养给常备军，概应认为违法。

第9条，在议会内演说及辩论之自由或议会内各项程序，在议院外，不受任何法院或其他机关之弹劾或质问。

实际上与《权利法案》相伴随的还有一个重要文件，即1701年《王位继承法》，它是光荣革命的另外一个成果，另外一个Settlement。这两个文件可看成是一个问题的两个方面。《王位继承法》解决的是君主的身份问题。首先，君主的宗教信仰只能是清教，不能是天主教。其次，如果议会愿意的话，还可以改变王位的继承顺序。所以直到今天，王位继承顺序也是经过议会同意的。只不过现在议会和国王之间没有发生冲突，所以不需要去改变。假设，有一个王子要继承王位，但全国人民特别不喜欢，其实在法律上是有办法改变的。

所以Settlement或者Settlements有一个共同的效果：权力依然是始于君主，但是有一个前提，权力并不是神授的，只要议会希望，它就可以继续属于君主。这个话在今天依然适用，权力依然来自查尔斯三世，因为立法经过他的批准才能成为法律，法官是他的，政府也是他的，权力依然始于他，但其前提条件从那个时候就已经奠定了。限制条件是什么呢？只要议会愿意就可以继续担任君主，权力继续属于君主。议会要是不愿意，君主制度有可能被取消。议会的权力实际上是从君主那儿争夺过来的，分享过来的，分享的同时也对君主构成一种限制。

二、议会的职能：控制和监督政府

1. 议会是做什么的？

看英国官网如何介绍：

> 议会的工作是密切关注政府的计划，并监督政府如何运行。
>
> 议会代表我们努力确保政府的决策公开、透明、切实可行、高效、公平和无歧视。
>
> 如果政府部门或机构对我们不公平，议会两院的议员可以为我们说话。
>
> 政府大臣被要求定期到议会回答问题，回应辩论中提出的问题，并将他们所作的任何重要决定告知两院。通过这种方式，议会可以要求政府对其行为负责。①

议员必须替选民说话，这也是议会表达功能的体现。

政府大臣需要定期接受议会的询问。虽然政府大臣的主要工作是政府行政工作，但通过在议会中接受询问、回答问题、接受指责和批评的方式，能够对议会负责。政党虽然具有主导性，但是议会不是一个花架子。

所以，议会是立法机构，但是不能仅仅把议会看成是一个立法机构。这里仅举两个例子。一是选区服务，英国赫尔大学的菲利普·诺顿教授说：

① https://www.parliament.uk/about/how/role/parliament-government.

> 一个关于民众对议员需求的调查展示出，议员的选区服务受到重视的程度显著高于其立法及监督行政机构的工作。①

选区服务有很多种，比如当面和选民交流，回应选民的需求。选民作为普通公民，当没有渠道和时间表达诉求时，选区服务就给选民提供了渠道，而议员就是其中的纽带。比如，选民对税收政策不满意，议员们把选民的意见收集之后，就想办法在议会中提出来，并尽可能地促进立法的修改或者其他决策的改变。再比如写信、回信，议员给选民回信是很重要的日常工作之一。调查显示，议员的选区服务，对议员本人而言比议员的其他工作，如立法和监督行政机构更重要，因为议员是专职的，需要接受选民的监督。可以看出，议员和选民之间的关系是非常密切的，这就是议会制度运行的一个重要前提。

第二个例子是首相接受询问。英国首相需定期接受议会的询问。

> 拥有固定的询问环节——通常被称为询问时间（question time）——是大多数欧洲国家立法机构的共同特征。在奥地利及芬兰等国，该环节甚至被写进宪法。②

询问和质询是非常重要的，有时候很激烈，但有时候也具有表

① ［英］菲利普·诺顿：《英国议会政治》，严行健译，法律出版社 2016 年版，第 7 页。

② 同上注，第 7—8 页。

演性质。这里，我们以密尔的话来对议会的功能作一个提示：

> 代议制议会的适当职能不是管理——这是它完全不适合的——而是监督和控制政府：把政府的行为公开出来，迫使其对人们认为有问题的一切行为作出充分的说明和辩解，谴责那些该受责备的行为，并且，如果组成政府的人员滥用职权，或者履行责任的方式同国民的明显舆论相冲突，就将它们撤职，并明白地或事实上任命其后继人。①

密尔对议会的角色和责任做了很好的概括，他认为，代议制议会的适当功能不是管理，而是监督和控制政府。

2. 白芝浩论议会的功能

一般认为，议会是立法机构，这没错，议会有立法的功能，但在白芝浩看来，立法不是议会的唯一功能，不仅如此，还不是议会的第一功能。议会有下述五种功能。

（1）选举：产生政府

议会的第一功能是产生政府。任何一个国家，不能没有政府。国家的公共卫生、公共交通、公共秩序、经济政策，包括对外防御，都是需要政府的，单凭议员本身做不了政府的工作，所以必须要先产生政府。议会的这个功能往往被忽略。英国的特点在于，人民并不直接

---

①［英］J.S. 密尔：《代议制政府》，汪瑄译，商务印书馆 1982 年版，第 80 页。

产生政府，而是由人民的代表间接产生政府，这跟美国形成对照。①

（2）表达：表达各类民众意志

议会类似于一个传声筒。虽然议会有自己的独立意志，但是由于议会代表的是民众的意志，所以议会具有表达功能。②

（3）教育：教给公众不知道的东西，对社会产生影响

> 一个伟大而开放的由要人们组成的议会不可能置身于一个社会而不改造这个社会。它应该把这个社会改造得更好。它应该教会民众他们所不懂的东西。③

“教育”功能，乍一听是比较奇怪的。首先，不能把这里的“教育”和学校的“教育”混淆，学校教育只是一种知识上的教育，而这里的教育意义更深。为什么白芝浩认为，在英国有一个教育民众的问题？

白芝浩写作的那个年代，是正在民主化的年代，是正在将选举权扩大到普通民众的年代。在 1832 年之前，真正的统治者是那些政治和经济精英，有权者只是少数，而把选举权交给民众，就意味着将这个国家的政治权力交给民众，他们成为真正的主人。

那么问题来了，这些人当了主人却不会做主人，怎么办？媒体调查发现，很多人特别是老年人并不关心欧盟问题，也不关心宪法

① 参见［英］沃尔特·白芝浩：《英国宪法》，夏彦才译，商务印书馆 2010 年版，第 163—164 页。
② 同上注，第 164 页。
③ 同上注。

问题，他们可能只关心生活中紧要的事情，比如家门口公交车站的设置是否方便出行。19 世纪上半叶的思想家们、政治家们忧虑的正是这种情况。所以白芝浩认为教化民众是很重要的。

政治毕竟需要经验，也需要见识，作为主人的普通民众，其实是不懂得公共事务、政治事务的，这些事务需要专门的关注和思考，并且需要长期的实践。所以那些当选的议员，要反过来在议会中告诉公众，公共事务是怎么一回事。那些政治精英在议会中的辩论，就政策、国策和法律进行辩论的时候，其实就是在教会民众如何做主人。

（4）信息：展示不满和抱怨，并让民众了解“反面”

信息功能主要是展示不满和抱怨，让民众了解事情的反面。如果民众对政府的政策不满，而政府又一味压制的话，这种不满就会以其他的方式发泄出来，其实反倒引发更多的矛盾。如果有人在议会里替民众去指责政府，民众会觉得自己的情绪得到了表达，会觉得议会表达了民众想说的话，其实议会本身就有这个功能，简言之，就是替民众出气，去抱怨政府。对此，白芝浩有一个很明确的说法就是：

> 随着议会辩论情况的刊行，出现了议会的一个相应的职责，即将这些类似的不满和抱怨诉诸国民，亦即现在的君主。[1]

议会的信息功能是非常古老的。以前大臣将信息汇总交给国王，但是在今天真正的国王是人民。

表达功能和信息功能可能容易混淆。表达功能是收集公众的信

---

① 参见［英］沃尔特·白芝浩：《英国宪法》，夏彦才译，商务印书馆 2010 年版，第 165 页。

息，然后表达出来，替民众说话。信息功能是替公众收集政府的信息，让公众来决策。例如，在特蕾莎·梅政府时期，因为脱欧问题大家吵得不可开交，不满、抱怨各种情绪夹杂其中，许多脱欧问题无法定夺，最后经过辩论之后诉诸选民，让选民来定夺，就是大选，最后选出来仍旧是保守党的政策占据上风，只不过是由约翰逊政府来执行选民的决定。

（5）立法：不可或缺（包括财政事务）

对于议会的立法功能，最好理解，在此不再赘述。

3. 三功能论：拨款、代议与立法

在白芝浩的基础上，实际上可以把议会的功能概括成三种：拨款、代议、立法。

（1）拨款

政府的运行要靠议会的供养。在 14 世纪，国王和枢密院召集议会就是为了获得拨款，这一本质到今天依然没有改变，尽管形式上、方式上、程序上有所改变。国王政府必须通过议会来统治，是议会让国王政府的统治得以顺利进行。离开议会，国王是无法统治的。

第一，议会要提供人员——政府的人员，即前述政府大臣；第二，提供资金，否则政府也无法运转。

（2）代议

代议，也意味着抗议，因为在早些时候，议会很重要的一个功能，是代人民上陈冤情给国王。这让议会承担了法院没有的功能。

从布莱克斯通、柯克到戴雪，都认为普通法特别厉害，认为法官也特别厉害，似乎一直在抗衡王权，但早期现代，法院根本不是如此。反倒是议会扮演了法院的角色，议会与国王讨价还价，双方有一个博弈。一个成功的政府善于培养强有力的议会支持。政府若想运行顺利，有一个很好的办法就是培养议会的支持者，或者善于和议会合作。议员在早期代表的是土地贵族，后来民主化改革以后，下院的影响力才进一步增加。

（3）立法

议会法至上原则可以体现这一功能，在戴雪所处的殖民帝国鼎盛时期，议会还能为殖民地立法，殖民地永远处于附属立法的位置。

所以，议会不仅仅是一个立法机关，它的核心功能是拨款与代议，而立法在某种意义上甚至靠后，这对于理解宪法而言是很重要的。下面从政府、议会和民众的关系来进一步理解这一点（图 8-1）。

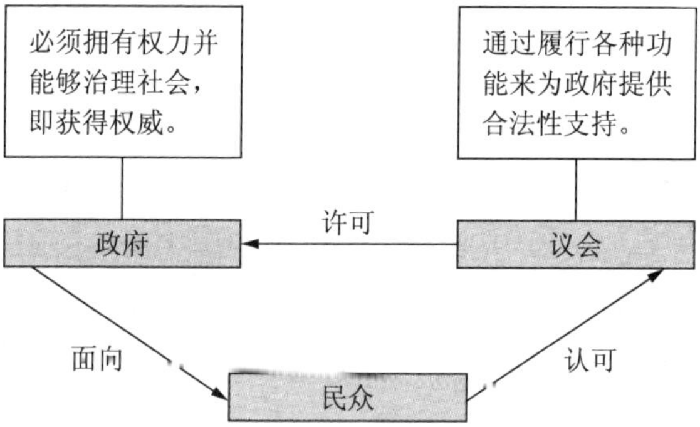

图 8-1

把议会放在与政府和民众的关系上来认识，就会理解议会不仅仅是个立法机构。

从政府的角度来讲，政府必须拥有权力并能够治理社会，即获得权威。一个没有权威的政府，肯定是一个治理能力很弱或者无效的政府，那如何获得权威呢？首先就是要获得议会的认可。政府的政策必须获得议会许可，即授权，而议会的许可或批准本身又要获得民众的认可，这就是白芝浩那个时代最基本的三角关系。白芝浩说，立法某种意义上只是一种结果，要通过选举产生政府，通过教育、信息告知、辩论履行政府的其他功能之后，才通过立法来授权政府。这就是议会不仅仅是或首先不是一个立法机构的原因。

对于图 8-1，需要继续解释一下。因为现代政党制度的诞生，让上述三方关系发生了变化，或者更复杂化，以致威胁到议会作为国家政治中心的地位。[①] 所以，三方关系变成政府、民众、议会以及政党四者之间的关系（图 8-2）。

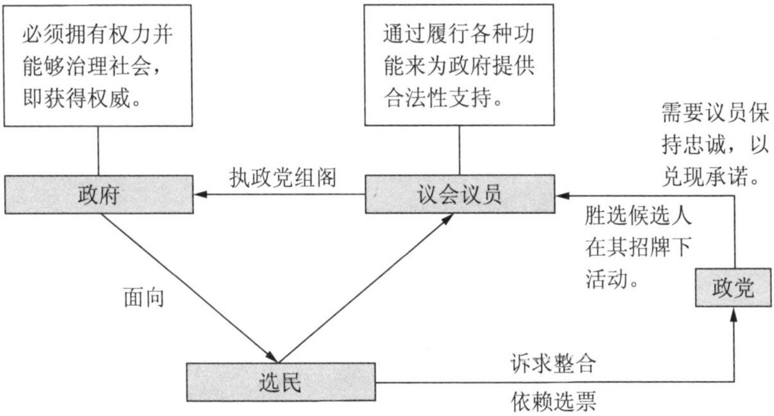

图 8-2

① 19 世纪末，戴雪的同时代人詹姆斯·布赖斯在《现代民治政体》中提出“立法机关衰落”的命题，作者归纳了若干威胁立法机构的“慢性病”，并将政党看作病根。参见［英］詹姆斯·布赖斯：《现代民治政体（下）》，张慰慈等译，吉林人民出版社 2010 年版，第 719—726 页。

政府面向选民，选民选举议员组成议会，议会产生政府，为政府提供合法性支持。但在白芝浩时代之后，随着选民群体的扩大，就出现一个问题，即选民的诉求需要整合，原来靠小圈子、小团体、家族的整合方式，在面对这样庞大的选民群体时是行不通的，而诉求的整合就催生了更有纪律和有组织性的政党，[①]同时也催生了一种新的选举方式，即通过政党来代表选民的意志。

选民群体变大，选民的诉求需要整合，因此有一个更有组织性的政党出现，帮选民说话，政党在内部推选出候选人参加选举，赢得选票。其中的关系大概是这样的。

第一，政党要依赖选民的选票才能够实现政党的利益诉求，政党本身是从选民中产生的。政党推选出的候选人，要想赢得大选，在这种诉求被整合的时代，就必须以政党的名义进行活动，只有这样才有可能赢得选举。在一个高度分化、规模达到几千万人口的国家，独立候选人单枪匹马地去竞选，胜选的可能性很小，因为竞选毕竟需要高度组织，需要大量的金钱、宣传，所以候选人必须在政党的招牌下活动。

第二，政党要兑现对选民的承诺，必须依赖当选议员对政党的忠诚，这意味着议员必须听话。若当选议员进入议会之后，不受政党的支配，那么很显然，该政党就兑现不了对选民的承诺，因此，必须保持当选者对政党的忠诚。无形之中，政党就作为单独的组织性力量，凌驾或者超越于议会或者选民。当政党本身的结构、纪律性和组织性越来越强，执政党在议会中享有多数席位的时候，它在

① 政党不是 19 世纪才出现的，英国两党制（开始是托利党和自由党）早已有之，只不过 19 世纪末 20 世纪初催生了更有纪律性的政党。

议会中的影响力就越强。而英国又是议会内阁制，执政党组阁后，看起来是议会监督政府，但实际上是政府通过所在的政党来主导议会，而所在的政党又必须听政党领导人的。从这个角度来看，政党的地位发生了变化，政党超越议会，是政党在主导政府，而政府通过政党反过来又对议会起主导作用。比如政府要立法，提出一个议案，这个议案现任保守党肯定是同意的，因为保守党在议会中居于多数席位，那么这个议案提到议会之后，议案获得通过是常规情况，被否决是少有的例外。

三、谁在控制和监督？

1. 议会在哪：威斯敏斯特宫

威斯敏斯特宫又叫威斯敏斯特大厦，因为它所在地区叫威斯敏斯特区，所以长期以威斯敏斯特来指代议会。

这个议会大厦于 1840 年 4 月 27 日举行奠基典礼，总工期为时 20 年，占地 8 英亩（3.24 公顷），拥有 1100 间房、100 座楼梯以及长 3 英里（4.8 公里）的走廊。在《议会如何工作》一书中可以看到它的平面图。[①] 威斯敏斯特宫虽然很大，但是上院议事厅和下院议事厅只是其中两个很小的房间。两个议事厅中间是一个大的走道，大概有百米跑道那么长。

当议会开幕的时候，国王来到上院王座，面向下院，和下院议

① [英] 罗伯特·罗杰斯、罗德里·沃尔特斯：《议会如何工作》，谷意译，广西师范大学出版社 2017 年版，第 6 页。

长相对，中间的几扇门打开之后，下议员是能够看见国王的。上下两院平时是单独开会的。上院是红色基调，上院议长背后有一个金色的权杖。

下院的长椅是绿皮的，从议长的视角，执政党坐在右侧，前座议员都是大臣，是最重要的政治人物，对面是反对党，跟首相相对的是反对党党首。中间的两条红线隔开了一个走道，据说是两把宝剑的距离，可以辩论，但不能动手，防止人身伤害，要保持距离，但也有专家说这种说法没有依据。尚未看到记录说，允许议员佩带刀剑去现场辩论。所以这样的说法，是不太有依据的。

这里是想让大家明白议会的布局很重要，威斯敏斯特议会的布局就和苏格兰的议会形成对照。苏格兰议会是地区性议会，半圆形的，不是相对而坐，不强调对抗性，而强调取得共识、多元主义，以及分享。苏格兰议会符合这样一种场景，符合我们对现代国家或者现代议会的这样一种想象或看法，事实上很多议会都是这样，从这个角度来讲，英国议会确实比较特殊，开会时还很拥挤。

“二战”中英国议会大厦被轰炸而毁损，这个时候英国的政治人物、公众开始讨论是否需要重建一个更加宏伟辉煌的议事厅，似乎这样才更加符合大英帝国的气派，面对这种呼声时，时任首相丘吉尔说了一段很有感染力的话：

> 假如议事厅大到能够容纳所有的议员，有九成的论辩都得在几乎半空或全空的房间内，在令人无力的气氛中进行……而我们希望看到的议会是能够热烈、轻松而又灵活地进行自由论辩。为此目的，小一点的议事厅和亲密感是不可或缺的……对话需要一个小的空间，而且在重要的场合，也必须有一种急迫

拥挤的气氛……起先是我们塑造了建筑，之后是建筑塑造了我们。[①]

在民主政治国家，崇尚自由和辩论，因此议会在议事的时候也需要对抗、辩论的气氛，需要非常务实地、直接地讨论问题，需要一种拥挤、急迫的氛围来达到辩论的目的，所以丘吉尔说，起先是人设计的建筑，但最后发现，建筑对政治文化的影响是很大的。

2. 议会里有哪些人？

（1）上议员和下议员

再看英国议会官网是如何向民众介绍它的：

议会代表我们的利益，确保政府考虑到这些利益。没有议会的同意，政府不能制定新的法律或增加新的税收。

议会是由我们选出的人和被任命的人组成的。他们分别在两院工作：

在接下来的五年里，我们在大选中选出的所有人都在下议院工作。这包括其他政党的人，以及获胜政党中没有被选为大臣的人。

上院，其成员大多是终身任命而不是选举产生的。他们经常因为其成就和经验而被选中。许多人不属于任何政党。

---

① ［英］罗伯特·罗杰斯、罗德里·沃尔斯特：《议会如何工作》，谷意译，广西师范大学出版社 2017 年版，第 17 页。

> 政府大臣在议会也有席位，但其大部分工作是在政府部门完成的。[①]

英国实行两院制。下院由选举产生，上院主要是任命的，而不是选举的，终身任职。他们是基于成就和经验被选出来担任上议员，比如学术成就等，许多上议员不属于任何政党，没有党派归属，是中立的。而政府大臣虽然在议会中有议席，但是他们的工作主要还是在政府部门，而不是议会中，也就是说，执政党的前排议员即政府大臣的主要工作，是在政府部门具体地制定和实施各种政策，在议会中开会虽然也是常规且需要的，但从工作量上来讲还是次要的。

下议员共有650名，英国人口是6733万（2021年），所以每个下议员所代表的人数约10万人，和法国大致相当。下院的规模如下（图8-3）[②]：

<table>
<tr><td colspan="2">下院：650名下议员</td><td colspan="2">上院：815名上议员</td></tr>
<tr><td>各反对党</td><td>执政党</td><td>执政党</td><td>各反对党和中立议员</td></tr>
<tr><td rowspan="3">影子大臣
党鞭
后座议员</td><td colspan="2">政府</td><td rowspan="3">影子发言人
党鞭
后座议员
主教</td></tr>
<tr><td>首相
大臣
党鞭</td><td>大臣
党鞭</td></tr>
<tr><td>后座议员</td><td>后座议员</td></tr>
</table>

图 8-3

① https://www.parliament.uk/about/how/role/parliament-government.

② Mark Elliott & Robert Thomas, *Public Law*, Oxford University Press, 2020, p.182.

英国的官方网站开宗明义地说，政府和议会虽然相互融合，但二者是不同的。议会中真正进入政府的只是执政党前排议员，是政府的组成人员，是真正治理这个国家的人员，虽然执政党后座普通议员没有在政府中任职，但仍然是议会成员，所以不能把执政党等同于政府，也不能把执政党等同于议会。对于执政党而言，不仅面对着反对党的压力，还面临着本党后座议员的压力，后座议员的政治目标就是要坐到前排来，而反对党议员的政治目标就是要坐到对面去，取而代之。

（2）官方反对党

反对党在议会中工作。大选后，下院最大的非政府政党成为正式反对党。当他们进入议会时，反对党党首带头质问首相。

反对党的领导人会选择一个小组，即所谓影子内阁，由他们在其他政府大臣进入议会时带头提问。①

反对党的斗争舞台在议会，其本职工作就是反对，就像王室的工作就是负责“表演”一样，在每次大选后，最大的非执政党在下院中成为官方反对党，全称为“女王陛下忠诚的反对党”，这个称谓很有意思，可以帮助我们了解英国宪法的运行。詹宁斯对此有很精练的总结。

（3）詹宁斯论“女王陛下的反对党”

民主政府……不仅需要议会多数，而且需要议会少数。少

① https://www.parliament.uk/about/how/role/parliament-government.

数派攻击政府，因为它反对政府的方针政策。反对党几乎肯定会在下院被击败，因为它是少数党。它诉诸的对象是选民。它会在下次选举中请求人民谴责政府，结果是反对党获得多数席位。因为政府受到批评，所以它必须面对批评。因为随着时间的推移，它必须在选区中为自己辩护，它必须说服公众舆论与它一起行动。反对党既是政府的替代者，又是人民不满的聚焦点。它的职能几乎与政府的职能同样重要。没有反对派就没有民主。“女王陛下的反对派”不是一句空话。女王陛下既需要政府，也需要反对党。①

反对党诉诸的对象是选民，反对党反对执政党是给院外人民看的，给现代真正的君主看的。对政府来讲，它面对的是反对党的潜在批评和已经作出的批评，但对于这些批评必须采取正视的态度，政府必须积极面对这些批评，在选举中面向公众的时候作出说明。

（4）后座议员的影响

政府通过赢得多数决的方式控制下院，表现为对下院的时间和议程的控制。后座议员发挥作用主要体现在以下三个方面。

第一，2010 届议会任命了“后座事务委员会”，分配了 35 天处理后座事务。后座议员发起的事务处理时间，约占 1/4。

第二，政府必须维持自己政党后座议员的支持，方式是命令或者说服。公众和媒体的态度必须是温和的，否则后座议员也会胆怯；换言之，后座议员会传导公众和媒体的看法。

---

① Iver Jennings, *Cabinet Government* (3rd edn. 1959), pp.15—16.

第三，党鞭的上传下达作用。党鞭维持党纪所采用的手段，不全是大棒，还有胡萝卜。在党鞭的上下沟通过程中，后座议员的看法也会传导给政府大臣甚至首相。

（5）异议和倒戈

后座议员一般不会发生异议和倒戈。倒戈的理由可能是认为政府违反了一般原则，如陪审团人员的裁减；或是认为政府做出了有违党的传统和最佳利益的行为。

在 2001 届议会的头两次会期中，执政党经历了自 1945 年以来规模最大的后座议员异议：有超过 2/3 的后座议员投票反对政府，而且还不止发生一次。2004 年 1 月，因学费问题，共有 72 位议员异议；同年 11 月，在《赌博法案》中，政府的多数优势少了 95 票；2005 年 3 月，在涉及恐怖分子嫌疑人的问题上，共有 62 位工党下议员反对。

> 对于政府而言，可能发生的和现实发生的反叛具有相同的破坏性。
>
> ……
>
> 如果异议的规模足够大，督导实际上也没有什么能耐去处理；这个时候的解决办法，唯有政党重新检视自己的政策。①

当大面积倒戈出现时，党鞭的效果就不佳了，政府只能调整自

① [英] 罗伯特·罗杰斯、罗德里·沃尔斯特：《议会如何工作》，谷意译，广西师范大学出版社 2017 年版，第 17、108、110 页。

己的政策，议会的作用便得以体现。

四、本章小结

议会是英国政治的核心。理解议会制度，必须同时理解议会与政府，以及议会与民众的关系。也就是说，传统上的议行融合的问题设置，应当有所扩展，即变成“议会、政府与民众”三者间的关系。这样，代表、选举、立法、政策和问责等问题，就变成一体多面了。

议会的功能不仅仅是立法，最主要的是监督和控制政府。法律宪法论者也会同意并强调这一点。白芝浩和密尔的论述，虽然发生在 19 世纪，但他们的洞见仍然适用于今天的英国议会。

第九章　法院：权力最终来自谁？

今天，英国的宪法依然在挣扎，以图发现把国王及其部长置于法律的强制约束范围之内的方法。这是因为，法院和政府部长的权力的最终来源是一样的，即国王。①

——亚当·汤姆金斯

英国法院经历了“千年演进”，因此它的法院体系看起来如此混乱，有时候简直不可思议，而这背后是有深刻的历史原因的。在这里，比较的方法仍然能带给我们很多启示。

一、对比：汉密尔顿论司法

不难发现，专门论述英国司法制度的经典文本屈指可数。白芝浩的《英国宪法》只着重描述了君主、内阁以及上下两院，并没有

① [英] 亚当·汤姆金斯：《我们的共和宪法》，翟小波、翟涛译，法律出版社2016年版，第155页。

提及法院；戴雪虽然讲到了司法，但并未涉及司法制度，他是从个人权利保护的角度去论述司法的，并没有阐释司法本身。

为了更好地理解英国法院，我们可以把美国作为一个参照。了解美国法院是如何运行的，有助于加深我们对英国司法的理解。关于美国宪法，《联邦党人文集》是一部经典文献，是应该参考的。而其中涉及的很多制度都源于英国，所以，这本书其实也有助于理解英国宪法。

《联邦党人文集》的作者之一亚历山大·汉密尔顿，他关于司法的论述是很有启发意义的，下面选取三个比较有代表性的段落：

1. 剑与钱袋

凡认真思考把权力分给三个部门的人，都应该认识到：一个分权的政府，司法部门，由于它的职能性质，对宪法的政治权利，总是威胁最小；因为，司法部门打扰和损害这些权利的能力最小。总统不仅能分配荣誉，而且掌握社会之剑。议会不仅控制钱袋，而且制定每个公民都要遵循的义务和权利规则。反之，法官既不能影响剑和钱袋，也不能指挥社会武力和财富，也不能对任何事情作出主动决定。可以真实地说：司法部门既无兵力又无意志，它只能判断；最终还要依靠行政部门伸手协助，才能使法庭的判断生效。①

① [美] 亚历山大·汉密尔顿、詹姆斯·麦迪逊、约翰·杰伊：《联邦论：美国宪法述评》，尹宣译，译林出版社 2016 年版，第 528 页。译文略有改动。

“剑与钱袋”是一个非常有名的比喻。其中“剑”是指强制措施、武力；“钱袋”是指拨款的权力。

有一种说法，司法部门是“最小危险部门”[①]，即它的破坏力量或侵犯个人权利的可能性最小。因为相较而言，总统不仅能分配荣誉，还享有支配与控制社会的力量，即行政强制；议会不仅能控制钱袋，而且还制定法律，每个公民都必须遵守；而法官既没有武力，不能直接分配财富，也无法在任何时期主动作出决定，这是由司法权的被动性——不告不理原则决定的。法院只能行使判断权。即使在法院作出判决之后，执行判决最终还是要依靠行政部门的协助，例如犯罪分子进监狱，需要行政部门的管理。

2. 法院宣布违宪

> 据我理解，限权宪法，是一部对议会的立法权列出特定例外的宪法。例如，议会不得通过剥夺公权的立法，不得通过追究既往的立法，等等。在实践中，要维持这些限制，除了通过法庭这个机构，没有别的办法。法庭的职责，在于宣布所有违背宪法公开旨意的立法无效。没有法庭的这项功能，宪法为公民保留的特定权利和特权，就会变为一纸空文……这一结论，也并不意味着司法权高于立法权。这只是说明人民的权力，高于司法和立法；说明议会立法的内容，一旦违反人民在宪法中宣布的内容，法官应该听从宪法，而不是听从议会

① [美] 亚历山大·M. 比克尔：《最小危险部门——政治法庭上的最高法院》，姚中秋译，北京大学出版社 2007 年版。

> 立法。法官的裁决，应该遵从根本大法，而不是遵从非根本大法。①

汉密尔顿所谓“限权宪法”，指的是在宪法之下，政府三个分支的权力都是有限的，国会虽然享有最高立法权，但根据宪法，有些权力仍然不能行使，例如不得通过剥夺公民政治权利的立法、不得通过溯及既往的立法等。如果国会违反了这样的限制，那么司法机构就可以宣布其违宪。如若没有司法机构宣布其违反宪法，宪法中关于人民权力的规定就是一纸空文。可见，法院是抵制议会侵权、捍卫宪法的最后一座堡垒。

法院可以宣布立法无效，这是否导致司法权高于立法权呢？在实践上，司法权并不高于立法权。不过，非民选的法官能够推翻民选的议员制定出来的法律，这在人民主权时代，是极容易引起争议的，也是对美国司法审查的一个常见的质疑。简言之，法院司法审查的正当性何在？

对此，汉密尔顿有一个经典的辩护。汉密尔顿把宪法的规定拟制为人民的意志。人民的意志体现在宪法文本之中，这只是表明了人民的权力高于司法与立法。因为宪法是根本法，而国会的普通立法属于非根本法，所以国会立法一旦和根本法相冲突，就是违背人民在宪法中所表达的意志，法官的违宪审查实际上就是捍卫人民的意志。换言之，宪法本身也是人民立宪，是人民最高意志的表达。在宪法和普通立法相冲突的情况下，法官应该遵从根本法而不是非

① [美] 亚历山大·汉密尔顿、詹姆斯·麦迪逊、约翰·杰伊：《联邦论：美国宪法述评》，尹宣译，译林出版社 2016 年版，第 529、530 页。

根本法，这就是法院违宪审查的正当性所在。

由于英国没有成文宪法，同时又奉行议会主权原则、坚持议会立法至上，所以在英国，法院是不能直接推翻议会立法的，这和美国宪法形成了一个鲜明的对比。美国的违宪审查被称作强型宪法审查，针对的是立法机关。[①] 英国宪法却不能用“分权制衡”来描述，因为英国不仅分权不彻底，而且制衡也没有美国宪法那么明确。

3. 法官终身任职

> 如果把主持正义的法庭，视为捍卫限权宪法的堡垒，抵制议会的侵权，这种看法，构成一个强大的理由，支持法官任职的终身制，因为，再也没有什么别的办法，像终身制那样，能支撑法官的独立精神，对于忠实履行如此艰巨的任务，是一项基本条件。[②]

既然法院既无武力又无金钱、只能进行判断，那么法院判断的权威就十分重要。维持法院的权威性需要从两个方面进行，第一是独立，第二是公正。独立和公正是相辅相成的，虽然独立不一定公正，但没有独立性的话，公正就很难得到保障。所以要维护判断的权威性，就必须对判断权的行使做一些制度上的保障。其中，终身任职就是十分重要的保障。

法官任职终身的精神，实际上和英国法是一致的，法院要抵制

① 参见本书最后一章关于弱型宪法审查的讨论。

② [美]亚历山大·汉密尔顿、詹姆斯·麦迪逊、约翰·杰伊：《联邦论：美国宪法述评》，尹宣译，译林出版社 2016 年版，第 531 页。

议会的侵权就需要法官任职终身，这就涉及法官在宪法中的地位、作用以及保障问题。[①] 当然，法官地位的保障还有其他一些内容，如薪水。这涉及法官的选拔、管理等司法制度问题。

汉密尔顿的这段话，有两点启示：第一，制度的设置很重要。看问题不能仅仅从个人利益、动机、品德这些因素出发。这并不代表品德不重要，而是说个体的品德往往不起决定作用。制度一定是很重要的，但是制度也不是万能的。“徒法不足以自行”这句话是富有智慧的。第二，群体的力量是很大的。比如，接受法律教育的法科学生，将来进入各个岗位成为一个群体，这个群体接受教育的质量、所养成的思维方式，就决定了一个国家的法治状况，至少是一国法治状况很重要的变量。

二、封建制与司法权的发源

关于英国司法体系的发展，我们需要了解，英格兰和威尔士、北爱尔兰和苏格兰的司法制度、司法体系是不一样的。英国并不大，面积约 24 万平方公里，但它的司法体系却极其复杂。其中，英格兰和威尔士是一个独立的体系、北爱尔兰是一个体系、苏格兰又是另外一个体系，这三个司法体系都服从于英国最高法院；但苏格兰刑事案件除外，其终审法院是苏格兰高等刑事法院，英国最高法院无权审理。这似乎不符合主权原则，怎么可以在主权国家内还有一个机构拥有独立的终审权呢？它的形成原因值得探究。

就像英国宪法一样，英国的司法制度也不是人为设计的产物。

---

① 参见本书第五章关于三部历史性立法的讲述。

如上所述，英国历史上从来没有出现一个“制宪时刻”，英国宪法实际上是不断演进而成的。很多著作的标题都是用“演进”“改变中的”或者“生长”等词来表达这一特点。英国的司法体系很庞杂，时常让人困惑。这是因为，至少从 1066 年诺曼征服算起，英国司法体系已经演进了将近 1000 年，所以英国的司法制度不是从零开始设计的。这不同于美国，美国的司法制度和宪法制度是从零设计的，因为美国是先有宪法，然后有国家，而且国家的机构设置是按照宪法的条文运行的，所以美国宪法看起来就特别清晰、极其符合原则性规定。但英国在很多地方都特别不符合美国、法国式的原则，比如分权。

如果一个新独立的国家，或者一个国家准备司法改革，它们很难以英国的司法制度为模板进行改制，因为实在太复杂。

1. 再论 Curia Regis

上一章讲过 Curia Regis，重点讨论了它的两个含义。实际上，《元照英美法词典》上有三个义项：大咨议会、御前会议、国王法院。这三个机构性质迥异，大咨议会是议会的前身。御前会议更接近于一种行政机构。国王法院是司法机构。这就说明，议会、枢密院和法院都是从 Curia Regis 演变过来的，都跟王权有关。

首先说议会。1066 年征服者威廉从欧洲大陆把英格兰征服之后，就以大咨议会取代了原来的盎格鲁–撒克逊人的贤人会议。征服者威廉带去了封建制。所谓封建制，狭义上，是作为领受土地条件的一种兵役。征服者威廉打仗需要骑兵，而骑兵是很昂贵的，所以需要资助，骑士获得装备，条件就是服兵役；广义上，是指带有义务和隶属关系的土地本身，亦即采邑制。可见，封建制是由兵役和采邑构成的封君封臣的等级身份制。实质上形成的是一种封建契约关系。

> 土地的占有权和使用权是半军事化的，占有者要负责保卫城堡，参加警卫队和为军队提供给养，总称为服骑士兵役，此其一；受封者在领主长子受封骑士、长女结婚或个人需要赎金时有义务向封主提供一定数量的金钱，总称为献纳协助金，此其二；封臣还要出席封君的各种法庭会议，以解决与封君之间的纠纷，以及对不尽义务的封臣进行审判，在那个行政和司法无法区分的时代，这意味着向封君提供法律和政务上的协助，此其三。对封臣而言，以上三点是义务，对封君而言，这些要求就变成了权利。①

可见，在封建制下，并不是说君主一言九鼎，那是中世纪晚期绝对君主的情形。早期封建制的君主，首先是一个领主。贵族在君主的统治中是有议政权的，享有很大程度的决策权，尤其是在征税的时候。

很显然，作为直属封臣，是要参与国王的管理的，其形式就是所谓的大咨议会，尤其在征税的时候。在相当长的一段时间之内，英国不仅在英伦三岛上有领土，在法国也有领土。我们不能以现代的眼光来看待当时的事情。英格兰的国王，同时在法国也有一片土

---

① 钱乘旦、许洁明:《英国通史》，上海社会科学院出版社 2012 年版，第 41—42 页。

地，这种情况下，经常会遇到各种各样的和贵族之间、和法王之间的冲突，经常打仗，打仗就需要花钱。钱从哪里来？贵族封臣提供的。贵族既然要交钱，是不是需要商量一下？所以，这种商量就是大咨议会的作用，即后来的议会。

这里要提一下英格兰政治的流动性问题。因为英王是从欧洲大陆过来的，并不是所有时候都待在英格兰。有一个典型的例子，也是诺曼王朝的一个常规特征。亨利二世有相当长的时间是待在法国的，因为他出生在安茹，他的领地就是在法国，所以他虽然在英格兰继承了王位，但心目中的故土却是法国。

> 因为与他的出生地安茹相比，英格兰在社会生活和文化方面还多少有点穷乡僻壤的味道。这样，文化的因素及大陆领地的庞大使他在位的 34 年中有 21 年在大陆度过。而且，在内心深处亨利二世始终是一个法兰西伯爵，出生在法兰西也归葬在法兰西。……他在英格兰的身份尽管是国王，但在欧洲大陆各领地的身份只是法兰西国王的封臣。①

可以想象，当时英王的治理并不是像我们现在所看到的，一直待在威斯敏斯特或者是英国伦敦附近。这种治理的方式具有一定的流动性，并不固定。不固定的一个很重要的表现，就是它虽有国王大道，但没有王国首都这样的概念。为什么国王大道很重要？因为国王在巡回治理的过程中，这是最基础的设施。不过，这种马背上的管理并不是单独进行的，他无论走到哪里，总跟着一群人，朝

① 钱乘旦、许洁明：《英国通史》，上海社会科学院出版社 2012 年版，第 45 页。

臣、官吏、仆役、商人、上诉者。从这种情景中可以感受到，国王在具体管理行政事务的时候，需要许多大臣的协助。大臣的协助就是我们所说的御前会议，协助国王管理财政，指挥地方政府处理重大案件，受理法庭的上诉。其实那个时候所谓的行政事务、立法事务、司法事务并不是截然分开的，但慢慢地有了一种大咨议会和小咨议会的区分。

这个时候小咨议会主要是管理财政问题，指挥地方政府处理案件的时候，它是御前会议，但处理案件的职能慢慢分离出来后，它就变成现在所说的法院。后来，亨利二世任命五位成员，组成了一个有固定地点的法院。

通过这段叙述，我们就能够理解，为什么一个词有这三个意思？是因为三者其实都是源自王权，是从国王治理过程中逐渐分化出来的。

（1）最早的法官（12 世纪）

最早的法官实际上是 court officials，这个词很有启发意义。在当时，court 并不是现在的“法院”，而是“宫廷”；court officials 就是宫廷官员，即国王身边的仆臣。最早的司法是由国王本人主持的，这些官员就为国王解决争端提供建议，久而久之得到国王的信任，被派出去征税和庭审案件。

被派出的这些官员有一个专门称谓，即 the Justices in Eyre，也就是早期的巡回法官。需要注意的是，那个时候并没有发展出一个职业化的、非常明确的现代审判体系，而且当时所谓的法官，并不同于维护当事人权利的现代法官，其实是不受待见的，因为他们的主要职能是征税。在某种意义上，法官被看成是国王的一种压迫工具。

由此可知，最早的法官兼有某种行政职能，或者是国王的真正的大臣。那最早的职业法官是什么样？

举例说明就清楚了。曾有一个叫马丁·德·帕特舒尔的人，他是诺福克副主教，圣保罗大教堂教长，在1217年成为法官，同时，他又是当时最好的律师。像马丁一样，当时许多法官都是神职人员。背后的原因是：教会很是富裕，而国王本人及其这个国家，也就是现代意义上的世俗国家是很穷的，没有什么资源。所以律师大多都出自神职阶层，包括很多骑士也都愿意成为神职人员，认为这是提升社会地位的重要途径。劳伦斯·德·布洛克在1268年成为法官，开启了英国历史上从高级律师阶层中选拔法官的先河。

简单来讲，最早的职业法官，实际上是从有律师执业经验的人中选拔来的，他们显然不是一般的普通律师，不仅要有经验，还要有神职人员身份。

（2）现代司法体系的播种者

亨利二世（1154—1189）是现代司法体系的播种者，我们可以把他看成英国庞杂司法体系的开端。在亨利二世继位的时候，全国只有十八名法官，而现在英国有四万名法官。可见，当时英国司法实际上是处于一个萌芽状态。

之所以说亨利二世是播种者，是因为他做了这样几件事。

第一件事是建立了裁决土地所有权纠纷的、由12个地方骑士组成的陪审团。现代陪审团是由普通公民担任的，而在当时是由12个地方骑士组成的。在中世纪，骑士既是一种职业，又是一个很重要的阶层，享有一定的特权。骑士虽然不是上级的大土地贵族，但社会地位远高于普通民众。

第二件事是选择了五名王室成员负责听审，接受全国各地的民众的申诉、裁决案件。其中两名是神职人员，三名是非神职人员。这五名王室成员组成了被称为 Common Pleas 的法院，也就是早期的民诉法庭。

第三件事是建立了一个王座法庭。王座法庭的法官作为大臣常年待在伦敦国王身边，王座法庭作为一个新的专门且永久的机构帮助国王处理事务，尤其是行政事务，主要是关于征税和战争的。在程序上，王座法庭独立于御前会议。

以上是亨利二世和早期法官的情况，从中可以看到，早期的法官确实是王室成员或者宫廷官员，扮演着类似于宫廷臣僚的角色，并不是今天所看到的法官。亨利二世做的这些事，对后来普通法的发展非常重要，尤其是对巡回审判机制的发展。

2. 巡回审判制

值得一提的是，亨利二世在 1166 年发布了《克拉伦敦诏令》，诏令要求非王座法庭的法官需到全国各地巡游并裁决地方案件，以象征国王正义。这有点类似于钦差大臣，但钦差大臣的人数不会多，虽然他们有时候负有查明案件的职责，但主要还是行政上的职能。英国的巡回法官是明确要解决纠纷、裁决案件的。

在此基础上逐渐发展起来的巡回审判制，对普通法而言意义重大。法官在巡回审判过程中，适用的是来自威斯敏斯特地区的法律，即由中央的法官所发展出来的法律，这意味着他们在地方解决纠纷时，是用国家的法律或者中央的法律取代了地方习惯。这样一来，国家层面的法律实际上适用于任何人，这其实也是普通法本身的含义之一。

此外，普通法至少还有两种含义。第一种含义是从来源上讲的，常把“普通法”称之为“习惯法”，是因为在地方的时候，法官和各地的领主法庭就是依据地方习惯裁判的。第二种含义是指，法官们把当地的一个习惯——比如剑桥郡某个地方习惯，因为该习惯的规则本身具有一定的普遍性——推广到全国，因此这个规则就叫普通法，它的本意就是“共同法”。在此基础上，不难理解庞大的普通法判例体系背后，是王权的力量在推动。

总之，一些法官在伦敦开庭，其余法官在全国巡游裁决地方案件的司法制度叫巡回审判制度。令人难以置信的是，它一直存活到 1971 年，这对于普通法的发展具有相当重要的作用。当然也有研究认为，巡回法院是亨利二世为了收买正义而设立的。因为当时国王并不像后来那么集权，亨利二世为了树立权威，表明只要交纳一定数额钱财，王室就可以为其提供正义，而提供正义就是解决纠纷。此种关系下，才把普通法和地方习惯通过一道程序归拢起来。

最早的治安法院

治安法院是英国的一个极具特色的司法制度，直到现在依然存在。这一制度在 1285 年爱德华一世统治时期才真正建立，一批善良的、遵纪守法的人被派到基层去维护秩序。从《大宪章》签订的下半个世纪起，英国就有很多治安法官，他们不是普通的法官，而是属于另外一个序列。

治安法官主要承担大量的或者绝大多数的司法工作。直到今天，英格兰和威尔士地区的司法工作中，95% 的刑事案件仍然是在治安法庭里面裁决的，所以治安法院的历史很久远，一直没有断裂。另外，治安法官其实很多都是外行人，他们是凭借常识经验来断案的，这有点不可思议。

3. 法院的含义

对于“法院”的含义，我们要从三个角度去理解：①

第一，指国王所在之处：国王是正义的源泉。

Court 最初的含义是指宫廷，因为宫廷是国王居住的地方，所以 court 是指国王所在之处。国王是正义的源泉，所以国王派去审案的法官是去实行或者传送国王的正义的人，这样法院就跟宫廷联系起来了。

第二，指国王任命来执掌法律的法官组成的机构。

在英国，成为法官的唯一条件是国王任命。换句话说，法院是由国王任命的法官组成的。另外，法官执掌法律，却不必听命于国王。立宪君主制确立，王权被限制之后，这个原则就被奠定下来。所以法院实际是指法官这样一个集体，在英语文献中，法院和法官虽然有差别，但在一定程度上是可以互换的。

第三，指法官进行审判的地方：法官在哪里，法院就在哪里。

法院跟法官是直接对应的，没有法官，不成其为法院。在英国法体系里，Judiciary 是司法机构，同时又是法官的总称，而 Judge 一般是指单个的法官。可见，这些词是关联在一起的，可以简单互换的原因就在于，法院是由法官组成的，谈法院的时候更多是指法

① 参见张越：《英国行政法》，中国政法大学出版社 2004 年版，第 31—32 页。

官。比如，英国最高法院就是指 12 名法官，如果 12 名法官不在了，那最高法院就是一个空壳，没有意义。

4. 衡平法的兴起

了解普通法的失败和衡平法的兴起，对于理解普通法大有裨益。

前面讲到普通法，是从它的起源来看的：它来自习惯，并且普通法的本意是共同法。除此之外，普通法在英国法律体系还有一层意思，那就是与衡平法相对应。什么是衡平法呢？简单说就三点，第一，普通法是从案件中产生的，不同案件的诉讼程式是不一样的，以至于在民事诉讼中产生出了几百种诉讼程式，非常复杂，这就导致诉讼高度技术化。本来诉讼是国王正义的体现，但诉讼程序本身妨碍了正义的实现，一个程序的错误或瑕疵，可能导致整个诉讼的失败，并且还会导致腐败的滋生。

后来就发展出了一道程序，败诉者可以向国王请愿，随着请愿不断增多，国王自己精力有限，他就把这些申诉案件派送至御前会议，最终送到大法官手中，由大法官专门主管“信访案件”，也就是请愿。大法官慢慢就变成了国王良知的代表。但他不严格依照普通法的诉讼程序审判，而是自由心证，也就是说通过实质正义来裁决案件，抛弃程序上的要求。这套法律发展起来就变成了衡平法，慢慢地就和普通法形成竞争。

但是，衡平法后来也面临着同样的问题，比如诉讼费用昂贵、诉讼时间漫长等，从刚开始代表国王良知，后来逐渐演化成随意裁判。

5. 司法改革

这个时候英国法就面临着改革的情况。

1830年，有着将近300年历史的巡回法院（assize courts）才开始发生改变。建立了新的中央刑事法院。1846年，又建立了郡法院用于裁决民事案件。

1873年《司法法》规定，普通法和衡平法合并，建立了高等法院和上诉法院，规定所有民事案件都可以上诉至上诉法院。但刑事上诉仍受限制，直到1966年《刑事上诉法》的出台。

经过数百年的演变，法官逐渐独立于政治、独立于议会和行政，自身的独立性和权威开始获得保障。法官逐渐职业化，但并没有和行政机关彻底地分离。有两个例证：第一个例子是1757年到1765年之间，首席大法官曼斯菲尔德在内阁任职，他既是法官，也是内阁大臣；第二个例子是卡夫勋爵在“一战”时还担任了几个月的内政大臣，当时他还是一名普通的上诉法官，也就是法律勋爵，可见法官并未和行政机关彻底分离。

真正与行政机关彻底分离是晚近的事情。2005年《宪制改革法》颁布后，法院的分离基本完成。《宪制改革法》宣布建立英国最高法院。

经过近1000年的演变，直到21世纪，司法机构终于被正式地承认是区别于政府的一个完全独立的部门。其中的轨迹也许不那么清晰，但一直是没有断裂的，总的是在朝现代的方向发展，比如职业化、远离政治、法官终身任职的保障等，但它同时也保留了一些不那么现代的东西。

6. 英格兰和威尔士司法体系

到目前为止，英格兰与威尔士地区的法院体系，属于普通法体系；苏格兰属于大陆法系，苏格兰的刑事案件不上诉到最高法院；北爱尔兰比较接近英格兰，但是也有自己独立的体系。关于英格兰和威尔士的法院体系，如图 9-1 所示。①

（1）“三级”法院体系

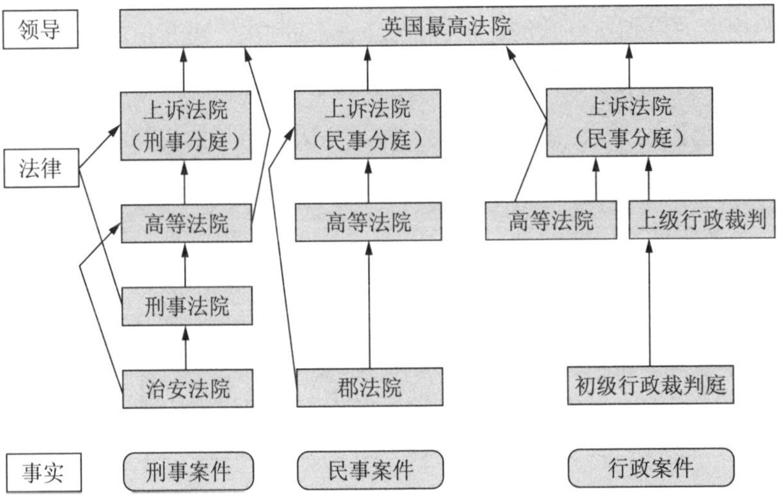

图 9-1

第一级是基层法院。基层法院形式上包括治安法院和郡法院，基层法院负责事实审，就是调查事实之后适用法律得出判决，若当事人对判决结果不服可以上诉。

① Mark Elliott & Robert Thomas, *Public Law*, Oxford University Press, 2020, p.274.

从基层法院上诉之后，就到了第二级，即高等法院和上诉法院。高等法院在许多类型的诉讼中是初审法院，如司法审查；而上诉法院，是专门接受上诉的法院。上级行政裁判庭，地位相当于高等法院。这一级的法院主要进行法律审，集中于对法律的解释与分析。

最高一级为最高法院，只有一个。它裁决最重要的法律案件，包括为公众高度关注的和具有宪法重要性的案件。最高法院的角色主要是引领者，引领英国乃至整个普通法法域的法律发展。因为最高法院的判决本身具有效力，所有英国法院都必须遵循，这是判例的拘束力原则所导致的；英国最高法院的判决，对其他的普通法系国家没有约束力，但具有影响力，因此，它在整个普通法法域都具有引领作用。要注意的是，英国的最高法院与其他法院之间，不是领导与被领导的关系，它只是一个上级法院而已。

需要特别说明的是，高等法院、上诉法院以及最高法院都在伦敦。这意味着法律精英圈子实际上是很小、很集中的。《经济学人》不是调侃过吗？即便是资深法官，也只有在泰晤士河边的几条狭窄街道上才会被认出来。① 高等法院以上的法官可谓是社会精英中的精英，他们是法律界人士中级别最高、威望最高、收入最高的群体。他们集中在伦敦，交流十分频繁。

（2）法官的类型

法官的类型共有十一种。②

---

① 参见本书第五章“为何说‘审判’法官”，上文第 124—125 页。

② Mark Elliott & Robert Thomas, *Public Law*, Oxford University Press, 2020, p.275.

第一种，最高法院法官，共有12名。英国级别最高的法官，由其组成最高法院，取代上院上诉委员会。

第二种，分庭负责人。上诉法院有刑事分庭、民事分庭，高等法院有王座分庭、家事分庭以及衡平分庭。这些分庭的庭长构成单独的法官类型。

第三种，上诉法院法官。这类法官被引用得最多，因为最高法院的法官相对较少，而基层法院的法官又不能创造先例，因此他们虽然能够解决纠纷，但在法律发展中的作用很小。所以处在中间层级的上诉法院法官因为可以解决法律问题，所以在法律报告中出现的频率很高。

第四种，高等法院法官。

第五种，军法官，即军事法官。单独一个序列，负责审理军人的刑事案件。

第六种，助理法官。负责程序性事项，比如调查证据、利息的核算、金额的核准等一系列问题。

第七种，巡回法官。有七个巡回地区，在当地的刑事法院或郡法院听审。

第八种，记录法官。兼职法官，管辖权和巡回法官很接近，只不过审理的案件更为简易。

第九种，地区法官。管辖比较宽泛的民事和家事案件。

第十种，高级行政裁判庭法官。审理基层裁判庭上诉案件，也负责某些司法审查案件。

第十一种，基层行政裁判庭法官。有时和非法律人士一起听审。

（3）法官的数量

英国最高法院法官、各分庭的负责人、上诉法院法官的人数不多。高等法院法官以上的法官即高级法官，是这个国家最重要的法律人士，负责英国的法律发展，但是这些人的数量恰恰是极少的，包括负责程序性事项的助理法官的数量也是极少的。从巡回法官一级开始，数量就开始增加，记录法官最多。总的来说，体系上端法官数量很少，绝大多数法官位于基层。

此外，近 4000 名行政裁判庭法官中 90% 以上是兼职法官。除了具有法律资质的法官外，高度依赖于不具有法律资质的个人来判案；大约 17000 名平民治安法官在治安法庭审理简易刑事案件。裁判庭通常也有非法律人士来参与听审。

三、两个经典案件

1. 法官与政治

爱德华三世（1327—1377）的御前大臣都是普通法官。1387 年，六位法官建议理查二世（1377—1399）说，为限制自己的权力而设立的议会委员会是“无效的和卖国的”。结果被议会弹劾、定罪和判死刑。可见法官曾经卷入过国王和议会的斗争之中。

有了前车之鉴，15 世纪玫瑰战争时期，法官开始远离冲突。现代宪法体制是光荣革命之后才建立的，在这之后议会才从国王手中把立法权夺过来。所以 15 世纪时，国王仍然是法律的制定者，而法官又是法律的解释者，在这一种潜在的不稳定的关系中，可谓危机四伏。

在查理二世（1660—1685）在位的最后十一年里，他解雇了11名法官。斯图亚特王朝的最后一个君主，即詹姆斯二世（1685—1688）在短短三年内解雇了12名法官。

在这种背景下，我们才能理解前面所讲的“分权”，但是分权也不是一部法律一次性就能解决的，实际上是由三部法律慢慢确立的。①法官自己会主动和被动地卷入政治，最后在光荣革命后才确立其宪法地位。

2. 两个核心权威

长期以来，我们都认为普通法是胜利者，战胜了王权。但实际情形可能与长期的印象不符。下面分析柯克审理的两个案件。②一是1607年的禁审令案，二是1611年的公告案。这两个案件可以说是普通法史上里程碑式的案件，常常被当作权威依据来引用，以支持“普通法胜利者说”。

当代著名行政法学家保罗·克雷格曾经说过，在17世纪的斗争中，法院被迫划定行政机关与议会的宪法权力边界，并且总是一贯地支持议会。这个看法代表了今天英国许多法学者和执业律师的态度。但是，还有另外一种看待此问题的方式，对上述观点进行了反驳。反对者认为：

第一，法院并没有像克雷格所宣称的那样，真正地划定了国王和议会的边界。如果在1607年就划定了国王和议会的边界的话，

① 参见前面本书第五章。

② 参见［英］亚当·汤姆金斯：《我们的共和宪法》，翟小波、翟涛译，法律出版社2016年版，第88—93页。

那么后面长达一个世纪的动乱和战争就不会发生，至少不会以如此激烈的方式发生，因为导致战争发生的对立双方就是国王和议会。

第二，有证据证明，法院在各个冲突案件中，并没有像后来所认为的那么成功，相反它很失败，它不止一次地屈服于王权。

第三，法院并不是一贯地支持议会，很多时候它是支持国王的。

（1）禁审令案

禁审令案源于 17 世纪初两个相互联系的不确定因素。一是宗教法官的权力范围不确定；二是这些法官如何解释议会制定法也不确定。坎特伯雷大主教班克罗夫特于 1605 年给詹姆斯一世建议，“国王可以根据国王的身份来裁决……”，也就是说，凡是遇到这种不确定性的纠纷，国王有权根据国王的身份作出裁决，普通法法官只是国王的代理人，应该服从于国王。在这之后，爱德华 · 柯克表示了强烈的反对，说了一段非常著名的话：

> 国王陛下对于他的英格兰王国的法律并不精通，那些关涉他的臣民的生命或遗产或财产或财富的案件，不是由自然理性来裁断的，而由人为理性和法律的判断来裁断的。一个人要熟知这种法律，必得经过长期的研习与经验。

理由很简单，那就是国王不适合裁决宗教法官和普通法官管辖权范围之内的事务，即使国王自然理性很高，绝顶聪明，但是他不熟悉法律，也处理不好这种事务。毕竟法律是要经过学习和锻炼的，法律最需要的不是自然理性，而是人为理性。人为理性有时候翻译成技艺理性，也就是凭借纯粹的智力是没有办法习得的。

可见，现代英国法官地位如此之高，是因为在 17 世纪，作为普通法法官代表的柯克就敢这么不留情面地对国王说话。可是有一个疑问：他是怎么做到的？他凭什么可以这么做？

（2）柯克反对什么，捍卫什么？

在这个案件之中，我们通常会以为，柯克从头到尾都是直接针对国王的王权，其实不是。正如汤姆金斯所言：

> 作为一名普通法法律家，柯克的动机是要巩固普通法法院高于教会的权力与地位。柯克的态度是一个“嫉妒的律师”的态度，急于巩固自己对宗教事务的权力与影响。①

作为一名普通法法官，柯克的动机是要巩固普通法法院高于教会的地位和权力，实际上柯克反对的并不是国王本身，而是反对教会的权力。柯克捍卫的，是与教会法相对的普通法，维护的是普通法法院的管辖权，直接目的也不是为了限制王权。

（3）公告案

第二个案件是公告案。戴雪在《英国宪法研究导论》中讲议会主权原则时提到，议会制定的法令是国家最高法律，而公告不是法律。公告是什么？公告是指在亨利八世时期（1509—1547）确立起

---

①［英］亚当·汤姆金斯：《我们的共和宪法》，翟小波、翟涛译，法律出版社 2016 年版，第 91 页。

来的，不需要经过上下两院通过，只需要咨议会或枢密院几个人商讨就可以发布的公告。最重要的是，公告具有法律的效力。到伊丽莎白一世（1558—1603）时，公告开始被滥用，比如通过公告，要求爱尔兰人回到爱尔兰；谷物、货币等出口遭到禁止；1580 年限制书籍的输入，规范销售，实际上建立了书报审查制度。所以，这种公告其实是僭越了立法权，没有通过议会立法就限制了臣民的自由、财产。

在柯克的时代，国王发布了两个非常具体的公告：第一，禁止在伦敦市内及周边地区建造新的房屋；第二，禁止用小麦生产淀粉。这两个公告实际上涉及自由之外的财产、继承和日常生活，所以平民提出了抗议。在案件审理过程中，柯克说了一句知名度很高的话，常被演绎成又一个对抗国王的例证：

> 国王除了王国法律赋予他的权力之外，没有特权。

演绎的逻辑是这样的：第一，国王的权力受限制。第二，确定这种限制边界的是法院。第三，这种限制的效果会使议会受益，因为国王和议会之间的斗争，如果是国王受到压制，议会肯定是受益的那一方。

（4）公告案的后续

尽管詹姆斯一世的意见与法官的意见相左，但詹姆斯一世依然我行我素。即使法官已经明确告诉国王不能随便乱发公告、不能以公告的名义限制公民的自由和财产，但国王仍然不听劝告。国王为什么敢于如此？因为国王手中握有“强有力的工具”，也就是星室法庭。

星室法庭实际上并不是普通法庭，它实行委员会制，法官就是国王的大臣。法官以国王的名义发布公告，然后又让星室法庭去执行，所以星室法庭实际上就变成了特权的代表和维护者。它既是国王的立法机构，因为它以公告的方式立法，又是国王的法院。同一个机构具有两种角色，一方面履行行政委员会的职能，以这种方式发布命令；另一方面又是国王意志的执行机构。这个时候普通法院的法官对国王作出的违法判决，就变得没有效力了。更麻烦的是，詹姆斯一世的继承人，查理一世有过之而无不及。查理一世通过公告，确定物品的价格、拆毁房屋、关闭商店，以便新的圣保罗大教堂建得更漂亮，而那些在乡村有房子的人就得因为拆迁被迫离开伦敦。

可见，爱德华·柯克的这个判决，实际上并没有真正发挥限制国王的权力的作用。

四、是否有权裁定大臣藐视法庭？

重述上述两个经典案件，是为了说明法院并不是必然地支持议会而反对国王，在很大程度上也并没有发挥限制王权的作用。最后一部分，我们想讨论对本章来讲具有总结作用的话题：法院是否有权裁定大臣藐视法庭？藐视法庭问题本身不复杂，为了维护法院的权威，法院可以裁决某人藐视法庭，基本情况如下。

1. 藐视法庭

法律禁止一切让法院蒙羞的行为，这些行为被称为藐视法庭，他们可能会因此承担民事责任或刑事责任。有以下三种情形：

（1）羞辱法院（抨击法官的公正性和廉洁性）

《新政治家》发表文章称“在艾弗里法官的法庭上，一个持这种观点的当事人……明显不能指望获得公平审判”。① 比如这人刚好是一个极端的环保主义者，这种人明显不能获得法官的公平审判。这样的评论就是羞辱法院，该刊物的行为使得法官的品行蒙羞，因而构成藐视法庭。从这一点上，可以看到对法官权威的维护，这与下面的当庭藐视具有一致性。

（2）当庭藐视法庭

一群学生高喊口号干扰法庭的开庭，法官当场判处首要分子三个月监禁，当事人不服，提起上诉，上诉法院法官维持了该决定，并指出：“藐视法庭法不是为了保护法官，而是为了司法工作的正常开展”。② 实际上就是为了保护法官，既保护法官的人身安全也保护法官的权威，只不过“为了司法工作的开展”的表述更有正当性。

（3）出版有碍司法行为的出版物

法院发布禁止令，阻止《星期日泰晤士报》刊行一篇关于酞胺哌啶酮（20 世纪 60 年代之前一种用于妊娠妇女的镇静药）的文章，因为当时案件的双方当事人正在谈判以达成和解。③

---

① R.v. New Statesman (Editor), ex parte DPP [1928] 44 TLR 301 (KBD).

② Morris v. Crown Office [1970] 2 QB 114 (CA).

③ Sunday Times v. United Kindom [1979] 2 EHRR 245 (EHRR).

该案后来上诉至欧洲人权法院，人权法院判决英国法律违反了《欧洲人权公约》第10条（表达自由权）。法官判决道：“有关民事诉讼期间新闻出版物或其他媒体涉嫌藐视法庭的问题，普通法的案例汇编中是没有确切答案的，甚至任何合格律师都无法找到确切答案。”这一判决导致英国《1981年藐视法庭法》的出台。这个思维方式很有意思，一边是言论自由（新闻意见），一边是法官的权威，但因为找不到先例依据，就不能说报刊的行为是藐视法庭，这个案件直接导致议会法的出台。

该议会法明确规定，负有举证责任的单位和个人迟延提交证据或者拒不提交证据、负有出庭作证的单位和个人无正当理由拒不出庭作证、对法官进行言语攻击和无理纠缠，甚至在案件判决前对案件公开发表倾向性观点，都有可能被判藐视法庭罪。

到目前为止，藐视法庭涉及的都是普通人或团体。在历史上从来没有出现过法院判决一个大臣藐视法庭，直到“M诉内政部案”的出现。此案同样是一个里程碑式的案件，它涉及的是法院和政府的关系，也就是法院和王权之间的关系。

2.“M诉内政部案”

原告M是扎伊尔人，他寻求政治避难，但被内政部拒绝。然后M申请司法审查，第一次失败了，更换律师之后又申请第二次。就在这个过程中，戏剧性的一幕发生了。庭审当天，他即将被遣返。下午，就在起飞前半小时，司法审查的申请交到了法官手中，当时所有法官都下班了，只留下值班的加兰法官，以受理紧急申请。内政部的官方律师保证说，在法院对本案进行充分的审理之前，内政部不会把这个人遣返回国，于是法院就终止了诉讼。

不知律师是有意还是误会，反正事实是法院中止了审理，内政部那边却没有兑现承诺，把 M 送走了（转道巴黎）。

M 的律师得知后很惊讶，连夜申请法院签发针对内政大臣的强制性临时禁令。让他赶紧把 M 带回来，因为之前有承诺！此为午夜禁令。午夜禁令发出后，第二天下午，内政大臣的次级大臣建议说，你可以不用理会法院的禁令，因为法院没有管辖权，无权发出禁令。内政大臣本来是要遵守法院的禁令的，想发一次航班把 M 带回来。但由于次级大臣建议，他把航班又取消了。在接受庭审的时候，内政大臣为自己辩护说法院没有管辖权。法院在一审中接受了他的主张，撤销了午夜禁令。

这还了得！M 的律师勃然大怒，搞了半天，最后却无权管辖！于是提起了藐视法庭诉讼。此案核心问题是，法院是否有权裁定国王大臣藐视法庭。

看看一审法院西蒙·布朗法官是怎么说的：

> 尽管非人所愿，但任何法院都必须宣布君主处于法院的最终强制管辖权范围之外；但我认为，很难将这视为法治或臣民自由的黑暗日子。法院并没有取消对行政部门进行控制的历史责任。而是它认识到，在执行法院的裁决时，行政部门与司法部门之间的关系最终必须是一种信任关系。①

意思是说，“不要认为我说这个话好像违背法治，其实法院并

① [1992] QB 270, at 284.

没有放弃对行政部门的控制”。不过，行政部门（就是引文中的君主，即 crown）与法院之间的关系最终必须依赖于信任。

M 的律师接着上诉。上诉审推翻了一审判决，判决书多达 30 多页，却只得出了一个非常平庸的、让人大跌眼镜的结论，即法院有权裁定国王大臣藐视法庭。我们的疑问在于，为什么上诉法院的法官，要如此大费周章？是什么问题难倒了法官？

如上文所述，法院和法官的权力一开始是源自于王权，立宪君主制建立以来，法院逐渐取得了独立性，到《2005 年宪制改革法》之后，这种独立性似乎就更强了。但是，我们发现在一些问题上，这种独立性还是没有得到彻底的解决。如本案中，法官面对的问题是，君主的法官能够裁定君主的大臣藐视君主的法庭吗？上诉法院法官煞费苦心，最后也就做了一件事情，把国王本人和国王的大臣分开。他好像是说：法院无权裁决国王本人藐视法庭，但我还不能裁决国王的仆人藐视法庭吗？

对于这个案件，作如下三个简短的评论：

第一，“国王无错犯”这句格言，其实可以有很多解释。但在这个案件中，上诉法院法官把它解释为：法律上不能裁定国王本人犯有错误，这是有利于国王的一种解释。

第二，国王与法院的关系不依赖于强制，而依赖于某种信任、善意、礼仪、惯例。

第三，即便法院有权“裁定”国王的仆人藐视法庭，但是法院还是承认自己无权“惩罚”他。这个案件说明，即便是在 20 世纪 90 年代，仍然难以将君主和主权权力完全地限制在法治之下。可见君主特权问题有多麻烦！

五、本章小结

第一，英国法院的宪法地位并不像在成文宪法国家那样清晰，一开始也不享有汉密尔顿所说的那种独立且平等的宪法权力。2005年的宪制改革好像做到了这一点，但至少历史上不是这样。

第二，理解司法权的发源，应该深入到封建制的历史中去。司法权源自王权。在王权与议会的斗争中，法院并不总是站在议会一边。

第三，君主特权至今仍然没有被彻底地司法化。也就是说，对政府权力的控制，虽然部分司法化了，但在很大程度上仍然依赖于议会的控制。对于君主特权的规范和控制，赞成法律宪法的人认为，应彻底将其司法化，因此要走法律宪法的道路，要通过法官不停地确认其边界；主张政治宪法的人却认为，君主特权司法化的效果有限，应尽量用政治的方式去控制它。

第十章　米勒案：启动脱欧程序，谁说了算？

对于公投的影响、《里斯本条约》第 50 条欧盟成员国资格的时机选择，以及英国公民基于欧盟成员国资格所享有的权利，只有议会而非政府才拥有最终的判断权。

——尼克·巴伯、汤姆·希克曼、杰夫·金

一、脱欧程序关乎什么？

1. 案件名称：R（吉娜·米勒及他人）诉英国脱欧事务“大臣”①

我们已经了解到，在英国公法中几乎没有“政府”这个概念，所以在诉讼过程中，如果当事人对“政府”的行为不满，通常不是以“政府”为被告提起诉讼，而是以某位大臣作为被告。比如本

① (on the application of Miller and another) (Respondents) v Secretary of State for Exiting the European Union (Appellant), [2017] UKSC 5，以下简称“米勒案”——因 2019 年米勒又提起了另一项诉讼，所以本章所讨论的实际上是“米勒一号案”；关于“米勒二号案”判决全文，参见“公法史的新里程碑：米勒案切里案判例全文翻译”，王志译，载公众号“法学学术前沿”，2019 年 9 月 26 日。

案，当事人吉娜·米勒并没有把英国脱欧事务部作为被告，而是将大臣作为被告，以至于“脱欧”好像是大臣的个人行为一样，但实际上大臣的行为代表的就是政府行为，这是英国公法的一个特点。

R 是指 Respondents（被上诉人），脱欧事务大臣是 Appellant（上诉人）。本案初审是在高等法院，米勒代表着赞成英国留欧的公民。2016 年 11 月 3 日，英格兰与威尔士高等法院作出了脱欧事务大臣败诉的判决，随后该案件被上诉到最高法院，经过 2016 年 12 月 5 日至 8 日的庭审，英国最高法院于 2017 年 1 月 24 日驳回了英国政府的上诉，维持原判。最后结果是最高法院支持高等法院的裁决意见，判决认为：英国政府正式向欧盟发出脱欧通知前，必须经过英国议会的立法批准。

尽管“脱欧”事件已经过去几年，但“脱欧”引发的宪法问题仍然很重要。

2. 核心问题

米勒案的核心问题是脱欧程序应当如何启动。

在脱欧公投中，英国人民作出了脱离欧盟的决定，政府根据此决定欲向欧盟发出脱欧的正式通知，然而这样的行为并没有得到议会法的授权。据此，英国民间活动家吉娜·米勒对脱欧事务大臣提起诉讼，她认为：脱欧事务大臣无权在没有议会法案事先授权的情况下向欧盟提交脱欧“意向通知”，因此政府发出通知的行为超越英国政府的权限。英国要脱欧，需要议会明确授权后，政府方可实行。

本案涉及的另一个重要问题是“权力下放”，本章不作重点讨论。在脱欧问题上，北爱尔兰人认为在地方自治的背景下，英国主张脱欧也要经过北爱尔兰的同意，否则脱欧的事宜在北爱尔兰没有效力。这个问题最后也移交到了英国最高法院一起审理。英国最高法院作出了一致答复：英国议会和中央政府在脱欧问题上，并不受各地方自治政府及其人民的法律约束。

判案法官

本案的判案法官共有 11 位。总共 12 位大法官中，就有 11 位大法官来共同审理此案，这本身就说明米勒案十分重要。或者说在当时审判的时候，最高法院就认为这个案件很重要，以至于会派出 11 位法官。案件判决的最终结果是：3 位法官持少数异议意见，最高法院以 8∶3 的多数意见驳回了脱欧事务大臣的上诉请求，政府败诉。

3. 基本案情

（1）脱欧的启动程序

根据《1972 年欧共体法》①，联合王国（以下简称英国）于 1973 年 1 月 1 日正式成为欧洲经济共同体——欧洲经济共同体（EEC）于 1993 年更名为欧洲共同体（EC），2009 年又更名为欧洲同盟（EU），简称欧盟——中的一员。2015 年 12 月，英国议会通过《欧盟公投法》，规定就英国是否留在欧盟举行全民公投。2016 年 6 月 23 日的公投结果为：51.9% 的多数选民赞成退出欧盟。

①《1972 年欧共体法》是一部英国议会通过的国内法，现已废止。

最高法院面临的问题（争议焦点）是，脱欧程序正式启动之前，作为一个国内法问题，脱欧行动应当采取怎样的步骤？具体而言，在未获得议会法的正式许可之前，英国政府可否合法地向欧盟发出正式脱欧通知？

可见，米勒案的争议焦点是：启动脱欧程序，谁说了算？

全民公投后，人民决定脱欧，但这只是人民在政治上的决定。至于英国与欧盟的法律关系，作为国际法问题和国内法问题，都还没有得到解决；特别是脱欧程序应该如何启动的问题，还没有得到解决。所以本案一般称为“英国脱欧程序案”，很多外文文献和中文文献都简称为“米勒案”——不过，在 2019 年的议会休会案判决之后（当事人之一也是吉娜·米勒），为了区别起见，脱欧程序案被称为“米勒一号案”。

为什么会有脱欧通知这个问题呢？因为《欧盟条约》第 50 条规定：

> 若一个成员国根据本国的宪法安排决定退出欧盟，它应当向欧盟发出通知，欧盟相关条约将在通知书发出之日起两年内停止对该国的适用。

欧盟是国际组织，允许国家自由加入，经过其他成员国的同意也允许国家退出，不像美国联邦那样不允许脱离。英国脱离欧盟的依据就是《欧盟条约》第 50 条，即根据本国的宪法安排，如果决定脱欧，那么给欧盟发出一个通知，这样在两年内就可以正式脱欧。在两年期间内，还可能会存在各种谈判、协议脱欧或无协议脱欧，如果欧盟以及其他成员国也同意，可以将两年的期限延长。

（2）可诉性

最高法院认为，这是一个可诉的问题，因为它本身不涉及政治问题，即不涉及脱欧决定的理智性、脱欧的期限或时间表，或者未来与欧盟的关系——这是该大臣和议会处理的事项。

“可诉”一词，说明“脱欧”程序既是一个宪法问题，也是一个诉讼法问题。如果一个案件可诉，法院就会受理，从而找到相应的依据作出法律判决，也说明这个问题不是一个纯粹的政治问题，而是程序问题——脱欧到底恰不恰当、合不合理的问题法院不管；脱欧的期限是两年、一年半，还是英国政府和其他成员国再谈判延长时间，法院也不管；按照什么时间表来退出欧盟，也不归法院管；未来应该与欧盟保持怎样密切的、经济上和政治上的关系，法院也同样不管。因为在英国，这些是典型的政治问题，应该由大臣和议会来解决。

为什么可诉？法院认为，启动脱欧就会导致国内法律体系的改变，会导致国内法上公民权利义务的改变。换言之，它涉及大臣的权力范围，即在国际层面通过运用君主特权而引起国内法改变的权力，王国政府与议会的关系，以及自治地区的立法机关与行政机关之间的关系。这些问题都是典型的宪法问题。

（3）本次争议源于英国宪法的两个特征

第一，大臣通常具有在不求助于议会的情况下，自由缔结与终止条约的权力。这样的特权，被脱欧事务大臣认为包括作出退出欧盟决定的权力。通常情况下，大臣有缔约权，这个权力一般来讲并不会求助于议会，即不需要经过议会的许可。这就是所谓“君主特权”的意义。

第二，除非有议会法的授权，否则大臣无权行使任何一种将会导致国内法发生改变的权力。原告所依据的正是这一理由。政府大臣的某些行为并不需要议会法的同意，而国内法发生改变，这自然就是议会的权限。

所以这两个特征是相对应的，本案的争议也基本上围绕这两个特征进行。被告一方即政府，认为自己享有包括终止条约的缔约权，因此启动脱欧行为在程序上是合法合宪的，而原告一方即米勒认为，启动脱欧虽然是政府权限范围内的事项，但被告的行为已经导致国内法发生改变，而政府不能擅自行使任何一种将会导致国内法发生改变的权力，除非有议会的授权。因此，在当前没有议会授权的情况下，被告就不能启动脱欧程序。

（4）关于权力下放问题

第一，根据《北爱尔兰法》的规定，如果北爱尔兰人民在投票中以多数决定脱离英国，英国的国务大臣有责任向议会提出法案，以落实他们的决定；第二，关于威斯敏斯特议会和苏格兰议会之间的关系，存在一个“斯维尔惯例”，即英国议会除非得到苏格兰自治议会的同意，通常不在权力下放事项上为自治地方立法，而有些欧盟法事项现在是由自治地方政府处理的。所以北爱尔兰和苏格兰都请求英国最高法院对此作出答复：英国政府脱离欧盟，是否必须经过地方立法机关的同意？

英国最高法院认为，《北爱尔兰法》只是关于北爱尔兰和英国本土、爱尔兰共和国三者之间前途命运的规定，完全不涉及和脱欧有关的宪法事务，不能约束英国的脱欧进程。而斯维尔惯例只是一项政治惯例，并非法律，应当由政治机关通过政治手段来实施。所以，最高法院说，关于该惯例的适用范围及其运行方式并不在它的宪法职权范围内。一句话，自治立法机关并不享有对英国退出欧盟决定的否决权。

总的来看，这个案件涉及如何启动脱欧程序的问题，而且一旦启动就不可逆，所以这个事就变得很重要。关键在于谁享有启动权。政府认为自己依据君主特权具有这样的权力，即有缔结和终止条约的权力，而原告则认为，该权力并不当然属于政府而必须有议会法的授权，而在当时，议会法并没有专门授权给英国政府准许其向欧盟发出脱欧通知。

概言之，该案件涉及三个步骤：

第一步，决定脱欧。英国已经进行了全民公投，而且全民公投的程序本身是合法合宪的。因此，对于脱欧，人民已经作出了决定。

第二步，脱欧通知。决定之后就是脱欧通知，法院关注的是这个脱欧通知应当由谁发出，以及依据什么发出的问题。政府认为，根据人民的决定并且其自身享有缔约权就可以发出脱欧的通知，而以米勒为代表的公民却认为，政府必须有议会法的授权才可以。这就是争议所在。

第三步，如果只有议会才有最终决定权，那么议会在判决之后，就有若干选择，直到最后明确授权政府发出脱欧通知，《欧盟条约》第 50 条规定的“根据本国的宪法安排决定退出欧盟”中的“决定”才能合法地作出。

4. 两种权力

就脱欧的启动程序本身而言，由法院来表态并判决政府败诉这件事，让很多人不理解。一部分人认为，这和法院似乎根本扯不上关系。实际上这里涉及两种权力，一种是君主特权，中文文献中有时简称为“王权”，另一种是法定权力。

“君主特权”是一个专业名词，听起来像是一种封建遗留，实际上它已经现代化了。本案涉及的君主特权，并不是由君主本人行使，而是政府大臣以君主的名义行使，并且对它的行使不再需要议会单独批准。用一个通俗点的比喻，如果将最初的君主特权看成一块大蛋糕，实际上这个蛋糕已经被议会不断切除，历史上的许多君主特权已经被议会法所限制。所以，戴雪才说，君主特权是一种“剩余权力”。但无论如何，在现代，仍然存在君主特权这种政府权力类型。与此相对的另一种权力是法定权力，即必须有议会的立法授权才有的权力。①

英国政府同时享有这两种权力，这是其他国家一般不具有的特征，也是一个很特别的现象。所以在脱欧这件事情上，英国政府认为自己是在君主特权的基础上作出的，因此根本就不需要议会的授权；但是原告认为这个问题不能够依据君主特权作出。实际上这两种权力是本案双方争议的焦点。

5. 该案重要的原因

该案之所以重要，主要有以下四个原因：

第一，该案涉及法律与政治之间的关系。

在初审法院作出判决之后，就有媒体批评法官，认为他们不当

---

① 参见上文第七章中有关“政府权力的类型”的论述。

地干涉了政治问题。因为对于脱欧，人民已经作出了决定，而政府贯彻人民的意志脱欧是正当的，这是民主国家的常态，法院无权判决政府是否可以发出脱欧通知，所以媒体非常尖锐地把高等法院三位法官说成是“人民公敌”。

媒体直接批评法官的情况是非常少见的，因此该报道以及案件本身引起了巨大的争议。表面上看，政府好像没有任何问题，是法院超越了审判权，多管闲事。对于国家机构之间的关系问题，就算是法院也不能越界，不能肆意地涉足政治领域，这是每一个现代国家的法院都力图要避免的情况。但是，在这个案件中，媒体很大程度上对法院的判决有误解。

第二，该案涉及威斯敏斯特与白厅之间的关系。

威斯敏斯特代表议会，白厅代表政府，即议会与政府的关系。到底谁有权启动脱欧？是政府可以自行启动，还是政府必须有议会的授权才可以启动，这存在着争议。

第三，国内法与欧盟法的关系。

脱欧本身就涉及欧盟法。因为《1972 年欧共体法》的存在，欧盟法成为国内法的上位法。

第四，联合王国与权力下放地区的关系。

权力下放让英国成为不典型的单一制国家或者准联邦制国家。在这个问题上，会涉及许多争议，这些争议自 1998 年，即地方自治以来，一直到现在，并且在可预见的将来都会成为英国宪法的焦点问题。

以上就是米勒案的整个案情、背景、争议焦点以及案情的重要性。

二、法官如何裁判?

法官的裁决思路基本上是四步。①

第一步，解释英国宪法的背景。

第二步，解释君主特权的性质。因为政府所主张的依据正是君主特权。

第三步，解释《1972 年欧共体法》。

第四步，解释 1973 年至 2016 年的相关法律。

其中第一步是前提，具有引导作用，第二、三、四步是原被告双方的主张，第三步和第四步涉及对国内法和相关法的解释，而这个解释要推出的结论是——启动脱欧程序，本身会导致国内法律体系的改变，以及国内法上公民权利义务的改变，因此这样重要的事情当然必须经过议会的授权。

所以法官的判决思路是先顺着一方当事人，按照其主张进行分析定性，接着又顺着另一方当事人的主张进行分析定性，然后进行比较，最后看哪一方在法律上更站得住脚。

1. 英国宪法的背景

（1）英国宪法的三个特征

在判决书中，法院认为英国宪法有以下三个特征，而这三个特

① 参见王涛:《英国最高法院“脱欧”案裁决——英国宪法要义的当代重述》，载《人民法院报》2017 年 3 月 3 日。

征跟本案的判决是相关的。

第一，不成文宪法。

第二，柔性宪法。英国议会通过普通立法就可以改变宪法，通俗地讲就是英国宪法很容易被改变。

第三，议会主权。“王在议会”享有这个国家至高无上的立法权，凡是国家的法律问题都由议会说了算，如果政府的某个行为导致国内法律体系发生了变化，那么这个行为就必须得到议会授权，否则就是非法的，因而也是违宪的。

这三个特征在脱欧判决书中都被明确提到，并且还两次引用了戴雪的话。①

（2）国王与法律

判决书中指出，大法官柯克认为，国王不能通过公告或其他途径改变普通法、成文法和王国的习俗；1689年《权利法案》确认，在未经议会批准的情况下，国王中止法律或暂停法律的实施都为非法。

这个问题与本案的相关性在于，今天国王代表着政府；如果某个行为导致国内法体系发生变化，国王是无权做出的，更不能通过其“公告”来改变法律。②

以上是判决逻辑的前提，接下来法院对君主特权的性质进行了分析。

---

① 米勒案判决书第40段和第43段分别提到：英国宪法被宪法学者戴雪教授描述为是“现存的最具柔性的政体”；戴雪认为，议会有权制定或者废除任何法律，而且英国法不承认有任何个人或者团体享有推翻或者废止议会立法的权力。对此，参见本书第一章和第三章的讨论。

② 关于国王的“公告”，参见第九章关于“公告案”的讨论。

2. 君主特权的性质

判决书中指出，君主特权指君主所保留的权力，由政府行使，但必须与议会立法保持一致；根据1965年的“伯马石油案”①，作为一项权力的渊源，君主特权仅在议会立法没有覆盖之处适用，议会立法可以通过明文或必然的暗示对君主特权予以限制或废止；大法官霍夫曼在2009年的“邦库特案”②中认为，自17世纪以来，国王就无法以君主特权改变普通法或议会立法，不过，君主特权的行使有时会影响个人权利或产生国内法律效力。

可见，君主特权不是法定权力，不是必须要有议会立法的授予。英国法或者普通法的一个特征，就是判决书在说理的过程中会频繁地引用案例或者先例，这就涉及普通法的拘束力问题。例如，本案法官引用1965年的案例来支撑自己的主张，表明君主特权可以在议会法没有覆盖的方面适用，也即在某个事项上，如果议会法没有表态，君主特权就是可以用的；比如缔结条约，由于一直没有议会法规定或限制政府应该如何缔结条约，这就是典型的“议会立法没有覆盖之处”，就属于君主特权的范畴。

当然，这也就意味着议会立法可以通过明文或者必然的暗示对君主特权予以限制或者废止，也就是说，议会立法在理论上或者宪法上可以将所有君主特权都废止，之所以没有这样做，是因为目前君主特权的形式并未与整个英国宪法相冲突，所以得以存续，这是英国宪法的一个特点。

---

① Burmah Oil Ltd v Lord Advocate [1965] AC 75.

② R (Bancoult) v Foreign Secretary (No 2) [2009] 1 AC 453.

之后，判决书又引用了2009年大法官霍夫曼所裁判的案例。此案表明，君主特权的运用或者王权的行使，不能改变普通法与议会立法，否则就会与议会主权相冲突。如果君主特权只作字面解释，就会使得议会主权的存在没有意义，但若君主特权并未直接改变法律本身，那么就是议会主权所允许的。

君主特权的行使有时还会改变法律适用所基于的事实，如政府会运用君主特权宣布战争与和平。一旦宣战，一些平时合法的行为会变成非法或叛国行为，如“乔伊斯诉刑事检控专员案”①。不过，这也并未改变英国法律，而只是改变了其适用的背景或事实。这是一种非常细致的辩驳和区分。

君主特权最为重要的作用在于外事领域，包括与他国建立外交关系、在海外部署军队，以及签订条约。大法官坦普尔曼在“雷纳有限责任公司诉贸易工业部案”②中指出，“政府可以磋商、缔结、解释、遵守、违反、否认和终结条约”。除非议会立法设定限制，政府有权缔结或退出任何条约，而无需议会的批准，且这一权力的行使不受法院的司法审查。

站在政府的角度来辨析君主特权的适用范围，可以发现，君主特权实际上得到了普通法的认可。因为不能否认说君主特权本身并不存在，只是行使范围受到了限制，而这个辨析就涉及所谓的“二元理论”。所谓二元，是指条约和国内法是两个不同的体系，而且条约并不自动在国内法生效。虽然条约并不自动在国内法生效，但其意义在于条约本身仍是需要履行的，可以通过国内立法等方式将

---

① Joyce v. Director of Public Prosecutions [1946] AC 347.

② JH Rayner (Mincing Lane) Ltd v. Department of Trade and Industry [1990] 2 AC 418.

国际条约转化为国内法的一部分，以达到履行条约的目的，本书第十三章所讲述的《欧洲人权公约》就是这样的例子。对于《欧洲人权公约》的适用，英国需承担相应的义务，但为了更好地承担这一义务，就需要通过国内法的转化，《1998 年人权法》正是为了履行《欧洲人权公约》的承诺而制定出来的国内法。

这一知识点与本案的相关性在于，这是整个案件争论的核心之一，即关于欧共体法的解释问题。英国加入欧盟的法律前提就是英国议会通过了《1972 年欧共体法》。

3. 对《1972 年欧共体法》的解释

（1）《1972 年欧共体法》第 2 条规定

> 根据条约所创制或产生的全部权利、权力、责任、义务、限制措施以及根据条约设置的救济措施和程序，无需进一步立法即在英国具有法律效力，受到法律的承认，并被执行、允许和遵守……

最高法院指出，《1972 年欧共体法》第 2 条为欧盟法成为英国法渊源创设了一个动态机制，并使得欧盟法比英国其他的国内法渊源（包括议会立法）更具优先适用性。这种法律效果在英国宪法上是史无前例的。①

---

① 关于《1972 年欧共体法》的宪法意义，参见 Elizabeth Wicks, *The Evolution of a Constitution: Eight Key Moments in British Constitutional History*, Hart Publishing, 2006。

《1972年欧共体法》是一部典型的由英国议会制定的国内法。其中第二条的内容看起来似乎与“二元理论”有矛盾之处，但其实并不矛盾，因为，国际法不会自动在国内生效，而1972年的这部国内法，相当于笼统地把欧盟国际法纳入国内法体系里了，所以《1972年欧共体法》像是一个“管道”，国际法通过这个管道被输送到国内法体系之中，成为国内法律体系的一部分。

最高法院之所以认为这样的法律效果在英国宪法上是史无前例的，是因为在加入欧盟之前，英国的议会主权是不受任何限制的，不存在一个比议会法还高的法律渊源，国际法也不会在国家内部自动生效，但这部法律的诞生，创建了概括性的动态机制，让欧盟法具有了优先适用性。

米勒案除了正式判决书之外，还有一个判决摘要，摘要中对《1972年欧共体法》做了几个简单的定性。

（2）判决书摘要[①]

《1972年欧共体法》第2条建立了一种动态机制，它确立了欧盟法在英国的法律渊源地位，欧盟法相较于一切英国国内法应该获得优先适用。（第60段）

只要《1972年欧共体法》继续有效，它就使得欧盟法成为一类独立且高于国内法的法律渊源。（第65段）

只要英国议会没有另行决定，欧盟法的适用就是一种立法

①《英国政府“脱欧”程序案终审判决书概览》，涂云新译，载公众号“法学学术前沿”，2017年2月7日，个别字句有改动。

权力的重新配置，它将英国的议会立法权限部分转移到了欧盟机构。（第 67—68 段）

其法律效果在英国宪法上果然是史无前例的。原因就在于，议会通过该法为自身施加了一定的限制。在该案的判决书中有一个专业术语——“承认规则”，这个概念是英国法理学家哈特在 1961 年《法律的概念》里提出来的，他认为，整个英国的法律体系是建立在承认规则的基础之上的。具体而言，“承认规则”是什么？——“王在议会制定的即为法律”。

也就是说，只有王在议会所制定或认可的法律才是法律，所以，议会可以随时废止《1972 年欧共体法》。虽然《1972 年欧共体法》承认欧盟法作为英国法的渊源，并且具有优先适用性这样一个法律效果，但是，它并没有改变英国法原有的承认规则。让欧盟法成为英国法的渊源，是英国议会自愿认可的，自愿认可就意味着同样可以自愿废止，废止《1972 年欧共体法》就相当于废止这个“管道”，废止这个动态机制，如果那样，欧盟法自然就不再是英国法的直接渊源了。

（3）国内法变化的两种形式

基于《欧盟条约》的国内法变化存在两种不同的形式：

第一种是欧盟新的立法导致的国内法变化。因为《1972 年欧共体法》的概括授权，本身就导致欧盟出台的新的法律自动成为英国国内法的渊源，相当于国内法随着欧盟法的改变而改变，这种改变是一种动态的改变。

第二种是英国退出欧盟导致的国内法变化。例如，如果英国退出欧盟，变成一个完整的主权国家，那么在多佛尔海峡之间的来往船只都会受到护照、签证和关税等的影响。所以：

> 英国停止成为欧盟条约的成员国，意味着英国国内法律秩序的改变，英国居民在原有欧盟法框架下所享有的权利也将会受到相应的影响。（第 69 段）

事实上英国之所以想要脱欧，正是因为欧盟的一些法律规定。例如，欧盟任何成员国的人民都可以直接在英国谋求工作机会，没有任何限制，同样英国公民也一样可以到其他国家就业，这看起来似乎是高度的一体化，但是英国人却认为，这会对英国本土公民的就业造成影响。因此，英国脱欧后就会引起法律的改变以及公民权利义务的直接改变。

所以，最高法院认为，前一种变化根据《1972 年欧共体法》第 2 条被直接引入英国国内法；而后一种变化将导致英国宪法安排的根本性变化，并不在《1972 年欧共体法》第 2 条的调整范围之内。1972 年的法律授权欧盟法成为国内法的渊源这种改变是有法律依据的，但是第二种改变，即脱欧导致的国内法改变没有任何的国内法授权。

> 但本院认为，欧盟法的改变所导致的英国法变化与退出欧盟条约而导致的英国法变化，实际上有着本质的区别。退出欧盟意味着欧盟法作为一种法律渊源的消失，它使得英国的宪法结构发生了根本变化。（第 78—80 段）
>
> 这种根本变化是通过英国向欧盟发出退欧的“意向通知”而必然会产生的一种效果。（第 81 段）

根据英国宪法，只有议会法才有权触发此种变化。（第82段）

因此，这种变化的发生只能是出于英国议会的专门授权。

政府方面虽然认同法院的这种说法，但是认为政府依然可以通过行使君主特权来脱欧，发出脱欧的通知之后再向议会负责。但是法院认为，这种观点在宪法上站不住脚。为了说明这一点，最高法院作了一种重要的程序区分：

第一，政府自由行使某种权力而事后接受议会的质询；第二，政府无权做某件事，除非得到议会的许可。

在第一种情形中，由于脱欧程序的启动是不可逆的，所以政府将架空议会，使议会的任何事后行动都失去意义；因此政府启动脱欧的权力应在第二种情形下行使。也就是说，必须对政府实行事前监督，而不是事后监督。

以上是对《1972年欧共体法》的解释。

4. 对1973年至2016年相关法律的解释

最高法院指出，《1972年欧共体法》并不包括任何退出欧盟（时称欧洲共同体）的条款。2007年12月13日签订的《里斯本条约》和《欧盟运作条约》才正式向《欧盟条约》引入成员国退出机制。在加入欧盟之前并没有讨论如何退出的问题，这就意味着，不能从《1972年欧共体法》推出议会对脱欧问题进行了授权。

自1972年以来，英国先后于1986年、1993年、1998年、2002年修订了《欧共体法》，2008年将该法修订为《欧盟法》。《2011年欧盟法》又对《2008年欧盟法》进行了修订，就英国同意对《欧盟条约》条款进行修改、向欧盟移转权力等事项的条件作出规定，即必须举行全民公投。2015 年英国议会又专门通过了一部国内法《欧盟公投法》，众所周知，2016 年 6 月 23 日英国人作出了一个惊世骇俗的决定——脱欧。

英国政府认为，人民是根据英国议会的法律及公投法作出了脱欧的决定，政府是在执行人民的意愿，同时也是在执行公投法的意见，因此脱欧这件事在程序和依据上都是合法的，议会不能再进行限制。

对此，最高法院认为，公投法只规定了人民进行公投，而对于公投结果将在法律上产生怎样的效力，公投法本身并没有说明，因此公投结果只是一个参考性的意见，只是政治意向的表达，而非法律。法官的这个观点很重要。人民的意见不是法律，法院只能依照法律办事。人民公投的意见，虽然是依据法律表达出来的，却只是人民的政治意见，不是法律意见，因为法律只能是议会通过正式的立法程序来表达。

在这个意义上，媒体将高等法院的三位法官视为“人民公敌”是对他们的误解，因为法官并没有认为人民公投或者脱欧这个行为是错误的，也没有认为公投结果不算数，只是认为公投结果是一种代表人民意向的政治结果，还不是法律。这个标准很严格，所以，尽管在 2016 年 12 月 7 日，英国议会下院通过“决议”要求政府在 2017 年 3 月 31 日前发出“脱欧”通知，但在最高法院看来，这一决议是一个重要的政治举动，并非法律。

戴雪在《英国宪法研究导论》中也明确说道，选民的意见不是法律，下院的决议和上院的决议本身也不是法律，必须是以立法案的形式并经过下院、上院和国王三者都通过才是法律。所以，最高法院有一段结论性的话：

> 2016 年的全民公投具有重大的政治意义。但是，其法律意义却应由英国议会通过法案授权来决定，现有的议会法仅仅是提供了公投启动的法律依据，却没有进一步指明其法律后果。由公投结果的执行而产生的对英国法的改变必须在英国宪法许可的方式下进行，这种方式就是议会立法。英国政府承认在 2016 年 12 月 7 日它已经向下议院申请于 2017 年 3 月 31 日之前向欧盟提出脱欧的“意向通知”，这是一个政治行为，它并不影响本案中的法律问题的审理。[第 116—124 段]

现在的《欧盟公投法》只是提供了公投的法律依据，不代表脱欧启动的法律依据，虽然这两件事很相关，但却是两回事。如果政府想要执行人民的意见，那么必须由议会通过专门的立法来授权政府启动脱欧程序，但到当时审判为止，并没有这样的法律，所以法官认为，政府直接向欧盟发出脱欧的通知在程序上是非法的。

综上所述，法院通过对英国宪法的特征和君主特权的性质的阐述，对《1972 年欧共体法》以及 1973 年至 2016 年相关法律的解释之后，得出的结论是：人民的意见必须转化为法律才能在法院适用。在本案中，意味着人民的投票决定（脱欧）必须转化为法律，政府才能依据法律启动脱欧程序。这就是代议民主和直接民主的区别。

三、议会有哪些选择?

讲到这里，我们不免心生疑问：难道议会还会背离人民的明确主张吗？或者说，这么重要的案件，难道不是一直在讨论一个纯粹形式的问题吗？人民决定脱欧，议员是人民的代表，因此必然会授权政府脱欧，然后政府向欧盟发出正式脱欧通知，这和一开始政府的选择有什么实质上的区别？还是有的。至少在理论上，议会有以下三种选择。[①]

首先，议会完全可以不授予政府这项权力。议会可以认为，脱欧决定是在错误的规则指导下作出的，因此有必要对这个错误决定进行修正。反对公投的议员可以在下次大选中，竭力向选民证明，他们的选择是正确的。当时在法院判决之后，很多人就很好奇，议会是否会作出与人民意愿相反的决定？当然，我们现在知道了，议会尊重了人民的决定。但是，议会在宪法上是可以不授予政府该项权力的，毕竟，英国实行的是议会主权。

其次，因为人民虽然决定脱欧，但没有决定什么时候脱欧。所以，审时度势的权力就在议会了。换言之，议会可以认为，要求政府“立即”作出脱欧的通知会危及国家利益，因此，政府应该在大规模的非正式磋商之后再脱欧，或者英国脱欧的正确做法是：寻求正式的条约修订，而不是草率地启动《欧盟条约》第 50 条。

最后，议会通过授权首相作出脱欧声明。2017 年 2 月 1 日晚，英国议会下院投票通过政府提交的脱欧法案，授权首相特雷莎·梅启动脱欧程序。

四、本章小结

不可否认，2016 年的全民公投具有重大的政治意义。但就本

---

① 参见尼克·巴伯、汤姆·希克曼、杰夫·金：《启动脱欧程序　英国议会不可缺位》，王世杰译，载公众号“明德公法”，2016 年 6 月 30 日。

案而言，法官关注的是它的法律意义。总的来看，米勒案的核心问题是脱欧程序应当如何启动。法院在本案中持有的意见是："脱欧"这种公投结果，尽管是人民的意见，但也必须转化为法律，政府才能依据法律启动脱欧程序。换句话说，谁来启动脱欧程序、谁去向欧盟发出脱欧通知，应由英国议会通过制定法授权来决定。

米勒与政府的争议，不仅是简单的程序问题，背后更是涉及英国君主特权与法定权力这两种权力的平衡与制约问题。另外，将议会纳入脱欧程序之中，也不是一个纯粹的形式问题。人民的公投本身，对于脱欧的具体而复杂的事项，实际上是无法表达意见的。而诸如此类的问题，应该在议会中通过辩论、质询等程序来讨论，而不是在封闭的内阁会议中，由几个大臣来决定。如此看来，2017年3月16日，女王御准的《2017年欧盟（退出通知）法》，尽管核心意思就一句话，其意义也是深远的："首相可根据《欧盟条约》第50条第2款，通知欧盟联合王国意欲退出欧盟。"①

---

① 该法正文仅有两条，抄录如下：

1 Power to notify withdrawal from the EU

(1) The Prime Minister may notify, under Article 50(2) of the Treaty on European Union, the United Kingdom's intention to withdraw from the EU.

(2) This section has effect despite any provision made by or under the European Communities Act 1972 or any other enactment.

2 Short title

This Act may be cited as the European Union (Notification of Withdrawal) Act 2017.

第三篇　问责

第十一章　司法审查：法律问责的能与不能

每一种行政法理论的背后，皆蕴藏着一种国家理论。[①]

——卡罗尔·哈洛、理查德·罗林斯

司法审查是一个要求很高的领域，因为今天哪怕是最能造成社会分裂、不和的事件——政治的、道德的、经济的——法院也不能回避对其进行裁判。[②]

——罗宾·库克

公法的核心问题是权力与问责，这是和社会学、政治学不太一样的地方。本章和下一章分别讨论法律问责和政治问责。本章主要围绕司法审查制度，思考法律问责的力量与限度问题。

法科学生对司法审查概念并不陌生，但也未见得对这个制度有

① [英]卡罗尔·哈洛、理查德·罗林斯：《法律与行政》(上卷)，杨伟东等译，商务印书馆 2004 年版，第 29 页。

② Robin Cooke, *The Struggle for Simplicity in Administrative Law*, in Michael Taggart (ed) *Judicial Review of Administrative Action in the 1980s: Problems and Prospects* (Oxford University Press: Auckland, 1986), p.16.

非常明确的认识，尤其是在比较法上。很多时候，一谈到司法审查，就联想起违宪审查、宣布立法无效等。其实，英国公法语境下的司法审查，首先是一个典型的行政法问题，不仅不宣布议会立法无效，还以维护议会立法的权威为前提。

设想一下可能引起司法审查的场景。一位政府大臣正在决定是否授予建设和运营新机场的许可。该决定势必会使一大批人受到不同程度的影响，各种支持和反对的声音难免出现。对于支持者而言，机场建设方便旅行，毕竟飞机出行总是便利的，同时也能拉动周边的经济，还能增加就业；对于反对者而言，情况却不是如此。他们认为机场一定会产生噪声污染。随着机场的建设与落成，周围房产也会贬值。此外，机场建在城市的郊区，还会让乡村的利益受损。

此时，政府大臣必须要权衡所有这些不同的，甚至相互冲突的利益，并且要判断批准新机场建设是否符合公共利益。如此一来，新的问题就产生了：第一，大臣作决策时不能没有听证就批准项目开工。第二，一旦开工建设之后，可能会有人对此决策提出挑战。挑战的方式有很多种，一种是联系当地的议员，试图通过政治过程来改变政策。另外一种是直接提起司法审查，试图让法院提供救济。两种方式，哪种更好？不能一概而论。

一、红绿灯的隐喻

红绿灯理论是伦敦政治经济学院的哈洛和罗林斯教授在《法律与行政》里提出来的，是对行政法及其作用的一个比喻。什么是红灯理论、绿灯理论？两种理论与本章的司法审查又有什么关联？下面结合文本进行分析。

1. 红灯理论

红灯理论是一种典型的、传统的理论。韦德的《行政法》有这样一段话，对于我们理解公法和红灯理论非常有帮助。

> 行政法的主要目的，就是保证政府权力始终在法律的边界内行使，从而保护公民权利，防止权力滥用。行政法必须阻止公共机关的权力引擎任意地肆虐地咆哮。这里，有必要指出的是，“权力滥用”这一词语，并不必然地带有恶意的贬义。政府部门也与其他公民一样容易误解自身的法律地位，同时，他们需要遵守和适用的法律又往往是复杂的和不确定的，因而权力的滥用就不可避免。①

权力滥用，是法律人所熟悉和常挂在嘴边的词，其实不一定带有恶意，只是想表达权力在本性上是任性的、不受约束的，因此权力很容易被滥用。为什么权力容易被滥用？这里有两个原因。

一是出于误解。某一件事在法律上能不能做，有时候政府部门也不清楚。普通法系和大陆法系国家一样，法律规定并不是任何时候都明白晓畅，也不可能事无巨细，行政机关可能搞不清楚法律的边界在哪里。二是法律复杂。现代行政法已经非常庞杂了，行政机关不可能像专业法官和律师一样清楚，更何况有些事情合不合法，法律本身有可能是有漏洞的。行政法并不是像简单的机器说明书一

---

① [英]威廉·韦德、克里斯托弗·福赛：《行政法》，骆梅英等译，中国人民大学出版社 2018 年版，第 4—5 页。该书是英国经典的行政法教材之一。

样写得非常清楚，可以对照着操作。行政法就是提供一套行之有效的判断方法。就像某个人生病了，医生提供一个解决方案，行政法就是要给行政机关不确定的法律地位以确定性。这就是典型的法律思维和公法思维，我们不是简单地宣告要控制行政权力、要控制公权力，这只是一个口号和原则，行政法具体要做的就是提供行之有效的判断方法。

> 现在，我们经常看到，一项部长命令被法院判决违法，一个强制购买令被法院予以撤销，或者一个规划决定被确认违法或无效……这是法治原则（rule of law）的实践性应用罢了。这一切意味着，政府的行为必须有法律的授权，如果它违法行使了职权，那么，公民就有权获得救济。正是在这些基础之上，英国法慢慢形成了一套体系庞杂但又稳健成熟的规则体系，这就是在大量的法官造法的基础上所形成的普通法。[①]

红灯理论的核心理念是“法无授权不可为”，但是实践中不可能事无巨细，任何行政管理、服务事项均得到授权，所以需要法院在个案中建构一套行政权力行使的标准。比如刚才提及的机场建设许可，这个决定就有可能因为某种理由被确认违法。这些确认和撤销，就和前面讲的法治原则关联起来了。法治原则是可以具体应用到某个案件或部门法里面的，比如强制购买令被撤销，实际上当法院判决的时候，就是法治这个原则的实践应用，这一切意味着政府

---

① [英] 威廉·韦德、克里斯托弗·福赛:《行政法》，骆梅英等译，中国人民大学出版社 2018 年版，第 4—5 页。

的行为必须有法律授权。比如“安提克案”，警察没有获得法律授权而去搜查臣民住宅，因此是违法的。如果政府违法行使了职权，那么公民就有权获得救济，正是在这些基础之上，英国法慢慢形成了一套庞杂而成熟的规则体系，这就是在法官造法的基础上形成的普通法。

为何在 19 世纪晚期，宪法学家戴雪会提出“英国没有行政法，也不应该有行政法”的看法呢？这是因为在戴雪看来，即使行政机关的某个大臣、某个公务员、某个警察违法，他们承担的责任和其他普通人承担的责任是一样的，他们都同样适用普通的诉讼程序，不应该有一个专门的行政法去规制他们。实际上，行政法在整个 20 世纪的发展，就是对戴雪学说的一个修正和否定，否则我们没办法理解为何还有如此多的行政法著作出现。这些著作只是对行政法的学理概括和阐释，行政法规则本身还是体现在判决之中的。

可见，红灯理论对行政权力持一种警惕、防范、疑虑、猜忌的态度，关注权力滥用的风险，认为行政权力需要控制，相对而言比较信任法院和法官，这是法律人对行政权力的一种主流态度。我们从该理论的刺激因素、法院的角色和公法的观念三个方面入手来具体阐释红灯理论。

（1）刺激因素

红灯理论关注的是权力滥用的风险，认为必须有一套规则体系去控制、约束行政权力，这是产生这套理论的背后动力因素。具体而言，有以下两点。

第一，对行政权力的疑忌。行政权在整个社会中的作用，以及对每个人生活的影响是非常大的，我们能够切身地感受到，从出生到死亡，生活的方方面面都跟行政权力有关系。不过，行政机关并不是一开始就很强大，而是随着行政权的扩展和行政国家的出现，行政权力才逐渐强势。所以法律对行政权采取了一种猜忌的态度，力图对行政权进行防范。

第二，既然权力滥用不可避免，那么行政法就必须提供一套行之有效的控制方法，以确定什么决策是合法的、什么决策是不合法的，什么行为是合法的、什么行为是不合法的。法治原则是一个笼统的原则，行政法所确立的各个规则其实是对法治原则的具体应用。英国的行政法是在 20 世纪才逐渐发展出来的，实际上就是对法治原则的具体化。

（2）法院的角色

权力滥用是各国普遍存在的常见现象。如果行政部门每次都能合法地作出决策，就不需要有公法了。既然需要公法，就把公法发展的重任交给法院。因此，红灯理论是比较信任法院和法官的，认为法院和公权力是对手。

长期以来，我们认为行政法是控权法，即控制权力的法。传统上，在行政权和司法权两种权力中，似乎司法权更值得信任。毕竟“法院既无钱又无剑，作恶的可能性最小”，或者说它的直接力量最小，它只有判断权。加之，如果法院能够获得独立和公正的地位，那么在处理案件时就更值得信任了。就像看球赛时，相对来说，我们更信任裁判，而不是联赛的管理者。

（3）公法的观念

公法在英国，包含宪法和行政法两个分支。因为英国没有专门的宪法典，所以宪法和行政法很难被明确划分。在红灯理论里，公法为大棒而非胡萝卜，因此要“敲打”行政权，时刻对其进行限制。这种观念在英国，在其他大多数国家，也是法律人的主流看法。但不得不提，法律并不是万能的。

2. 绿灯理论

绿灯理论提供了另外一种视野，作为一种新理论，它提出了以行政为中心的新看法。

> 在英国，出现了反映出这些不同思想的影响的行政法的新阐释。这些新阐释都是以行政为中心——行政法并不想充当与干预主义国家相当的角色，而是促进正当的政府行为——并且在性质上属于集体主义，对增进公共利益或者公众幸福的主张是一个推动。①

简单来说，该理论不是以法院为中心，也不是站在法院的立场上去限制对手，而是以行政为中心。绿灯理论认为，行政法并不想充当与干预主义国家相当的角色，并不用随时警惕行政机关，相反，应当运用行政法去促进正当的政府行为。这可从以下三个方面来理解。

---

①［英］卡罗尔·哈洛、理查德·罗林斯：《法律与行政》（上卷），杨伟东等译，商务印书馆2004年版，第153页。

（1）有助于良好行政

行政法是良好做法的样板，既非“大棒”，也不是“笼子”，其目的是防火而不是救火，不是要约束权力，而是要促进权力往好的方面行使。在这种理论看来，行政法的目标不是控权，而是促进良好行政。良好行政是英国行政法上的一个重要概念，类似于“善治”，当然“善治”是政治话语，还不是一个法律上的概念。行政法规则，就像行为守则一样，具有限制作用的同时，更多的时候是作为一个样板，行为者按它的规则做就好了。这就是防火而非救火的意思，事前引导行政机关按照规则行事，而不是事后去灭火。

（2）将法院的影响降至最低

绿灯理论的立场是什么？它并不是前面所讲的，对司法充满信任，反倒是要把法院的影响降至最低。它反对司法精英的过度干预，更信任政治家或者政治控制模式，比如调查、媒体监督、议会的辩论、政党监督等都算是一种政治控制模式。总之，就是要把法院的影响降到最低。法院在公共领域不应该起那么大的作用，应该收敛一点。

（3）集体主义而非个人主义

它的着眼点并不是关注个人权利的保护，而是集体利益的保障，但这不是不要个人权利。行政机关在很大程度上是促进公共利益的实现的，比如建设机场，总体上是为了发展经济、增加就业、便利出行，最终实现公共利益。

这两种不同的理论，对行政法的看法和态度是不一样的，提供了多角度的思考方式。但这跟本章的司法审查有什么关联呢？再以机场建设项目为例。如果按照红灯理论来看，发生纠纷以后，在制度设计上，应该由法院进行裁决，由法院告诉行政机关应该怎么做、不应该怎么做。但是如果按照绿灯理论，制度设计和解决思路就不一样。这种情况下，法院不适合进行裁判，如若产生纠纷就要诉诸各种政治途径解决，比如议会论辩、启动调查等。

3. 司法审查与行政法

司法审查跟行政法是什么关系？

第一，作为“救济法”的行政法。狭义的行政法是指“救济法”。在这个意义上，司法审查是行政法的一个重要方面，它着眼于行政机构作出行政决策之后，法院给当事人提供何种救济。比如在英国，土地所有者或者房屋所有者可能面临拆迁，他们若认为拆迁决策违法或者不当，需要得到救济，就要运用行政法向法院申请进行司法审查，这就是救济法的角度。

实际上，作为“救济法”的行政法，并不只有司法审查这一种方式，还有另外两大机制。第一，行政监察专员。专员不是设在行政机关内部，它的名称叫“议会行政监察专员”，是议会中设立的专门监督行政机关的人员。如机场建设案，除了提起司法审查，还有一种途径，就是去找议会行政监察专员申诉。它由议会主导，也可能有法官参加，对决策进行调查，调查后出具报告，而不是判决。报告可能会支持或不支持某一项决策，但不解决某一个人的具体救济问题。第二，行政裁判庭，它是行政正义的重要一环。在组织上，英国的行政裁判所不属于普通法院系统，它与行政机关相联系，同时又保持独立。

以上是两种并列的行政救济机制，作为救济法的行政法，存在于法官司法审查的判决中，存在于议会行政监察专员的报告中，也存在于行政裁判庭的裁决中。

第二，除此之外，还有一种广义的行政法，姑且概括为作为“组织法”的行政法。组织法就是对机构本身享有哪些权力、由哪些人员组成、有哪些职责作出规定，其并非指某一部法律，而是指某一类法律，包含各种单行法。

这里做一个简单小结：司法审查首先属于狭义的行政法，然后又属于狭义行政法三大救济机制中的一种机制，这就是司法审查与行政法的关系。我们再来看红灯理论和绿灯理论，就会发现，其实红灯理论是从救济法的角度来考虑，而绿灯理论是从广义的组织法的角度来考虑的。但不管怎么样，公权力对公民的利益造成损害，就必须提供一个救济的渠道、必须得有一种司法上的限制手段供公民使用。

二、司法审查是什么，不是什么？

司法审查不同于宪法审查。本来，宪法和行政法的界限很难划清。但本章的司法审查是指对行政机关的审查，而不是违宪审查。对于司法审查，首先要解决三个问题：谁审查？审查谁？审查什么？弄懂这三个基本问题，至少就能够理解什么叫司法审查。

1. 谁审查？审查谁？审查什么？

第一，谁审查？由独立的法院来进行，这是对行政部门的一种外部控制。司法，在英国指的就是法院。简言之，司法审查由独立的法院进行。

第二，审查谁？行使公共或政府权力的机构。这里的公共权力比政府权力更宽，因为有些公共机构行使管理职责，但不是严格意义上的行政部门。这里讲的审查，是指审查行政权力和公共机构的权力行使，而不是审查议会立法，法院是不能够对威斯敏斯特议会的立法进行审查的。

第三，基于什么理由？基于一种合法性而非“是非曲直”。是审查政府或机构作出决策的过程，还是审查决策内容本身？这里有一个非常重要的区分。记住，是审查它的合法性，而非它的实质内容，即不审查它的“是非曲直”。合法性是指比如大臣作出建设机场的决定是不是完全符合行政法的程序，如听证程序、告知程序、说明理由程序等。但是不审查什么？一般来讲，比如政府要建机场，它的实质依据有可能是基于交通的、经济发展的考虑，还有基于环境的考虑，这些就是实质性内容，法院一般是不审查的（图 11-1）。

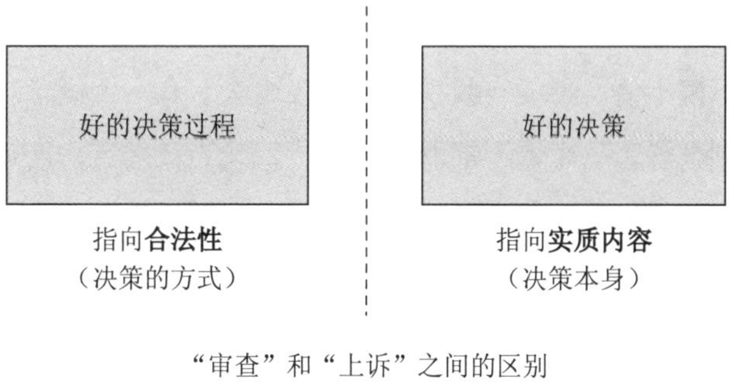

图 11-1

为什么法院只审查作出决策的过程，而不去审查决策本身？分权至少是一个很好的理由，但是为什么只审查它的过程，我们还要继续讲。

2. 良好行政诸原则

讲到合法性，它是有一些具体标准的，发展出了一系列良好行政的原则。

经过几十年，甚至上百年的发展，英国行政法已经演变成一个庞大的行政法体系，这个体系不是只有合法性原则或者法治原则，其中也发展出了很多具体的行政原则。

公正行事

"听取两造之词"，有时候翻译成"听取另一方"，意思就是政府不能只听取一方的意见。比如关于机场建设项目，政府不能只听取支持者的意见，最重要的是还要听反对者的声音。

无偏见行事

即不偏不倚，不能有歧视。英国普通法上有一个概念叫自然正义。举例来说，一个人不能既当运动员，又当裁判员，这是很好理解的，但代入行政决策中，我们又如何来理解？依旧以机场建设项目为例，如果政府决定建设机场，完全是为了增加某个选民群体的就业，而这个群体是支持现任政府的，那么这个决定实际就是为政党的利益考虑的。这就相当于政府在作决定的过程中，既是利益相关方，又是一个决策者或者裁判，这就是有偏私的。

合理决策

至于合理性，又有一系列的规则。合理性必须结合具体案件来分析，是否合理，很难从一个法律概念直接去界定。

考虑所有相关且只考虑相关问题

比如法律职业考试报名资格，行政机关作出相应决策时，应当考虑的是考生的专业、数量以及就业问题，而不能把毫不相关的问题考虑进来。

说明理由

行政机关作出一个行政处罚、行政许可，必须有理由，至于理由是否充分，则是另一个问题。

通知

行政机关作出一个行政处罚，除了必须有理由外，还要履行告知程序，最典型的就是贴罚单，罚单就是通知。尽管违法的事实是客观存在且有证据可查，但是不履行告知程序是不合法的。

始终符合正当预期地行事

在缔结合同的时候有一个预期利益问题，比如购买产品，双方在数量、价格上约定明了，虽然没有对产品的样式约定清楚，但实际上在缔结合约的过程中，是在有一个样品或模型的场景下缔结合约的。如果引起纠纷，法院会怎么判决？一般来讲，如果证据是可靠的、可以证实的，法院就会认为消费者的预期利益应该得到保护。其实这样的利益在行政法中也存在，比如作为受机场建设影响的当地居民，当涉及拆迁的时候，政府需要进行补偿，这个就是正当的期待，被拆之后却没有补偿或者得不到正当的补偿，其实就不符合正当预期的行事标准。

3. 为什么（只有）这些原则？

以上是为了说明，行政法中有一系列关于决策过程的标准，这些标准都不针对决策本身。

一个“好的决策”还需要符合经济性、生态保护等其他原则，指向的是实质内容。为什么司法审查是基于刚刚的这些原则，而且只基于这些原则？比如建机场以后的盈亏问题，不是法院司法审查的范围。因为，这些原则是着眼于一个“好的决策过程”，或者说指向的是合法性。关注决策作出的方式，而不是关注决策本身，关注合法性，而不是关注实质，这对理解“司法审查不是什么”很重要。

司法审查原则上不会去审查决策内容本身，这就是审查与上诉之间的区别。审查是指司法审查；上诉是指，如果议会在法律上就某一事项创设了上诉权，那么行政裁判庭，可以就事实和法律问题以自己的观点来替代原来的决策。换言之，上诉有两个前提，第一，议会法创设了上诉权。第二，上诉的过程中，裁判庭可以替代原有的决策。比如在建设机场的事情上，如果有一部法律规定当事人可以就此提出上诉，当事人依据该议会法的规定走上诉程序，那么行政裁判庭在中间的作用就不一样了，它可以基于实质理由进行判断，因为议会法授予行政裁判庭可以对经济、就业、交通等等实质内容进行干预，它可以用自己的判断去代替行政机关原来的决策。假设，原本规划建设机场的吞吐量是每年一千万人次，裁判庭认为太大了没必要，遂修改为五百万人次。这就是替代原来的决策，在上诉程序中是可以的。关于审查和上诉的区别，还有许多细节问题，这里暂不讨论。

4. 解释与答案

为什么在司法审查中，法院只能基于良好行政诸原则对决策过程进行审查，而不去审查决策内容？

首先需要解释，这二者的界限并不是绝对的。

合法性和实质性判断之间有一个区分，但不是绝对的。在司法审查程序中，法官并不是完全抛开实质内容进行判断。第一，如果是完全不合理的决策，有可能被法院判决违法。如在机场建设案中，反对理由是如此的有力、如此的不证自明，因为当地已经有好几个机场了，如果还要再建机场，这个决策本身完全不合理，法官就可能认为这个决策是非法的。第二，如果某个决策不符合人权标准，法院也可能会进一步审查实质内容，比如拆迁以后不补偿，严重侵害公民的财产权；对夜间航班的限制不充分，侵害公民隐私和家庭生活权。但总体上，司法审查只审查行政决策过程，而不审查行政决策本身。

再回答司法审查受限的原因。

第一，机构能力。司法机构作为一个裁判机构，不擅长审查行政决策内容。法院只懂法律本身，不懂具体的行政管理。行政决策是专业性的，如果法院的审查只限于程序公正与合法性，是不太需要法律以外的专业知识的，交通、经济、环境等都是专业问题，对于这些问题法官是不擅长的。行政机关有时不太信任或不愿配合执行法院的行政判决，其中一个很重要的原因，就是机构能力缺乏。在这点上，法国行政法院的做法是值得研究和参考的。

第二，民主正当性。如果法官判决行政机构的某个决策程序不当，政府就可以重新作出决定，这个决定可能不同于先前的决定，但决策权仍然属于政府。假设法官去审查决策的内容，比如机场建设案中，法官基于环境、交通、经济等实质因素的考虑，推翻行政机关原来的决策，行政机关就不可能在这个问题上重新作出决策，这会导致什么问题呢？那就是行政机关没法承担责任了。因为一旦法院对实质内容进行考虑，并代替了原来的决策，就相当于法院把原来行政机关的职责转移到自己手中来了，而法院本身对它的判决是不承担责任的，以至于最后这个事就没人承担责任。这是不可以的，是缺乏民主正当性的。

三、凭什么审查行政决策？

凭什么审查行政决策这个问题，是以一种通俗的方式提出来的，用学术语言表达就是司法审查的宪法基础。

站在政府或者评论人的角度，可能会发出这样的疑问：法院凭什么对政府决策进行司法审查？在政府看来，行政决策可能有不合理之处，但是为了维护公共利益，法院凭什么可以推翻它？尤其是当行政决策有议会授权的时候。

到底是什么赋权法院这样做？换言之，司法审查的宪法基础在哪里？归纳起来，主要有四种学说或者解释模型，这四种模型本身是相互竞争的，分别是越权模型、普通法模型、新越权模型、法治模型。

此处主要介绍越权模型和普通法模型。

1. 越权模型

越权模型是想说明，受质疑的行政行为或决定，是在议会通过相关立法这种媒介授予该机构权力的界限之内还是之外？通俗一点说，行政机关的权力是否在议会的授权范围内？如果在权限内，就意味着得到了议会授权，行政决策的作出是合法的，法院不能推翻。反之，如果在权限外，法院就能干预，干预的后果就是各种具体的行政法救济。总的来说，立法确定了界限的位置——法院的职责仅仅是通过解释制定法来确定议会打算把界限划在哪里。

越权无效的原则得到了英国司法机构的支持。斯泰恩勋爵在"博丁顿案"中说，"我看不到有任何理由来背离正统观点"——越权无效是如韦德和福赛所称的"行政法的核心原则"。而布朗·威尔金森勋爵则反向推理：如果决策者的行为引起了法官对行政机关的审查，那么行政机关一定是在越权行使权力。

"越权无效"实际上是"议会主权"原则在公法上的体现，维护议会主权，实际上也在维护人民的主权，法院有责任维护主权者的意志。

> 这种学说背后的逻辑提供了司法审查的内在理由……越权原则的自圆其说之处在于，它的适用不过就是法律本身的适用，而且还是主权者——议会的法律的适用。①

① Baxter, *Administrative Law*, Cape Town, 1984, p.303.

法院对行政决策进行司法审查，是在维护议会主权的意志、维护议会立法的权威，因为行政行为超越了议会法所规定的权限。议会主权是英国法上一个很重要的、不可改变的原则，尽管有争议，但在议会的意志需要得到维护这一点上是没有争议的。所以，这种回答学理上称之为“越权模型”。

但是，这种解释并非没有漏洞，或者也有不能自圆其说的地方，可以概括为四点。

第一，越权无效原则是一块“遮羞布”。有些行政行为，立法根本就没有表态，法院可从立法沉默中推断出这么多吗？立法沉默涉及自由裁量权的问题，很难说是非法的。所以，有批评说，司法审查据说是为了维护议会的意志，可议会根本就没有明确表达它的意志，因此法院虽然审查了，只不过是在拿议会主权作挡箭牌，所以这是一块“遮羞布”。更何况，从结果上来看，行政行为或决策是否合法（在议会授权范围内），直到法院最后作出判决了才能知晓。

第二，司法审查是逐渐发展出来的。有些司法审查原则，事实上是从普通法逐渐发展过来的，而不是议会是否授权的问题，其背后的依据是新的审查基础、新的普通法原则的出现。

第三，“排除司法审查条款”存在，这是议会立法中不太常见的条款，它明确排除了司法审查，此时法院又如何立论？

第四，对非法定权力的审查，不能通过越权无效来解释。有些政府的权力不是来自法律的授权，比如君主特权，虽然君主特权的大部分被切分了，但毕竟还剩一部分权力，比如议会休会。君主特权本身是一种事实权力，法院也在审查，那这种审查怎么能说是维护议会的意志呢？这跟议会的意志是没有关系的。[①]

鉴于这些批评，就发展出另外一种解释，这就是普通法模型。

2. 普通法模型

普通法是一个庞大的由法官所创造出来的法律体系，其中包含了行政决策应该怎么做、不应该怎么做的一系列规则，法院在对行政机关进行审查的时候，是看行政机关当下的行为，比如一个关于考试报名资格的决策在程序、主体上是否符合关于无偏见行事、公开透明、符合当事人预期利益等规则，这是普通法的依据。

该模型对上述四种“漏洞”进行了有针对性的回应。

第一，关于“遮羞布”问题。在英国，没有人会说普通法不应该得到维护，因为这是几百年来大家一直认同的规则，是一个共识，没有人会质疑，所以当法院说是为了维护普通法规则的时候，很显然是一个更坦率、很自信的说法。因为普通法就是由法官群体创造出来的，而对行政机关的司法审查只不过是在维护本身就被整个社会所接受的普通法原则，所以法院不需要再找一块“遮羞布”，假借议会之名为自己正名。

第二，关于逐渐发展问题。动态的普通法能够也的确是在演进中，因为整个普通法体系是在不停地往外扩展的，因此法院对行政机关的司法审查是普通法发展到一定程度的结果。

第三，关于“排除司法审查条款”。司法审查不是根据立法意图来立论的。法院对行政行为本身进行审查，不是基于立法意图来

① 参见前文有关君主个人特权和事实权力的论述。

考虑的，所以议会立法是否排除司法审查与法院实际上是否审查是没有关系的。

第四，关于非法定权力。如果依据普通法规则的话，没有制定法依据无关紧要。政府享有的一些非法定权力是根据普通法的规则进行审查的，有没有制定法无关紧要，根本不需要制定法作为依据。

听起来似乎普通法模式更胜一筹，但普通法模式也不是没有问题。在英国，议会主权是一个核心的、得到公认的原则，如果不以议会主权来说事，不往议会主权上靠，放弃越权无效原则的话，实际上就是在质疑议会至上，所以福赛说：

> （普通法理论）分析上的困境在于：如果一个全能的议会没有禁止，那么它必然要么明示要么默示授权了。同样，如果议会授予某大臣一项权力，那么，该大臣的行为要么在授权范围内，要么就在这之外。得到授权和没有授权之间没有灰色地带。……放弃越权原则，就是在质疑议会至上。[①]

因此，福赛认为普通法模式是站不住脚的。

关于司法审查的宪法基础，上面的解释是两种不同的方向，它们既有非常有说服力的地方，也有让人生疑的地方，因此才会出现前面提到的第三、四种解释，但是“越权无效”这个理论到目前为止仍然是英国公法上最核心的、最正统的原则。

---

① Forsyth, *Of Fig Leaves and Fairy Tales: The Ultra Vires Doctrine, The Sovereignty of Parliament and Judicial Review* [1996], The Cambridge Law Journal 122, pp.133—134.

而普通法理论构成一个竞争的理论模型。这两种不同的回答有什么重要性吗？实际上，从不同的思路来回答，意味着法律的发展方向就不一样。比如，对于非法定权力，如果认为司法审查的正当性源于议会主权，政府的权力本身又不是来自议会的授权，法院压根就不能对这些非法定权力进行审查，当然就无法得出合法非法的结论；而如果认为司法审查的根据来自普通法，那么法院对这种非法定的权力显然就能够进行司法审查，因此相应地就能得出行政决策合法与非法的结论。

四、司法审查的范围与限度

1. 问责与司法审查

司法审查是法律问责最重要的一种方式。“问责”这个词很重要，它和“责任”是有差别的。责任是 Responsibility，而问责是 Accountability，强调要做出说明。

司法审查中，问责的对象或争议的事项是单个的决策，比如某次规划、修路、建楼、许可、处罚等；也包括附属立法，虽然法院不能审查威斯敏斯特的议会立法，但能够审查附属立法，附属立法就是行政机关制定的次要立法、从属立法，相当于行政法规。

司法审查中的问责标准包括法律标准，即议会法中许多具体的规定，以及普通法中发展出的一些良好行政原则。

问责的目的是要将行政行为维护或者限定在合法性的框架之内，当然这些被限定的行政行为被司法审查之后，仍然有可能进入政治过程，即政治问责的程序。比如一次关于建楼的决策，由于决策当时程序上不合法，导致这个行政行为被撤销，被撤销之后政府会有很大的损失，或者公共利益受到很大的损失，而政府除了被法院宣布违法或者被撤销之外，还有可能在议会中接受质询，负责人还有可能会下台，这就是进入政治过程。这里面有两种不同的认识，第一种就是司法审判之后仍然要承担政治责任，第二种是政治宪法论认为有些情况压根就不应该由法院来干预。

2. 司法审查、主题及原则

那么，法院在宪法中究竟是一种什么角色？第九章中叙述的是法院的体系、法官的等级、类型等司法制度，而本章着眼于法院在整个宪法中应该扮演哪些角色，或者可能遇到哪些宪法问题。这个问题需要结合前面讲到的三个原则来回答，即议会主权、分权和法治原则。

为什么司法审查跟这三个原则有关系？

第一，法治原则，司法审查本身就是在维护法治，而且法治是可以落实到行政中的，良好行政诸原则就是法治的具体实践。第二，分权原则，为什么法院只审查行政决策的程序，而不审查它的内容，其实这也是分权的一种体现，作为法院有些事项是不能过度干预的。第三，议会主权原则，议会主权意味着法院不能够审查议会本身的立法，但是可以审查附属立法。

司法审查在面对这三个原则的时候，实际上也面临着三个值得讨论的问题。

第一，在维护法治中，司法审查是不是唯一的问责方式？第二，在分权这个问题上，法院在司法审查中应该干预到什么程度？

对这个问题的回答，是会陷入所谓政治宪法论和法律宪法论的争论之中的。第三，关于议会主权和宪法的多层次性，可以说是英国宪法的新问题，英国除了横向权力分离以外，它还有地方、中央和欧盟的不同层次的问题，但它又不是像美国联邦制那样。对此其实可以用专门的篇幅来讨论。

（1）维护法治的唯一方式？

法治在公法语境下主要涉及依法行政的问题，这是一般层面，但依法行政在普通法之下又发展出了许多具体的标准，即有关良好行政的各个原则，法院应去维护这些标准。这就说明，所谓合法性不只是合乎制定法条款。

所以司法审查是维护合法性原则，维护依法行政原则，也是维护法治本身。为什么？因为在现代，本来是议会监督政府，但是因为政党的关系，行政主导着议会，所以议会问责的力度不够，这个时候司法审查就开始兴起了。只是司法审查并非唯一的问责方式。

（2）维护还是破坏了分权？

分权主要涉及法律宪法和政治宪法的主题，即有些事项应该由法院来介入，还是不应该由法院来介入？分权与司法审查有什么相关性？

一方面，法院的司法审查是维护分权原则的，议会授权给行政机关，法院就负责监视和监督行政机关是否在议会所设置的界限内活动，确保行政机关的行政行为没有越权，这是维护分权原则。

另一方面，法院负责把行政机关维护在相应的界限内，实际上是起到一个正面维护分权原则的作用，但是也可以对此从反面提出批评：法院的司法审查可能不利于分权原则。其中，“不利于”的意思是，法院本身应该固守本分，不应该过多地跨入政治领域，试图去解决本应该通过政治途径去解决的那些事项。因为法院干预的有些事项，最好留待其他分支机构去处理，本来这个事项就应该由行政当局自己解决，或者应该由议会去问责。比如约翰逊的休会建议，法院介入引起了争议，因为休会建议很大程度上是一个政治问题，法院不应该介入。

司法审查的热烈支持者

正因为上述理由，司法审查既有支持者，也有反对者。其中，支持者的理由有两个：

第一，意识形态偏好。他们认为，法院在整个宪法中的作用极为关键，因为个人权利的保护有赖于法院对抗多数，法院是个人权利的最佳保护者。比如决策要建设机场之后，背后是大多数民众在促进决策的实行，但是有少数人的利益会受到侵犯。这个时候，去找行政机关或者议会是没有用的，因为这个决策本身就是大多数人作出的，那么法院的司法审查就是一个合适的，甚至是最佳的保护个人利益的程序。

第二，实用主义理由，姑且概括为“你不行我上”。司法审查兴起，很重要的一个背景，是行政机关的许多决策在议会那里得不到非常有效的监督——既然议会做得不够好，那么“你不行我就上”，这是从一种实用主义的角度来讲的。

总之，支持者认为，应该加大司法审查的力度，如司法审查的范围应该进一步扩大。

司法审查的怀疑论者

反对者也有两个理由。

第一，个人权利问题，本质上是政治的。试想机场建设中的利益冲突和各自诉求，如果按照司法审查的怀疑论者的观点，比如拆迁补偿问题就是一个政治的问题，本质上是利益冲突没有得到解决，而不是个人权利问题。所以应该把法院的干预作用降低到一个有限的范围之内，用政治的途径去解决最好。

第二，从问责的角度，怀疑论者认为问责最好是留给议会，因为司法问责本身有一个自由裁量的空间，有时候法官裁量权过大反而不一定靠得住。

综上所述，不管是司法审查的支持者还是怀疑者，很少有人能说司法审查是完全不需要的，他们所争论的只是司法审查的范围和限度问题。如果完全不需要司法审查，那么这个问题就完全超出了英国宪法的范围，而且司法审查和非司法审查的问责机制，是一种相互补充而非替代的关系。它们可以是此消彼长的，但不是非此即彼的。

（3）议会主权与多层宪法

议会主权涉及的主题是宪法的多层次性。英国宪法的多层次性，也就是中央和地方的关系问题，是一个新兴的被热烈讨论的话题，比如，政府是否会允许苏格兰再搞一次独立公投。多层次性背后的原因是：英国是单一制国家，但又不是典型的单一制国家。它放权给苏格兰、北爱尔兰和威尔士，这样就会产生地区的小宪法和国家大宪法之间的关系问题，或者说，议会主权和地方权力之间的关系问题，一些纠纷就是围绕这个问题产生的，法院也可能介入其中，米勒案就涉及这样一个问题。总之，有些事项是可以交给法院去判断的，比如把类似于中央和地方的关系问题提交给法院进行审查，这就是多层宪法。

五、本章小结

其一，在英国，司法审查不同于宪法审查。它不涉及对议会立法的审查。相反，它是以议会立法意图是否得到贯彻落实为前提进行的审查。严格说来，它是一个行政法上的概念。

其二，司法审查范围很窄。申请司法审查的主体、被申请的对象都有相应的限制。

其三，法律问责的限度。司法审查不代表行政救济法的全部，它只是其中一种救济途径。司法审查作为一种法律问责方式，在某些情况下是无法介入的，比如国家安全问题等，传统上是司法审查的禁区，最近才有一些变化。此外，司法审查作为一种对决策过程的审查，不能替代行政机关作出决策。

但是，如前所述，英国行政法与宪法是不可断然分开的，尤其是司法审查问题，它涉及宪法上的正当性论证。司法审查是宪法问责的一种形式，尽管不是唯一的形式，在有些论者看来，甚至不是最重要的问责形式。

第十二章　大臣责任：政治问责的主要方式

正如康希尔的宾汉姆勋爵……所说，“首相和内阁集体的政府行为，对议会负责和被议会问责，是威斯敏斯特民主的核心”。大臣被议会问责，是通过这样的机制：他们有责任回答议会的问题，出席议会专门委员会的会议；或是通过议会对大臣制定的授权立法的监督。通过这些手段，行政部门的政策受到选民代表的审议，行政部门必须报告、解释和捍卫其行动，公民受到保护，免遭行政权力的恣意行使。①

——“米勒二号案”最高法院判词

切不可脱离宪法法律来单独考察宪法习惯与惯例；它们实在是互相为用；缺少其一，另一便不能发生效力。能在它们之间划清一道界限，确实是件好事；但要确定何种特定事件应体现在宪法法律中，何种事件应由宪法习惯或惯例来规范，有时确实很难。②

——惠尔

① R (Miller) v Prime Minister [2019] UKSC 41, [2020] AC 373 at [46] .

② [英] K.C. 惠尔：《现代宪法》，翟小波译，法律出版社 2006 年版，第 126 页。引文中的“宪法法律”就是本书第一章和第二章所界定的“宪法法”。

英国宪法可以说是围绕议会和王权之间的斗争而产生的。历史上的英国宪法，首先要解决的就是王权问题，只是随着光荣革命的发生，其体制发生了改变，王权本身表现为一种行政权。所以，本章讨论的政治问责，实际上仍然可以看成是对王权的限制，只是王权的实际行使人变成了国王大臣。如何限制？无非法律和政治两种途径。

上一章重点讨论过法律问责。而政治问责是英国宪法的一大特点。关于对公权力的限制，有时不免生出一个疑问：个人权利保护也好，司法审查也罢，公民个人怎么可能具有一种对抗国家的力量？事实上也做不到，个人对抗国家权力必须借助另外一种国家权力才能实现。

本章的中心内容是政治问责。这种方式是怎么演变出来的，在实践中，政治问责具体是如何运行的？英国宪法的未来，如若可以预见，将是什么样子？既然它不是突然出现的，不是从零开始设计的、不像美国一样是在建国之初由一些相当重要的人物讨论制定出来的，那英国政治问责背后又是怎样一套逻辑？

一、普通法的失败？

在英国，法官地位之高，不言而喻。法官的判决逐渐形成了普通法。可是，普通法是否一直居于不败地位？或者，法官在英国宪法的建构过程中所发挥的作用，真的在每一个时段、在每一个方面都那么重要吗？为了解答这些问题，我们从爱德华·柯克的双重身份讲起。

柯克的第一重身份是17世纪著名的普通法法官、著名普通法学家。柯克曾在1606年到1613年担任皇家民事法庭的首席法官，又在1613—1616年间担任王座法院的首席法官，直到1616年被免职。

他的第二重身份是下议员。被免职之后，他于1621—1628年间担任下议员，继续做立法机构的成员，在1628年《权利请愿书》的起草和发展过程中起到了主要作用。

为何要介绍柯克的两种身份，简单来说有两个原因。

第一，长期以来，英国宪法教材、专著在谈到柯克的时候，基本上都是强调其普通法法官的身份，毕竟他判决了若干非常有名的权威性案件。就其影响力而言，后人经常把17世纪的柯克同18世纪的布莱克斯通、19世纪的戴雪相提并论。

第二，最关键的是，柯克一直被看成是王权的反对者，并且是非常成功的反对者。即使柯克确实作出了很多重要的颇具影响的判决，但事实上在王权限制方面，在实践中，这些判决所起的作用并没有我们臆想的那么大，也即就宪法的建构（而不仅仅是宪法法的发展）而言，法官所发挥的作用并没有通常所说的那么重要。不仅如此，法官还有很多失败的记录。

1. 邦纳姆医生案

凡是涉及普通法历史，或者司法审查、违宪审查，没有不提这个案件的。这是因为邦纳姆医生案被看成是英国历史上或者整个普通法史上违宪审查的肇始案件。人们常认为，美国违宪审查的开端——马伯里诉麦迪逊案的思想渊源也可以追溯到邦纳姆医生案。

该案的案情主要是，医师协会取得了对医生进行处罚的制定法权力，据此处罚和监禁了在伦敦周围无照行医的医生。一个叫邦纳姆的医生就此提起了诉讼。

在本案中，议会法规定医师协会的罚款一半归国王、一半归医师协会自己。这就有问题了，医师协会既是行使处罚权的一方，又是可以得到罚款收益的一方，这难道不是既当裁判员又当运动员吗？显然是违背自然正义的——没有人可以做自己案件的法官！

柯克判决的核心是，如果议会立法规定某人能够做自己案件的法官或者以其他方式“触犯普遍的正义和理性”，法官就可以宣布其无效。“没有人可以做自己案件的法官”这一原则，就是在这个案件中确立的。后来，普通法史上对这句话不断演绎，认为法官十分硬气，一方面对抗议会，一方面对抗国王，好像那时的法院，就如同戴雪后来所说的，是个人权利的保护神和堡垒。柯克的作用被扩展到无限大，甚至被说成是现代违宪审查的鼻祖。

后来的研究表明，其实柯克论证的，并不是基于宪法的反对，而是基于经济的原因，他维护的实际上是一种营业自由的个人权利。换句话说，柯克实际上维护的是营业自由，他并没有从宪法去论证当议会立法违背自然正义时，法院有权去推翻它。

除此之外，为什么说本案是司法审查的肇始案件呢？因为柯克认为，如果法律作出了违背自然正义的规定，法官可以宣布这种法律无效。但很奇怪的是，在英国法的发展史上，再也没有出现任何类似的做法。因为议会主权的原因，法官是不可能以任何名义去宣告议会立法无效的，所以也可以说柯克的功绩是无法复制的。

2. 普通法失败的四个案件[①]

（1）贝特案

英国内战爆发的标志，是1642年8月查理一世竖起军旗的那一刻。在1603年到1642年内战爆发前，有四宗案件象征着普通法的失败。

第一个案件发生在1606年，当时国王要征收各种各样的进口税，有一个叫贝特的人拒绝缴税，国王就把他监禁了起来。贝特被监禁之后，就到普通的财税法庭起诉，此时的法官并没有像我们今天所认为的那样，去维护普通臣民的权利，法官在判决中的理由令人大跌眼镜。法官认为，这种征税的权力不是国王一般的和法定的特权，因为一般的特权需要经过议会同意，这种征税的权力是属于国王的绝对特权。这就意味着这类事项其他所有人都不能染指，议会也没有权力管。

此时，议会看到法官在此类纠纷中的表现，议会内部就开始发生激烈的争议和反弹。1610年，有议员表达强烈不满："承认这一点就会置我们于奴役状态。你说在突然爆发战争的时刻国王可以征税。那么，国王和他的人民，谁应成为判定这种时刻的法官？"[②] 在本案中，虽然国王事实上有所让步，但是站在议会的角度来看，通过这个案件，可以得出一个结论：普通法的法官指望不上，法院在限制王权这个事上是不靠谱的。所以，这个案件最重要的后果就是标志着议会对司法系统信心的瓦解。

---

① 参见［英］亚当·汤姆金斯：《我们的共和宪法》，翟小波、翟涛译，法律出版社2016年版，第96—112页。

② 同上注，第97页。

（2）五骑士案

1625年，詹姆斯一世去世，他的儿子查理一世继位。这位新王一上任，就因为缺钱开始巧立名目，大肆征税。他规定要征收吨税、磅税。吨税就是在货物交易过程中，按照每吨重量征税；磅税就是对每英镑进出口的商品进行征税。他的做法不像他的父亲那样圆滑，这个时候，有五位骑士拒绝支付强制贷款，查理一世把他们关了起来。五位骑士被监禁后，向普通法院申请人身保护令。

人身保护令是普通法院对英国臣民的一种人身保护，当臣民被国王、内政部长或者警察基于某种原因监禁之后，本人或者他的代理人，可以向法院申请人身保护令，这是一种法律文书。法院接到人身保护令的申请之后，会向监禁该当事人的监狱或者警察签发一个人身保护令，上面会写：第一，请说明监禁理由；第二，如果有必要的话，请把受监禁者带到法院来接受问询。如果监禁有理，就迅速审判，如果监禁无理，便立即释放。可见，这是一个很重要的人身保护制度。

1627年，王座法庭法官签发人身保护令，要求给出理由，作为国王行政机关的枢密院，给出了一个很模糊很宽泛的理由："根据国王陛下的特殊命令。"这明显是在敷衍法官，而法官竟然接受了这套说辞，他们也认为，根据国王的权威而监禁臣民是合法的，也就是说，逮捕令是根据国王权威来发布的这个事实本身就是依据，这就构成冲突的理由。很显然，这不是人身保护令制度的原意，这个制度本义是强调逮捕要有根据，比如说，根据制定法构成犯罪需要逮捕等。所以本案中，法院作为个人权利的保护者，不同意释放五位骑士，而是同意了国王的做法，五位骑士最终没有被保释。

在这个案件的后续进展中，当五位骑士的律师代理人去翻阅卷宗的时候，发现更不可思议之处在于，法院竟然作假——人身保护令本身是关于诉讼程序的记录，法院在这个程序中是不会对国王的实质权力进行表态的，但是法院悄悄地把这个案件记录成是一种关于国王实质权力的判决。这种做法的恶果在哪里呢？由于英国司法中的遵循先例原则，该案件一旦被确立为判决，那么在之后相似的案件中，都要认可根据国王的权威就可以随意监禁臣民这一理由。这就为国王提供了一个先例。

骑士的律师就将这个事情上报给议会，议会知道后非常愤怒，因为这是一种公然违背法律的挑衅。前面讲到，议会在贝特案中就已经对法官未限制国王权力感到失望了，所以此时议会开始自己出面制定《权利请愿书》，内容涉及强制借款、军队、戒严法等。

至于国王为何会缺钱，是因为国王的财政制度是中世纪建立起来的，但他用钱已经是当代的开支水平，所以国王在财政上入不敷出。有一个数据是这样说的，17 世纪 20 年代中期，战争的成本导致国王每年大约需要 100 万英镑，而议会每年的供应满足不了这个需求。1624 年议会的拨款是 35 万英镑，1625 年是 14 万英镑，1628 年是 27 万英镑，连国王需要的三分之一都不到。这就意味着国王没有军费打仗，无法维护自己的统治，所以国王才要想尽办法巧立名目征税，频繁地与人民发生冲突。

（3）议会特权与艾略特案

1629 年的议会特权和艾略特案仍然是关于征税的。

为了绕开议会，查理一世想让议会停止、不工作，于是议长根据国王的命令宣布休会。艾略特作为一名议员，他希望在会议结束前，宣读一项针对不经过议会认可而征收吨税和磅税的抗议，也就是说，他希望议员们同心协力一起斗争。在议长马上要宣布闭会时，几名议员强行把议长按在座位上，要求必须把这份抗议书宣读完之后才能休会。会议结束后，七名议员因为议会中的行为遭到了监禁，随后这七名议员发起人身保护令的诉讼。

王座法院的法官向查理一世报告说，他们依照法律不得不释放这些囚犯，这七名议员是不应该被监禁的。

后来，国王把这七名议员从普通监狱转移到了皇家监狱伦敦塔内，并通过自己的命令把他们置于军人的看管之下，这就已经不是法律问题了。七名议员的律师要求法庭对这种监禁的合法性表明立场，但法官们拒绝审理这一案件，他们认为这样做毫无用处，囚犯不能因此被保释。在1629年的整个夏季，七名议员一直被关押在伦敦塔里，不曾得到任何法律救济。不难发现，法官在这种情形下要么直接偏向国王，要么就是不表态。

七名议员从1629年议会休会后被关押，一直到1640年重开议会的时候才翻案。下议院谴责了那些惩处这七人和反对议会特权的法律，并向他们七人作了赔偿。但此时议员霍尔斯已经越狱成功，艾略特已经死在狱中，瓦伦丁于1640年被释放，还有一些人不知道结果，历史上没有记录。

从这个事件可以看出，法官在与国王的斗争中所起的作用非常有限，并且议会已经开始越过法院，直接和国王展开斗争。

（4）船费案

1634年，国王决定建立一支海军，表面上的理由是为了保护贸易，但背后的理由是为了要钱，查理一世以此为借口开始征收船费。他颁布了一道令状，要求各港口提供装备齐全的船只，否则以金钱代偿。这个理由听起来没有问题，看似是为了维护国家利益和公共利益，但其实大多数人根本没有船只可提供，那就只能交钱相抵。

在这之后国王又颁布了第二道令状，征收船费的范围，不仅扩展至海港和近海各郡，而且扩展到内陆各郡，内陆是从来不造船的，所以这项令状就是变相向内陆各郡征收船费，让船费永久化，变成一个固定的税种。

到 1636 年的时候，国王又颁布了第三道船费令状，此时即便是对国王政策最宽容的评论家，也会认为所谓船费看起来马上要变成一项永久性的税种。

汉普登因为拒绝支付船费而被起诉，这个案件的实质和上述五骑士案是一样的，都是涉及以公共利益为目的的国王的自由裁量权范围。评论者认为，船费案最终埋葬了法官的声誉，因为 12 位法官中，有 7 位支持国王，其他 5 位异议法官支持汉普登。但实际上一个更细节的事实是什么呢？ 12 位法官中有 9 位明确认为，船费是对臣民的一项正当收费。第 10 名法官没有对该问题表态，认为这只是一个技术上的问题，所以这些法官还是站在王权主义的立场上。

在这个案件中，有两名法官很出名，一名叫伯克利勋爵，一名叫芬奇勋爵。伯克利勋爵认为：我完全否认这一项政策，法律中根本没有这种限制国王的政策，法律本身就是国王最古老和最可靠的仆人。对伯克利来说，国王和法律是一体的。芬奇给出的意见，更是让议会主义者感到震惊。所以这个案件中，法官站在了国王这一边。

这个案件的结果是怎样的？到1640年，查理一世因为议员们的反对，极不情愿地重新召集议会。1641年，议会通过了一项法案，宣布国王诉汉普登案的判决无效，议会把船费案的判决推翻了。那两个表现最突出的法官，伯克利和芬奇受到弹劾，也就是受到议会的审判。

辉格式的历史叙述，塑造了一个维护个人权利和普通法正义的法院形象，但事实上，法院并非完全如此。以上案例就是普通法在国王与议会斗争中的各种失败的记录，有些看起来很成功，但实际上没有在实践中发挥作用。因为普通法在斗争中失败，议会开始发挥作用，在这一过程中，议会确立了向政府问责的制度。往后的发展就是议会纠弊的过程。单凭法官的力量不足以限制王权，历史已经证明：司法机关确实“既无钱，又无剑”。

二、议会的胜利及问责制的确立

1. 议会的纠弊

1641年议会重启之后，议会掌握了两个很重要的手段和武器来对抗王权，一个是弹劾，一个是立法。除此之外，英国社会当时形成了一种公开声讨国王的氛围，并且这种声讨不仅是口头上的，而且还有人专门写成小册子。小册子多是论战性的文字，它的传播效果有点类似于今天的公众号文章，不像纯学术文章那样艰涩难懂，具有较强的煽动性和鼓舞性。有一个叫亨利·帕克的人，写了一本名叫《浅谈船费案》的政论文章，核心主张并不是君主特权应受普通法的控制，而是一种更有抱负的主张，他说特权的存在，让每个人变成了奴隶。帕克是有针对性的：一是控制军队的特权，二是立法否决权。在当时尖锐对立的社会氛围中，这种话非常具有煽动性。

1642 年，议会发布了一个重要的宪法性文件《十九条建议》，这个文件在宪法史作品中似乎很少有人提到，但实际上有助于理解政治问责问题。它非常明确地主张国王的特权应受到议会的限制，核心思想是要明确一种责任。《十九条建议》出台的最大意义在于，使得整个议员贵族们以及英国公众开始讨论这件事，并且开始认为由议会限制王权是正确的做法，国王的大臣应该向议会负责。

随后，国王查理一世作出了回应——《对〈十九条建议〉的答复》（以下简称《答复》），该文件的核心内容是主张建立一个由国王、上院和下院三方组成的混合宪制。此时内战已经在酝酿之中了，所以国王的《答复》在某种意义上是一种妥协。

《答复》发布之后，帕克又对此作了一个评论，里面有这样一段话：

> 如果特权……对混合政体的运作的确很关键，那么我们就绝不能说英格兰是一个自由的国家。否决权不仅攫取了个体臣民的自由，而且也剥夺了作为整体的人民的自由。它把英格兰人从自由的人民变为奴隶。①

"把英格兰人从自由的人民变为奴隶"，这是一句极具煽动性的

---

① Q. Skinner, *Classical Liberty, Renaissance Translation and the English Civil War*, in Skinner, *Visons of Politics, volume II: Renaissance Virtues*, Cambridge University Press, 2002, at 335；转引自《我们的共和宪法》，第 121 页。

口号。其实在查理一世《答复》宣称要建立的混合宪制，包含以下两层含义：第一，混合宪制由三方共同治理，不是之前的国王独治；第二，国王还保留了自己的立法否决权。立法否决权在今天，国王依然形式上享有，只不过因惯例上的限制，该否决权不能实际行使，而不能实际行使的历史动因，就是这里讲到的，在几个世纪以前，议会在反对君主特权的过程中就已经确立了，并且是通过血与火的斗争确立起来的，一直延续到今天。

2. 内战开始

内战真正开始于 1642 年 8 月，查理一世在诺丁汉竖起军旗，标志着敌对状态的正式开始，最后查理一世失败了。英国进入历史上短暂的共和时期，克伦威尔上台执政，宣称自己不是国王，而是护国公，但实际上他的统治相较于国王的统治，有过之而无不及。1658 年克伦威尔去世之后，1660 年查理二世复辟。为什么会复辟？其实也好理解。克伦威尔的残暴统治，让英国人觉得没有国王似乎更恐怖。因此，不是王权的存在本身有问题，而是王权应当如何行使的问题。

查理二世复位的时候，实际上做了一些妥协。所谓妥协，就是对于议会和国王之间的冲突，双方达成了一种暂时的解决方案，这种方案如果能够维持的话，也许就不会有光荣革命了，当然这只是一种假设。但问题在于，查理二世没有子嗣，所以查理二世去世之后，王位传给了他的弟弟詹姆斯二世，而詹姆斯二世是一个天主教徒，他的第二任妻子也是一个天主教徒，他们的直系继承人必然也是天主教徒，英国将世世代代处于天主教徒的统治之下。人民通过斗争好不容易完成了清教徒革命，如果最终还要落入天主教的统治之下的话，这是让人无法接受的，之前的斗争也变得毫无意义。

这个时候就有各种潜在的矛盾，在国家的最高统治不确定时，会产生各种担忧，会出现各种谣言。1666 年的大火给伦敦造成了巨大的破坏，人们把它归咎于天主教徒，尽管官方的说法是一场意外事故，并且很可能它真的就是一场意外事故，但是真相已经不重要了，关键是民众相信就是天主教徒干的。

3. 所谓光荣革命

这个时候潜在的矛盾一触即发，在复辟之后，光荣革命发生之前，还发生了一系列事情。

第一件事情，就是发生了舆论斗争。詹姆斯二世是一个旗帜鲜明的王权神授论者，他继位之后为了维护自己的统治，做的第一件事情就是策划了一本书对此进行宣传，书名叫《父权制》，由费尔默神父编写，为君权神授和自己的统治提供了理论论证。《父权制》发布之后遭到了激烈的批评，最著名的就是约翰·洛克的《政府论》(上下篇)，《政府论》上篇就是驳斥父权制的。

第二件事情，也是光荣革命真正的导火索，詹姆斯二世的王后生下了一名男婴，这位男婴是王位的继承人，这就意味着英国可能永远处在天主教的统治之下，这个时候的舆论斗争非常激烈。这件事情，让贵族们觉得已经到了矛盾的临界点，于是他们邀请王室的亲戚威廉和玛丽来担任英国国王。威廉和玛丽是公开的清教徒，他为了表示自己诚意，也发布了一个“承诺”，颁布了《宣言》，核心内容就是后来的《权利法案》①。

比如，在议会内的演说及辩论之自由，或议会内各项程序，在议会外不受法院及其他任何机关的质问。《权利法案》就是英国宪法，只不过只是一部分。《权利法案》对英国宪法的意义十分重大，《权利法案》是真实的，是起作用的，是解决实际问题的。

4. 君主统治，非因神权，仅因议会同意

前文讲到，1701 年的《王位继承法》实际上是对《权利法案》第 13 条的补充，因为《权利法案》本身没有对王位继承作出规定。《王位继承法》中规定，若威廉、玛丽及玛丽的妹妹安妮死后没有后代，王位应传给汉诺威王室，有意思的是，法律规定的情况后来真的发生了，安妮女王在 1714 年去世后没有子嗣，根据《王位继承法》的规定，詹姆斯二世之祖父詹姆斯一世的外孙女索菲亚的儿子汉诺威选帝侯路德维希继位，称乔治一世，汉诺威王朝由此开始。除此之外，《王位继承法》还有什么效果呢？依据该法的规定，王位传给汉诺威王室，这成功绕过了至少 75 个人，他们全都比汉诺威王室更有资格继承王位，唯一区别就在于，这 75 个人是天主教徒。

所以，英国的法律并不像我们通常所理解的那样，是对王权的完全限制。不，英国法律缺乏这种“完全性”或“全面性”。相反，每一部法律都是非常具有针对性的，遇到一个问题解决一个问题。这给我们一个很大的启示，在研习英国法的判例、制度等具体内容

① 参见本书第八章中“王权统治的条件”。

的时候，应思考某个制度或规则的确立，有没有实际要解决的问题，问题找准了，规则或制度才能得到真正的理解。

以上就是议会获得控制国王权力的过程。总的来看，最终效果是：权力始于君主，但只因议会希望，它才继续属于君主。也就是说，君主依然可以行使各种各样的特权，但前提是得到议会的同意。这意味着，实际行使国王权力的大臣代国王行使各项权力之前，也应当得到议会的同意。一方面，成为大臣，必须得到议会的支持；另一方面，“法无授权不可为”，行政行为需要得到议会法的授权。

本章中，之所以花大量篇幅讲述17世纪的斗争以及《权利法案》的意义，是因为英国宪法的深层逻辑，或者具体一点，今天的议会问责制，其历史根源在于17世纪。君主权力非因神权，而是议会的同意，这是17世纪斗争的直接效果。议会同意之后君主才能统治，才能够征税，才能够停止法律。

这对政府权力的限制意味着什么？在17世纪激烈冲突的背景下，法院并没有表现得独立与公正，坚决维护公民个体权利。它没有这么大的力量。今天，实际行使国王的绝大部分权力，甚至可以说所有权力的，都是国王的大臣，即便是君主特权，实际也是大臣行使的，只不过有些特权涉及君主个人，比如，立法御准、任命首相等。

从这个角度，政治问责制就好理解了。正是从光荣革命所确立的基本规则中发展起来的：国王的政府若要继续执政，只有在继续得到议会多数支持的情况下才有可能。这一规则，同时巩固了17世纪斗争的两个成果：英国是国王在统治——大臣是国王的大臣；王权统治的前提，是议会的同意——大臣是由议会选任的。可见，如果没有大臣对议会的负责制，如果没有这一规则，国王与议会之间岂不是又要回到 17 世纪的冲突中去?

三、政治问责的运行

1. 问责与负责

理解问责与负责，对理解英国宪法非常重要。大臣问责，即大臣被问责，大臣要就政府的作为向议会作出交代。大臣负责，是对以大臣名义的作为负个人责任，即使自己并不知情；如内政大臣是第一责任人，即便下属的某个官员、某个公务员作出的行为，内政大臣并不知晓，他也要负责。大臣在必要时必须辞职。“必要时”隐含的意思是，不能一有事就辞职，是在“必要时”才辞职。不能把“大臣责任制”误解为就是“辞职”。辞职是非常严重的也是最终的后果。

贝尔福首相（1902—1905）曾说，民主就是“用解释来治理的制度”。“用解释来治理”，意思是即使政府最后按照自己的方式来，政府依然必须在议会为自己作出解释并承担问责。即便政府被质疑、被批评、被谴责，并且最后还是维持了自己的决定，但有一件事是必须做的，那就是政府必须为自己在议会的行为作出解释，并承担问责。

accountability 与中文“问责”不同，中文“问责”是指已经有后果让其承担责任，重在“责”，但英语 accountability 强调解释的过程，重在“问”。有问就有答。答的过程就是解释的过程。在一问一答的过程中，被问的一方不知不觉间就接受了监督。这种解释的意义需要慢慢去体会，需要解释本身就是在接受制约。政府的每一项立法、每一次调查过程中，都必须在议会中接受各种公开质疑，然后作出各种答复和解释，这个过程本身就是一种对政府行为的控制。

问答、辩论、审议等，这一过程本身就是有意义的。对政府而言，在一件事情被拿出来讨论、解释之前，必须要考虑一个结果，如果政府提不出证据，没有很好的理由，那么首先在议会之中就是无法通过的。其次，它也无法面对公众，解释是有后续的，政府的所有作为都要能够解释得通，都要能提出证据和说明理由。当政府解释不通的时候，议会的后座议员就可能抓住把柄启动调查，如果启动调查后，还解释不通，就可能发动最严重的不信任动议，不信任动议一旦通过，政府就要下台。因此，政府大臣不会草率地对待解释这件事情。政治问责的力量就在于，要求政府作出解释与说明，本身就是对行政权的一种制约。

2. 司法问责

法院对政府的部分行为进行司法审查，由于原告资格的问题，以及只能针对某些机构提出申请，加之判决的执行问题，都导致司法审查只能是问责机制的一部分。法院的作用是有限的，法院不可能解决一切。英国宪法有部分并没有法律化，对王权的限制并未通过法律的途径进行，或者反过来说，宪法通过法律对王权的限制是有限的。对王权的限制要通过民主的机制，通过议会、政治方式的限制，如果认为仅仅依靠“高霍尔本和泰晤士河之间的几条狭窄街道”的法官的判词就能够限制王权，这是很荒谬的。

总而言之，司法审查作为问责的一种手段，只是更大问责体系中的一部分，不能认为司法审查可以完全控制政府，这是不可能做到的。司法审查是相当重要的，但司法审查无法解决一切。

3. 大臣责任

关于大臣责任，议会上下两院于 1997 年 3 月通过的一份决议表达得非常明确，清晰地界定了王国政府大臣的行为准则。

> 一、大臣必须坚守集体责任原则。
>
> 二、就自己部门和行政机构（Next Steps Agencies）的政策、决定和行为，大臣皆有义务向议会说明，以及于议会要求时做出说明。
>
> 三、大臣必须将此视为第一要务：向议会提供精确而真实的信息，如有无心之过应于第一时间进行修正。刻意误导议会的大臣，应向首相提出辞呈。
>
> 四、大臣必须尽可能对议会和大众开诚布公，拒绝提供信息的行为，只能以若公开将危及公共利益为由。至于何谓公共利益，应由相关法令及《政府信息公开准则》决定。
>
> 五、同样，文官在代表大臣出席并遵照其命令向议会各委员会作证时，大臣应要求其遵照文官守则所规定的文官义务与责任，尽可能提供精准、真实与充分的信息以协助议会。①

---

① 引自［英］罗伯特·罗杰斯、罗德里·沃尔斯特：《议会如何工作》，谷意译，广西师范大学出版社 2017 年版，第 98 页。

这份决议把大臣责任概括得很清楚，可以看成是有关大臣责任的宪法惯例的一份书面证明。下面简单解释一下集体责任和个人责任。

集体责任

集体责任的含义是：

第一，所有大臣都必须支持政府的政策，并为政府的措施负责，即使私下对政府或某些措施有异议，也必须公开支持政府。作为政府大臣，必须在任何时候都支持和捍卫政府在议会中的政策。大臣一旦公开表示反对，通常接下来便会辞职。

第二，首相和某个大臣可以在某些事情上达成书面协议，允许保留不同意见；这是例外情况。注意，必须是事先的正式同意，比如说在某些很有争议的问题上，允许某大臣表达不同意见，但这种做法是一个例外。

集体责任这种规则，或者这种惯例是怎么形成的？

简单讲，有两个原因。一个是早期原因，集体责任源于18世纪早期。1714年继位的乔治一世据说不会说英语，因此一般不参加内阁会议，不参加内阁会议意味深长。当内阁大臣的决定和国王本人的意见不一致时，在王权影响力较大的时候，国王可能会解雇某个持相反意见的大臣，因此为了防止国王解雇某个大臣，政府就说这是“集体决策”，而且要求每个大臣都不能说这个主张是谁的，国王如果不同意，就只能把整个政府都解散了，但实际上国王是做不到的。所以，早期集体责任的出现是为了防止国王对政府政策的干预。

这是早期原因，第二个原因是它的现代功能。集体责任制，是为了能够让议会准确地知道政府在某个问题上的立场和观点是什么，因为对某一政府政策，一定会有不同的意见，如果意见众多，争争吵吵，议会就不能够清晰地把握政府到底在干什么。前面讲过，一项规则的出现，一定都是为了解决某个容易出现争议的问题。这里的问题就是：政府大臣众多，意见不一，在具体政策上往往立场不明，立场不明就会导致议会没办法进行具体的监督。集体负责制出现后，规则明晰了：政府只有一个立场，议会要么支持，要么反对；要询问或调查的时候，询问的问题有针对性，调查的对象很明确。

个人责任

个人责任是就自己部门和行政机构的政策、决定和行为，大臣个人向议会负责。就是说，这种负责除了要向议会作出解释之外，还要就政策的质量和效果向议会负责。这是对某一个部门或者某一个具体的大臣而言的，但这种负责的方式是政治性的，而非法律的，也无关乎诉讼和损害赔偿，他要负责的方式是解释和道歉，在严重的情况下必须辞职。刚刚提到，解释道歉是很重要的。某一个议题，如果解释得让议会比较满意，便可能直接通过，如果解释不了或者被抓住把柄了，则需要道歉，一个频繁道歉的大臣，政治前途是堪忧的；议会盯着，怎么能允许你不断犯错？严重时还必须辞职。但要注意，不管是集体责任还是个人责任，请不要一说到责任就是辞职，辞职只是最后一招，这是最严重的一个防范措施。之所以经常有这种联想，根本原因是对问责的理解不够深入。

4. 具体的问责机制

前文说到，法院不能完全限制政府，自然就存在其他问责机制，比如行政裁判庭、调查、议会行政监察、议会问责。

在裁判庭中，一些法定权利可以上诉，每年大约都有 60 万个案件，存在大规模的行政司法；调查主要是指公众关注的事件，如格伦费尔大楼火灾、历史上的虐童事件等；议会行政监察主要关注“不当行政”，多把目光聚焦于公共机构、卫生服务、地方当局；而议会问责主要指的是大臣问责、书面或者口头质询、专门委员会。

行政裁判庭

行政裁判庭属于行政司法，所谓行政司法，又被称为“行政正义”。它和普通的司法之间，是有很大区别的。大部分涉及福利领域，分别设有负责国民保险、养老金、住房、教育、国民健康保险制度和移民的裁判庭。

裁判所的审判，不受上级机关的政治和行政干预，具有准司法性，准司法性类似于行政复议，但又有不同。行政裁判庭还有个特点，它比普通法院的审理成本更低、更快速、更专业化。专业化是就行政治理而言，比普通法院更专业、更懂交通、更懂医疗、更懂税收等。行政裁判庭可以作出判决，其运作方式是《裁判所调查法》决定的，如果公民对政府作出的并无直接法律相关性的行政行为（例如，对财产让渡、养老金或执照作出否决等）不满，最适宜的方式便是向行政裁判庭起诉。

议会行政监察专员的调查

议会行政监察专员的调查，也是英国的一种特殊制度。议会行政监察专员，被认为是英国自己的巡视官（Ombudsman，一项发端于瑞典的制度）；由大法官提名，并由君主委托，享有与高等法院法官相近的独立地位。目前有一支 55 人的监察队伍，其中大多来自文官系统。它主要是针对所谓的“不当行政”，调查受到中央政府“弊政造成的不正义”，如腐败、偏见，不公正的歧视，过度严厉，在权利方面误导公民，未能告知公民其拥有的权利或未对决策原因作出解释等，并为因这种弊政而受到侵害的公民个人与团体提供必要的救济。

该项制度的弊端在于，议会行政监察专员的强制执行力不足，最终的影响力只能是将其弊政公之于众，因此对公共行政并未产生预期中的影响。

议会内的三大机制

议会问责机制其实是比较复杂的，不详细论说，不足以了解其真意，限于篇幅，下面仅作简单概括。

第一种是辩论。议会中的大部分事项，无论立法还是其他事务，都是以辩论形式进行的。这是一个总结性的看法，重点在于理解其中的目的是什么。大部分的辩论内容，都是在铺陈自己政治上的观点，当然也有质疑、说明的情况，有时还涉及实情的揭露。

第二种是质询。这是 19 世纪才发展出来的，但当时只是口头的质询，书面质询 1902 年才采用。书面质询是为了获取信息或者要求行动，口头质询变得越来越有表演的味道，口头质询因而没有书面质询的力量强。需要注意的是，99% 以上的质询都是由后座议员向大臣提出的。前面讲议会控制和监督政府如何可能的时候，提到过这个问题。因为议会中政府占多数席位，那么由本党后座议员提出质询这个程序，就构成了要求政府说明——政治问责——的一部分。

最后一个方式是专门委员会。英国议会有很多专门委员会，大多数是常设机构，根据议事规则而定，因此不会因为会期结束和议会换届而消失。还有，专门委员会大多是跨党派的机构，目的是为了摒弃党派之间的分歧。其书面质询、意见调查，都会有很重要的作用。专门委员会问责是议会问责的重要组成部分。

四、本章小结

在英国，经过几百年的演进，法官的判决逐渐形成了普通法，但是普通法不是一直居于不败地位，实际上并不能构成对王权的完全的限制。

在17世纪，法官在宪法建构过程中所发挥的作用实际上是有限的，因为普通法在斗争中失败了，议会便开始发挥作用。在这一过程中，议会确立了向政府问责的制度。始终要思考的是，当下英国宪法学界，关于政治宪法论和法律宪法论的争议，其焦点何在？法律宪法论者，或者普通法宪法论者，强调的是通过法院来限制政府，从而构建起来一套规则，叫普通法宪法。相较之下，政治宪法论者则强调，应该把对政府的控制和监督交给政治，也就是本章所讲的那些问责手段。

其实政治宪法和法律宪法不是非此即彼的关系，不是谁把谁排挤掉的问题，而是互补关系。宪法的核心是对权力的限制，但是怎么限制、以什么方式限制，每个国家是不一样的，表现方式也是不一样的。法律宪法倾向于法律控制。法院能够起到什么程度的作用？何时采取法律问责更好？法院应该何时以及如何干预？这些都是切实存在的问题。政治宪法倾向于政治控制。可是，什么问题应被视为政治问题？什么时候可以断定法院的手伸太长了？如果政治控制不起作用又怎么办？因此，把握好政治宪法和法律宪法之间的界限就很重要了。总之，二者恰当的平衡点在哪？多少司法审查才算多？这是没有抽象答案的，需要结合具体问题进行分析。但不管怎样，二者的关系是值得重视的。

第四篇　权利

第十三章 《1998年人权法》：半部成文宪法？

我希望我们不要把公约列入我们的法律，成为我们法律的组成部分。主要原因之一是它的形成方式与我们所习惯的任何方式都不同。它只对原则和例外情况作了概括性的规定，因为具有高度的概括性，所以很容易引起无休止的争论。

——丹宁勋爵

《1998年人权法》是新英国宪法的基石，用大法官大臣金斯兰勋爵的话说，法案送交上院之时，就是“我们宪法生命中的制宪时刻”。由此，我们相当于有了一个权利法案。事实上，这让我们对权利的理解发生了革命性变化。

——波格丹诺

一、为什么需要人权法？

本章的内容是《1998年人权法》。要想真正地了解人权法，就必须先了解其诞生的历史。我们从成文宪法的目的开始。

一部成文宪法有三个主要目的。

第一，明确追求目标，提供奋斗方向，即这个国家的宪法是干什么的，制定这个宪法的目的是什么。如《美国宪法》序言规定：“我们美国人民，为了建立一个更完美的联邦，树立正义，确保安宁，筹设国防，增进全民福利，并谋吾人及子子孙孙永享自由之幸福，特制定美利坚合众国宪法。”①

第二，规定政府组织图，明确部门职责及关系，相当于宪法中的国家机构部分。宪法一词的传统含义，就是指国家的结构。所有社会都需要一套权威的机构运行图，这也是宪法的传统功能，这样的功能体现在成文宪法之中。在英国，政府组织图没有这么清晰，它是以一种惯例的方式存在的。

第三，保障个人权利，免受政府及多数人的压制，相当于宪法中的基本权利部分。在美国，宪法修正案的前十条被称为美国的《权利法案》，内容也是关于公民的基本权利的。美国 1791 年《权利法案》和英国 1689 年《权利法案》，虽然都是“权利法案”，但是，英国的《权利法案》实际上是一部法律，是一部议会法，虽然名为“权利法案”，但不是一部系统性地宣告公民基本权利的法律，而美国的《权利法案》相对就比较系统。

之所以说国家机构是传统的，而权利保护是现代的，并不是说在古代或中世纪就不存在公民权利的保护问题，而是说到了 18 世纪末 19 世纪初，才出现保护公民个人权利，以对抗“多数暴政”这个主题。多数决是人民主权国家的一种政治决策方式，国家的权力是归人民掌握的，即国家的一切权力属于人民，人民选出代表，

①《美国宪法及其修正案》，朱曾汶译，商务印书馆 2014 年版，第 1 页。

代表通过多数决的方式来制定法律，但19世纪的自由主义思想家考虑到这样一个主题——多数人的暴政，就是少数人会在这种多数决的方式下被多数人压制，这个时候就出现了个人权利保护问题。

《美国宪法》第一修正案规定，公民享有言论自由，国会不得制定侵犯言论自由的法律。隐含的意思是，如果出现了这样的法律，就可以宣告国会立法与宪法相抵触而无效——谁来宣告？宪法本身并没有明确表明这一点。成文宪法国家把公民基本权利的内容写进宪法，然后通过一定的机制去实施，但是，英国没有成文宪法，个人权利又如何保护呢？

1. 国内理由

（1）普通法路径的困境

传统上，英国公民的权利和自由，一直是由普通法加以保护的，同时，议会还扮演着看守人的角色，时刻提防政府的滥权行为。在上文“法治”一章中，我们已经认识到，公民享有广泛的自由，所谓“法无禁止即自由”，这一点得到经典判决的支持和阐明。[①] 但是，到了20世纪之后，权利保护的普通法路径也遇到了困境。

一方面，“法无禁止即自由”，这一规则似乎也可以适用于政府。在“马隆诉伦敦警察局长案”（1979年）中，未经法律明确授权的电话窃听行为被曝光。但是，马隆对政府窃听行为的诉讼却没有成功，因为他没有指出他的哪项法律权利是政府不得侵犯的——

① 典型案件，即著名的“安提克诉卡灵顿案”（1765年）和“贝蒂诉吉尔班克斯案”（1882年）。前者涉及大臣的搜查权，后者涉及集会自由。

政府的窃听行为，既没有干涉法律所承认的财产权，也不构成对有关秘密信息和隐私权的侵犯。这个案件，现在听起来是奇怪的，但它却是普通法路径的产物。

另一方面，自由特别容易受到侵蚀。普通法仅仅承认，臣民可以自由地做任何并非不合法的事情，但是却无法防止立法机关制定新的措施。本来，在传统上，议会不会侵犯人权。因为人民代表制定的法律，不会反过来侵犯人民自己的权利。

事实上，“在 20 世纪上半叶，英国少数民族的生存状况要远远好于，比如美国南部各州的非裔美国人，他们还得承受种族隔离和私刑……英国仍然是发达的民主国家中少数几个严重依赖立法机关保护人权的国家之一”。[①] 但是，随着议会政党体制的发展，政府逐渐取得了对下院的控制。也就是说，政府的法案很容易获得议会的通过。有一个数据可以说明其中的问题。整个 20 世纪 80 年代，只有一个法案在议会二读时未获通过，这对于拥有议会多数席位的政府，是很罕见的情形。其结果就是，“自由地做任何并非不合法的事情”的范围被大大缩小了。

（2）个人权利保护的需求增加

在“二战”后，英国社会产生了一种需求，认为应该把公民享有哪些权利列举出来、固定下来，把它们法律化或成文宪法化。之所以如此，有三个原因。

第一，教育水平提高，对个人权利保护提出更高诉求。

---

① [英] 韦农·波格丹诺：《新英国宪法》，李松锋译，法律出版社 2014 年版，第 70 页。

教育水平的提高和经济社会水平的发展是有关联的，教育水平的提高，意味着这个国家的经济发展状况、社会生活水准、公民的需求也提高了。比如，以前人们不会觉得变性人和同性恋等问题会成为一个法律问题。但是，现在这样的问题已经上升到宪法层面。

第二，生活多样化、道德共识减少。

有的人不能接受变性人，但有的人会觉得，这只是他们基本的生存需要，从心理上或生理上都是需要保护的，与此相类似的问题还有安乐死、堕胎、国家安全、移民，等等。

第三，跨文化、多宗教的国家，少数人权利保护成为问题。

现代国家文化多元，各种文化之间相互融合，形成了跨文化的现象。不同群体的人，有着不同的生活、饮食习惯，不同的价值观、家庭观念。这样，对少数人群的保护就成为一个问题，尤其是那些在社会中可能受人歧视或抵制的少数群体。这样一些少数群体，在民主决策的过程中，很容易被压制。

（3）不再是同质性社会

现代社会不再是一个同质性社会，这是一个社会学概念。在当代，从一般意义上讲，舆论背后反映的是这个社会不再同质化，因为在不同的地方，经济状况不同，公民的诉求、阶层、受教育程度也不一样。这就是典型的非同质化社会。

在 19 世纪，如戴雪所说，正是民意的力量赋予宪法以生命力。但当时的民意，更多的是精英意见，包括政治精英、法律精英、经济精英等，而非真正意义上的公众意见，公众意见的力量是比较弱小的。所以，那个时候的精英意见相对来说比较容易达成一致。但是，今天的情况却有所不同。

例如，2001年的《反恐、犯罪与安全法》明确规定：对有恐怖嫌疑的非英国公民，只要内政部有合理理由怀疑他们威胁国家安全，就可以对其进行无限期拘留。这个规定在大多数人看来是合理的，是为了维护国家的安全。议会通过这个法律的时候只用了很短的时间，下院只讨论了16个小时，上院讨论的时间则更短，仅仅1个月之后英王就批准了该法律。该法律出台后，那些在英国的非英国公民如果被怀疑威胁国家安全，可能会被无限期拘留，这显然是有问题的，因为非英国公民对英国公民来说本来就是少数群体，再加上有恐怖主义嫌疑，就会存在大量的权利保护漏洞，后来就发生了一个案件——2004年的“贝尔马什监狱案”。

下一章将详细讨论这一案件。这里只是为了表明，大多数人能够达成一致的立法，对少数人可能非常不公平，所以最早倡导《权利法案》的斯卡曼勋爵就说：在一些非常时期，比如疫情时期、战争时期、反恐时期等，如果社会充满一种恐惧和偏见，议会就很容易出台充满恐惧和偏见的法律。这个时候，生活在其中的少数人就麻烦了，权利保护就变成了一件棘手的事情。

2. 国际理由

英国在1951年加入《欧洲人权公约》时，正是“二战”后欧洲普遍加强人权保护的时期。在这一时期，英国实际上发挥着舆论主导作用：《欧洲人权公约》“1950年在罗马起草和签署，旨在确保欧洲大陆不再遭受纳粹主义和国家社会主义的厄运”[①]。起草该公约

① ［英］韦农·波格丹诺：《新英国宪法》，李松锋译，法律出版社2014年版，第73页。

的本意，主要是防止法西斯主义和国家社会主义的复活。用波格丹诺的话说，少数人无法有效利用政党政治和压力集团这种民主机制。如果受到不公正对待的受害人总是受欢迎的人或特别正派的人，那么生活反倒非常简单。①

作为公约的倡导者、主导者，当时的英国首相丘吉尔强烈支持加入公约，甚至认为靠法治有助于欧洲的统一。加入公约的成员国，不仅需要兑现加入时的承诺，还需要遵守国际法上的义务，将公约转化为国内法，但是《欧洲人权公约》的各成员国，除了英国和爱尔兰，都决定将公约纳入本国法，而英国却没有这样做，这样就会导致一些问题。

在 1966 年，英国政府就允许个人向斯特拉斯堡提出诉愿，但是，《欧洲人权公约》却不能在英国法院中得到执行，这样就有一个实际的麻烦，即胜诉的公民还需要长途跋涉到斯特拉斯堡去执行其权利，这非常耗时且费用高昂。这就有点说不通了，英国政府愿意受公约的约束，但是又不允许英国法院来执行公约权利。所以，人权法的一个主要功能，就是使英国人能在自己国家的法院执行他们的权利，使自己的法官能在国内适用《欧洲人权公约》。

这个主张还受到国际上另外两个权利法案的推动。一个是 1982 年《加拿大权利和自由宪章》和 1990 年《新西兰权利法案法》。由此出现了一种所谓权利保护的“新模式”。②

---

① [英] 韦农·波格丹诺：《新英国宪法》，李松锋译，法律出版社 2014 年版，第 89 页。

② 朱学磊：《弱司法审查制度的权利保障功能比较研究》，中国社会科学出版社 2021 年版，第 1—2 页。

3.《1998 年人权法》的诞生

1997 年工党上台之后，为了解决上述问题和兑现加入公约时的承诺，英国开始酝酿《人权法》。他们宣称要把国际法上的权利带回国内。所以，《人权法》并没有创设新权利，只是承认《欧洲人权公约》保障的权利，也是英国政府长期承诺要落实的权利，在英国法院得到保障。[①] 换言之，《1998 年人权法》的目的，就是把“公约权利”纳入国内法律体系，然后通过英国的法律体系、宪法体系来运行，从而保障公民的权利。

二、人权法规定了什么?

1.《1998 年人权法》内容概要

要了解《1998 年人权法》规定了什么，最直接的方式当然是读法条。下面简要概括一下它的核心内容，以便下文及下章的学习。

第 1 条　公约权利

规定《欧洲人权公约》中哪些权利被纳入《1998 年人权法》。

第 2 条　公约权利的解释

规定法院或裁判庭在裁决与公约权利相关的问题时，应考

---

① [英] 韦农 · 波格丹诺:《新英国宪法》，李松锋译，法律出版社 2014 年版，第 75 页。

虑斯特拉斯堡（欧洲法院、人权委员会和部长理事会）的有关决定。

第3条　立法的解释

要求尽可能以与公约权利相一致的方式解释立法。这适用于所有立法，无论何时颁布。

第4条　不一致宣告

允许高级法院在发现主要立法与公约权利不一致时，作出不一致宣告。这种宣告不影响立法的持续有效性和实施。

第5条　君主介入的权力

规定当法院考虑作出不一致宣告时，君主有权获得通知并作为一方当事人参加诉讼。这将使大臣能够向法院提供可能与所涉问题有关的资料。

第6条　公共机构的行为

界定公共机构的含义，并规定公共机构实施的与公约权利不一致的行为，是违法行为，除非主要立法或不可避免地与公约权利不一致的附属立法要求实施如此行为。

第7条　诉讼

受害人可在联合王国法院和裁判庭的法律诉讼中把公约权利引为依据，也可以单独提起诉讼。单独的诉讼程序必须在被控行为发生之日起一年（或更短时间）内提起，或在法院或裁判庭综合各种情况后确认的更长的合理期限内提起。较短的时间也可以适用。例如，如果诉讼是通过司法审查提起的，那么将适用较短的司法审查时限。

第 8 条　司法救济

法院在其权限范围内，可给予其认为公正和适当的救济。

第 9 条　司法行为

涉及对法院和裁判庭据称与公约权利不一致的行为提出质疑的方法。

第 10 条　采取补救措施的权力

在不一致宣告或欧洲人权法院裁定之后，如果有关大臣认为有充分理由采取行动，他可以命令修改违反公约的立法。

第 11 条　现有人权的保障

明确指出，该法不限制个人根据英国法可能享有的任何现有权利，也不限制个人根据现行法律提起诉讼的权利。

第 12 条　表达自由

载有关于可能侵犯言论自由权的法院或裁判庭命令（强制令）的保障措施。

第 13 条　思想、良心和信仰自由

要求法院特别关注思想、良心和宗教自由权的重要性。

第19条 一致性声明

规定当立法提交上院或下院进行二读时，负责法案的大臣必须作出书面声明，说明他认为该法案与公约权利相一致，或者他无法作出这样的声明，但仍希望议会继续审议该法案。

第21条 解释等

解释性条款，特别界定主要立法和从属立法的含义。

第22条 简称、生效、适用和范围

确保受害人在公共机构提起的诉讼中可以把其公约权利引为依据，即使争议的行为发生在第7条生效之前。

2.《1998年人权法》三要素

《1998年人权法》中有三个制度是值得注意的。

第一，一致性声明（第19条）。

在议会中负责法案的内阁大臣在提交法案时必须公开作出声明，说明法案中的条款是否与公约相一致。为什么这种声明是有用的？一是它要求大臣进行自我审查；二是声明之后相当于作了一个公开承诺，如果后面被法院发现或宣告不一致，就会变成一个公共问题，虽然并不一定导致负责人辞职这么严重的后果，但是可能会导致议会必须修改法律。

第二，对立法的解释（第3条）。

《1998年人权法》要求法院对议会法尽可能地按照与公约相一

致的方式进行解释。当面临一个有可能与人权法相冲突的议会法的时候，法院要做的第一步就是解释——法院通过这种委婉、间接、曲折的方式保护个体权利，实际效果有可能是限制了议会的立法。

第三，不一致宣告（第 4 条）。

如果法院无法作出一致性解释，但又不能宣布议会法无效，就可以走一个中间路线，宣告议会法和所承诺的公约权利不一致。

三、人权法带来了何种影响？

1. 默示废止问题

议会可以制定和废除任何法律，但《1998 年人权法》对议会主权施加了一个限制。

本来，如果法院发现本届议会制定的法律和前届议会制定的法律不一致，但同时法律条款中又没有明确宣告以哪部法律为准，此时就适用默示废止原则，即前法就被后法默示废止了——后法优于前法、新法优于旧法。

默示废止原则本身并不和议会主权相冲突，因为对本届议会而言，什么都可以做，如果发现前法和本届议会制定的法律相冲突，当然就是以现在的议会为准。这里的重点在于，《1998 年人权法》本身是一部议会法，这部法律能否被以后出现的新法默示废止呢？可以明确回答，不能。因为《1998 年人权法》非常重要，也非常特别，所以宪法通说认为，其他法律是不能默示废止《1998 年人权法》的。

> 如果议会想要否定《人权法案》，就必须作出明确表示。因此，在这个意义上，《人权法案》修改了严格的议会主权原则。目前，至少有一件事议会不能做，那就是它不能采取隐含的方式废除《人权法案》……《人权法案》并没有将保护人权的职责从议会转交给法院，也没有让法院成为唯一的人权裁判者。相反，只是……加入了法官的参与。①

虽然不能被默示废止，但是在理论上也可以被明示废止，因为《1998年人权法》只是一部普通的宪法性法律，而不是宪法本身，起不到宪法的作用，其制定、修改和废除程序都是按照普通法律来进行的，因此在一定条件下是可以被明示废止的。只有这样，我们才能理解“人权法存废之争”。

2. 司法权的增加

人权法赋予法院更多的宪法作用，明确规定法院能够解释法律，又明确规定，如果议会立法和公约权利不一致的时候，法院可以宣告其与公约权利不一致。可见，法院的司法权增加了，以至于前大法官金斯兰认为，《1998年人权法》是英国宪法生活中的立宪时刻。

何以至此？白芝浩在讲英国宪法的时候，没有专门论述司法的章节。这是英国宪法作为“政治宪法”的一个表征。

---

①［英］韦农·波格丹诺：《新英国宪法》，李松锋译，法律出版社2014年版，第76页、77页。引文中的《人权法案》即《1998年人权法》。

> 可能在20世纪60年代之前，讲授英国政制可以不用关注司法，或者说，也不用了解太多法律，而在今天，这几乎是不可能了。①

但是，随着政治宪法的法律化，法院发挥着越来越大的作用，这个时候讲英国宪法，不讲司法问题是不可能的，所以在这个意义上，司法的作用、司法权的行使以及司法制度问题，肯定是一个非常典型的、重要的宪法问题。

对英国宪法的传统理解，基于戴雪

> 英国宪法之中，不存在外国立宪主义者所珍视的各种权利宣告或者规定。而且，正如你在英国宪法中所发现的，宪法的这些原则，就像一切为司法立法所确立的准则那样，仅仅是对法官判决或附带意见的概括，或者仅仅是对为解决具体冤情而通过的、与司法判决极为类似的制定法的归纳，它们实际上就是上议院上诉法庭所宣告的判决……若非对国家的制度及风俗来一个彻底革命，权利就几乎不可摧毁。②

---

①［英］韦农·波格丹诺：《新英国宪法》，李松锋译，法律出版社2014年版，第80页。

②［英］A.V. 戴雪：《英国宪法研究导论》，何永红译，商务印书馆2022年版，第277—278页、281页。

关于个人权利和宪法原则之间的关系，英国和比利时之类的国家颇为不同，英国宪法建立在法律判决的基础之上，比利时王国宪法则是立法行为的产物。可以通俗地说，英国对个人权利的保护是“只做不说”，即一直在保护，但从未明确宣告出来，这就是 19 世纪的英国法学家特别引以为豪的地方。按照戴雪的看法，比利时这类大陆法系国家就是“只说不做”。当然，这只是一个比较形象的说法，其实从学理上讲是不准确的，也不是没做，只是没有提供相应的途径让权利得到实际的保护。典型的就是法国宪法，不停地更改，保护起来也没那么有力，这就是差别。

所以，比利时王国宪法和英国宪法在这个问题上的差别，可以描述为：

> 在比利时，个人权利从宪法原则中演绎出来，而英国所谓的宪法原则，则是从法院就特定个体权利而作的各个判决中归纳或概括而来。①

《1998 年人权法》出台之后，这种传统的权利保护方式，可以说有很大的改进或变化。

> 在戴雪看来，法治“主要是对行政部门的制衡。这意味着没有法律依据，便不得主张权力，而只有议会才能授权”。故戴雪几乎没有考虑出现冲突的可能性。换言之，戴雪“没有直

---

① ［英］A.V. 戴雪：《英国宪法研究导论》，何永红译，商务印书馆 2022 年版，第 278 页。

面议会本身也可能通过立法侵犯人权”。①

《1998年人权法》带来的直接后果②

《1998年人权法》出台之后，给英国宪法的传统保护方式带来了三个直接的后果。

第一，权利逐渐源自宪法原则（公约权利），而非如戴雪所说，只是法院在判决中的归纳总结。

第二，议会过去可能是人权的有力守护者，而今不再得到信任。传统上，由精英主导的议会在相对同质化的社会里，可以说是权利的守护者；议会是对抗王权的，人们肯定是更信任议会而不是更信任国王。但是，人们逐渐发现，议会本身变得不再那么值得信任了，因为议会本身利益多元、有分歧，如果制定出来的法律反倒对个体权利有压制效果，这个时候就有监督议会、对抗议会的问题。

第三，英国宪法中开始存在某种“高级法”，尽管形式上并非如此，这是一种新颖的基本法观念。“高级法”是法律思想史上的一个概念，可以理解为优位法，就是法律位阶要高于其他法律。到现在为止，英国仍然没有成文宪法，实际上就是没有真正的“高级法”，但是《1998年人权法》赋予“公约权利”以效力，所以可以把《1998年人权法》中的“公约权利”理解成具有优位法的实际作用。这对英国人而言，显然是一种非常新颖的基本法观念。

法官斯泰恩勋爵在2005年做了一次非常有影响的演讲，尽管

① ［英］韦农·波格丹诺：《新英国宪法》，李松锋译，法律出版社2014年版，第81页。

② 对这三个后果，下章结尾处亦有阐述。

这个演讲的权威性不如法官在判决书中的法律意见，但因为他是前法官，在英国法律界具有显赫的地位，所以他的概括能够得到高度的认同。他说，《1998 年人权法》是一个里程碑式的法律。①

3. 议会主权与法治的冲突

法院对议会立法进行解释是一种非常柔和的方式，也是法院一直在做的事情，但是宣告议会立法与公约权利不一致，却是特别新颖的事情。因此从法治的角度来讲，如果法院对公民个体权利的保护和议会本身的看法不一样，那么这两者就开始发生冲突了。

对于这两者的冲突，人权法提供的是一种妥协机制。

人权法本身没有赋予法院直接推翻议会法的权力，提供的只是一种妥协机制。具体方式是，首先让政府大臣事先声明；然后，让法院去解释议会的立法，对法条作一定的扩展、具体化；最后，如果发现立法与公约不一致，在不能推翻立法的情况下，就宣告不一致，之后让议会自己修改。这实际是让内阁、议会和法院在权利保护中都起到了相应的作用。可见，分权和对公民权利的保护，不是抗衡和限制那么简单，其本质上是要求法院、政府和议会都必须关注人权，也是试图为三个机构提供一种对话机制，而不是美国那样的对抗机制。

波格丹诺曾经问过英国法官一个问题：如果法院宣告议会的法律和“公约权利”不一致，而议会不修改怎么办？法官的回答非常

---

①［英］韦农·波格丹诺：《新英国宪法》，李松锋译，法律出版社 2014 年版，第 82 页。

有意思，他说，你这个问题本来就不该问。看起来，法官是在回避问题，但实际上，这个机制要求法官和议会双方都有一种自我限制、互相合作的意识。法院不到万不得已，不要宣告议会立法与“公约权利”不一致，有些问题就留待议会自己去解决，这是“互相合作”；如果法院真的宣告了，议会也要自觉配合，主动修改或者废除和“公约权利”不一致的地方，这就是“自我限制”。

这套机制非常耐人寻味，也是英国宪法非常有意思的地方。表面上是议会最后说了算，但法院在其中却发挥着非常重要的作用。实际上，宪法问题取决于政治家、法官以及议员能否达成共识，如果对于国家的宪法问题、人权保护问题都达不成共识，那一定蕴藏着巨大的宪法危机。

当然，也有评论说，这种妥协机制是乏力的，也就是说它其实不太成功。重点还在于如何理解这种妥协机制，以及这种机制的实际效果。对此，认真研读《1998人权法实施报告》(英国政府于2021年12月发布的官方报告)①，应该是非常有用的。

但无论如何，法院和政府实际上是存在冲突可能的。举几个例子。

《政治避难与移民法案》

2003年12月《政治避难与移民法案》第10条实际上是排除法院对移民庇护裁判所决定的管辖权，也就是排除法院的管辖。这意味着：

① https://www.gov.uk/guidance/independent-human-rights-act-review，2023年6月8日访问。

> 一位失败的政治避难申请者或移民申请者即使认为移民庇护裁判所的决定反复无常、不合理，或适用法律错误，或有违自然公正，也没有救济的途径。①

这实际上是漠视英国法上的基本原则：高等法院通过司法审查对行政决定和裁判所的工作行使监督权，以对不公平决定或错误适用法律的情况提供救济。该规定使得申请政治避难和移民这样的少数群体被驱除出境，遭受打压或酷刑，这是事关生死的问题。像这样典型的人权问题、宪法问题，涉嫌违背《欧洲人权公约》。

这个时候，沃尔夫勋爵（后来的首席大法官）表态了，说：

> 我可以毫不夸张地说，如果这条规定成为法律，将会破坏政府不同部门之间相互尊重的精神，可能将成为争取制定成文宪法的催化剂。②

如果这样的法律出台，议会在制定法律的时候就已经破坏了政府部门之间相互尊重的局面，虽然议会可以制定这样的法律，但是不能排除法院的管辖，法院仍然有资格表态，这才是相互尊重。如果这样的法律出台了，可能会导致一定程度的宪法危机。

---

①［英］韦农·波格丹诺：《新英国宪法》，李松锋译，法律出版社2014年版，第90页。

②《新英国宪法》，第91页。

"阿富汗人劫机案"

2000年，一群阿富汗人劫持一架阿富汗航班逃离塔利班政权，被塔利班作为伊斯兰敌人判处死刑。他们逃到英国申请政治避难，因为受到威胁，没能受到审判，而内政大臣基于安全考虑，不希望这些劫机犯自由地待在英国。但是高等法院却签发了令状，要求内政大臣准予这些阿富汗人六个月可续签地自由待在英国。显然，这是从人权角度考虑的，虽然劫机者是不受欢迎的少数人群，但是这些人仍然有人权，不是说这些人不应该被判处死刑，而是说不能马上剥夺他们申请政治避难的资格，在以后有证据的情况下，仍然可以对他们进行审判，仍然可以把他们驱逐回本国，但是必须给他们充足的时间，所以规定了六个月可续签地自由待在英国。

但是，英国人对这个判决很不满意，媒体铺天盖地地批评法官，认为法院做了不该做的事情。从这个案件中，我们也可以看出，法院的看法和议会的看法是不一致的，这种时候妥协往往就很艰难；在很多问题上，二者的冲突、争论是针锋相对的。

政府和法官的不同立场

政府和法官实际上是持不同立场的。比如对于恐怖分子，因为爱尔兰共和军那个时候的恐怖分子和现代的恐怖主义是不一样的，所以政府认为，对付新型恐怖主义，必须采取新方法，虽然可能侵犯人权。而法官认为：

> 几个世纪以来反复使用和验证的传统原则——人身保护状和无罪推定——在过去已经很好地为英国所用，这时也不应当

放弃。①

可见，政府和法院可能频繁地出现紧张关系。

四、本章小结

《1998 年人权法》诞生的基本背景，除了权利保护的普通法路径存在缺陷，现代生活的多样化、道德共识减少，需要一部非常严肃的、正式的法律来保障并宣告人权之外，还有一个兑现国际承诺的压力。《1998 年人权法》的作用是权利移植，而非创设新权利。

人权法的核心要素有三个：一是大臣声明，二是法律解释，三是不一致宣告。英国法院在合宪性审查过程中，如何避免和议会发生正面冲突？这是一个问题。类似的问题还有，在有冲突的情况下，需要一部比《1998 年人权法》更明确地规定三个机构之间权力分离、公民权利保护的法律吗？换言之，英国需要一部新的《权利法案》吗？②

这个问题，值得继续观察和思考。前面所讲的法官和议会的冲突和对话这个问题，其背后隐藏的是合作和对话的机制。为了深入理解这些问题，需要在后面的案例中进行深化，这样对英式合宪性审查的运作机理就有一个比较充分的认识了。

---

① ［英］韦农·波格丹诺：《新英国宪法》，李松锋译，法律出版社 2014 年版，第 93 页。

② 英国政府确已宣布打算废除《1998 年人权法》，代之以新的《权利法案》。参见 https://publiclawforeveryone.com/2022/06/23/1000-words-the-bill-of-rights. 2023 年 6 月 18 日访问。

第十四章 “贝尔马什监狱案”：弱宪法审查制度如何运行？

欲知《1998年人权法》以及根据该法所判定的案例法，在多大程度上影响到了有关国家安全的事务，最直接的方式，莫过于探究引人注目的贝尔马什监狱案。

——特平、汤姆金斯、艾莉森·杨

本章的内容是“贝尔马什监狱案”。① 大致是这么一回事：三位非英国籍的中东人士在英国涉嫌实施了威胁国家安全的国际恐怖活动，英国内政部长依据《2001年反恐、犯罪与安全法》(以下简称为“2001年法”或《反恐法》) 的规定，对这三人发出了“证明文件”，并将其“无限期拘留”。三位当事人不服，意图挑战政府的决策，向法院提起了诉讼。

① A. v. Secretary of State for the Home Department (Belmarsh case) [2004] UKHL 56, [2005] 2 AC 6。本案是上院司法委员会的判决。在2009年英国最高法院成立之前，上院司法委员会中的12名法官扮演了英国最高上诉法院的角色，而这12名法官虽然是上议员，但是不参与立法，也不参与政治辩论，所以在本章后面的叙述中，有时直接把上院说成法院。

该案的案情本身并不复杂，但涉及前面所讲的若干内容，尤其是《1998 年人权法》，法院与政府的关系，以及政府与议会的关系，同时也涉及英国的宪法审查。我们想要通过这个案件，来了解所谓“弱宪法审查制度”的实际运行。

一、“贝尔马什监狱①案”背景

1. 多数人与少数人

首先需要了解一下“多数人暴政”这个说法。

多数人与少数人之间的关系，在现代民主社会是一个常新且经典的话题。法国思想家托克维尔提出的“多数人暴政”，可以用来理解当代很多的社会现象。人民中的多数选举产生代表，由代表组成代议机关，然后代议机关制定法律。制定法律的过程，就是一个“多数决”过程。在一般情况下，这样的法律得到执行，对于维护社会公共秩序是有利的。但对一些处在边缘地带的人而言，比如跨性别者、外国人、移民群体，或恋童癖者、恐怖分子等不受欢迎的人，这些人最基本的宪法权利，就有可能被多数人通过立法压制、忽略或蹂躏。对此，我们先提出两个问题。

第一，社会上的多数人是否应该不受约束地对待少数人？既然立法过程实行多数决，那么少数人就应该服从多数人的意见。100

① 贝尔马什监狱是英国五大军事监狱之首，其中关押了很多重刑犯，管理很严格，安全系数很高。比如，英国著名的“双面间谍”汤姆林森因向苏联泄露北约战略情报被捕后就关押在这里；英国头号抢劫犯朗尼·毕格斯，在普通监狱越狱被抓之后也被英国政府送进了这里。

个人进行民主决议，其中有 60 个人持相同意见，那么另外 40 个人就是少数人，更极端的情况是，有 99 个人持相同意见，只有 1 个人持相反意见，那么这个人的权利是否应该得到保护？

第二，法律是否应该阻止多数人以牺牲少数人为代价来增进他们的利益？这是一个典型的宪法问题。如果一个国家的法律体系，只保护多数人的利益，那么少数人的权利就没有正当性，就无法理直气壮地提出自己的主张，其利益也就无法得到保护。但实际情况并非如此。对于多数和少数之间的这个矛盾，现代社会的解决办法是，把一些不管属于多数人还是少数人，只要是人都应该享有的基本权利，明确地规定在一部神圣的宪法里面，任何的立法、行政决策甚至个人行为，都不能逾越这个底线，这就是“人权”产生的意义。

人权标准就对这个问题给出了肯定的答案，即应该阻止多数人以牺牲少数人为代价来增进他们的利益。奉行多数决没有问题，但是少数人最基本的权利必须保障。只不过英国的麻烦在于，它没有“优位”的宪法文本来宣告这样的人权，虽然英国有《1998 年人权法》。

2. 非常时期的法律

上述矛盾，在“非常时期”表现得更为突出。英国上院司法议员斯卡曼（Scarman）勋爵曾说：

> 平常，恐惧远离我们，英国会坚定地保护个人自由，尊重人格。但当非常时期，充满恐惧和偏见时，普通法也爱莫能

助：它无法抗拒议会可能担惊而又偏颇的意志。①

在一个充满恐惧或者偏见的非常时期，不能寄希望于普通法法官去解决每一个不公正的问题，因为在这样的时期，普通法的法官或者一般意义上的法院的作用十分有限。此时，议会可能会像受到惊吓的野马一般，横冲直撞地做出一些非常规的伤害性行为，比如出台一些有失公允的法律。由于议会由议员组成，而议员背后是人民，当人民都普遍恐惧的时候，议会就容易出台这样的法律。

上文提到的“2001 年法”就是如此。这部法律中的某些规定涉及人权问题。因为该法规定：对有恐怖分子嫌疑的非英国公民，只要内政部有合理理由怀疑他们威胁国家安全，就可以对其进行无限期拘留。

这部法律通过得相当迅速，前文已经说过了。这样的速度在英国是比较少见的。这部法律能够如此迅速地出台，是因为得到了广大民众和议员的支持，因为 2001 年美国“9·11 事件”让英国也感受到了同样的威胁。这个时候，就是斯卡曼勋爵所说的议会处于一种担惊受怕的状态。乍一看，上述规定似乎没有任何问题。但是从人权的角度来说，无限期拘留的措施对人身自由是十分严重的限制。

“2001 年法”很长且复杂（共 14 部分 129 条，8 个附件），囊括了从警察权力到核安全和航空安全等一系列与恐怖主义相关的事务。其中，第四部分“移民与政治避难”最引人注目。

这部分规定，如果同时满足下列三个条件，内政部长就可以向某人发出“证明文件”：

---

① L. Scarman, *English Law: The New Dimension*, London: Stevens, 1974, p.5. 这是斯卡曼勋爵在爱尔兰共和军实施恐怖活动时期所发表的演讲。

一是合理地相信此人在英国对国家安全构成威胁；

二是合理地怀疑此人是一名国际恐怖分子；

三是此人是外国人，即非不列颠公民。

若某人被授予这份“殊荣”，内政部长就会以政府的名义将其驱逐出境，但是如果因为某些客观的原因无法将其驱逐出境，[①]那么根据“2001年法”的无限期拘留条款，就可以无限期拘留这些不能被驱逐出境的人。这里的重点是，这种决定不是由法院进行独立且公正的审判之后作出的，而是依据政府大臣的个人意见或者政府的意见作出的。

3.《欧洲人权公约》

此处需要提及几项人权标准，即包括恐怖嫌疑人在内的人，甚至外籍恐怖分子嫌疑人都享有人权，而最根本的人权就是自由权——这项几个世纪以来一直得到英国法承认的权利，现在已被列入《欧洲人权公约》。其中第五条规定了关于自由和安全的权利：[②]

> 第5条　自由和安全的权利
>
> 1. 每个人都有享受人身自由与安全的权利。任何人都不应当被剥夺其自由，除了在以下各种情况中并且依照法律所规定的程序：

---

① 如果被驱逐者被驱逐回本国将会受到本国酷刑的话，就不能被驱逐出境，因为英国加入了相关禁止酷刑的公约。

② 本章引用的《欧洲人权公约》文本，参见［英］克莱尔·奥维、罗宾·怀特：《欧洲人权法：原则与判例》(第三版)，何志鹏、孙璐译，北京大学出版社2006年版，附录“经第十一议定书修订的欧洲人权公约文本”，第614—648页。

a. 由一个有管辖权的法院在定罪之后对某个人的合法监禁；

……

可见，根据一个政府大臣而非一位独立法官的指示，在未经公正审判的情况下，对一个人进行无限期的拘留，毫无疑问是侵犯自由权的。

那么，为何“2001 年法”会这样授权呢？如此简单、草率的规定显得特别不尊重人权。英国怎么可能如此明显地侵犯基本人权呢？这是因为政府有锦囊妙计，即《欧洲人权公约》第 15 条“克减条款”：

第 15 条　紧急状态下的克减

1. 在战争或在其他威胁到国家生存的公共危机情况下，在情势危急性所严格要求的程度上，各缔约方可以采取措施来克减其按照本公约所负的义务，但此类措施不得违背其按照国际法所负的其他义务。

……

《欧洲人权公约》一方面承认公民享有这样那样的权利，但另外一方面又补充道：在紧急状况下，各缔约国可以采取非常严厉的措施来限制公民的权利。这样看来，“2001 年法”正是按照《欧洲人权公约》第 15 条的标准来限制的。如何来理解“克减条款”？

结合本案的情况，你会发现，政府一方显得理直气壮，因为在“9·11 事件”的背景之下，整个国家的安全受到威胁，这个时候政府维护国家安全自然具有正当性与合理性。另外，虽然政府通过了一部法律，限制了公约规定的自由权，但是这样的限制本身也是按照《欧洲人权公约》第 15 条的“克减条款”来进行的，可以说“2001 年法”的无限期拘留条款，本身就是有上位法依据的。所以看起来政府理由充分、适用法律正确，似乎没有任何问题，但是“贝尔马什监狱案”中，被关押的嫌疑人显然并不认同政府的看法。政府与嫌疑人双方产生了分歧。

而这一分歧必须得到解决，最后上院对此进行了判决。

二、上院的判决

上院的判决中涉及四个法律问题。

第一，《欧洲人权公约》第 15 条的“克减条款”如何理解？在紧急状况下，即发生战争或者其他威胁到国家安全的公共危机之时，各缔约国可以出台限制人身自由的法律，但是这部法律又不得违背《欧洲人权公约》。

第二，当时是否真的发生了战争，或者是否发生了影响到整个国家公共安全的危机？对法院而言，这是需要准确判定或认定的。

第三，即便发生了影响到整个国家的公共危机，制定如此严厉的限制人身自由条款是否必要？或者说，未经审判的无限期拘留是否必要？法院也要对此进行判断。

第四，《人权法》与本案的相关性到底在哪？

1.《欧洲人权公约》第 15 条

上院在贝尔马什监狱案中面临的争点是什么？必须解决的问题

是什么？

政府认为，由于适用了《欧洲人权公约》第 15 条的“克减条款”，所以外国恐怖分子嫌疑人的自由权实际上可能会随时被合法地中止，因此在“2001 年法”的基础上，政府作出这样的决策没有问题，在他们看来，符合法律规定，也符合正当程序。

但关键的问题在于，政府是否可以根据《欧洲人权公约》第 15 条的规定对公民的自由权进行如此严厉的限制？《欧洲人权公约》第 5 条通常所保护的自由权是否可以通过适用公约第 15 条来中止？

此外，还有一个问题，“2001 年法”本身是否与公约相冲突？——如果把“公约权利”这四个字理解为成文宪法中的基本权利，那么“公约权利”就相当于具有优位性的宪法基本权利，这样就涉及普通立法是否和“宪法”相冲突的问题。

仔细阅读第 15 条，我们会发现，它是不允许政府随意中止人权保护的，恰恰相反，如果政府想要中止人权保护，或者议会想要制定法律限制人的权利，就必须满足一个非常严格的前提，即两个条件：

第一，这个国家已经发生了战争或者其他威胁到国家安全的公共危机；

第二，政府所采取的限制措施，必须达到情势危急所严格要求的程度。限制措施必须与危急的程度相匹配，不能因为较小的危急状态，就采取较严厉的限制措施，比如为何要“无限期”，而不是“三个月”？所以，这里的问题就变成反恐法第四部分的“无限期拘留”规定，是否符合《欧洲人权公约》第 15 条的“克减条款”？

总之，对公民基本权利的宣告、立法限制是很容易理解的，但需要进一步思考的是，如何分析“对立法限制的限制”，即在发生了公共危机之后，立法对权利所进行的限制并不是没有限度的，必须与情势危急的程度相匹配。在一个合理的程度和范围之内，例如发生战争或者紧急情况，当中止人权确属必要，人权才能被中止。

2. 发生了战争或公共危机了吗？

对于是否发生了战争或其他威胁到国家生存的公共危机，法官之间产生了分歧。

在九名法官，也就是审理本案的上院九名法律勋爵中，有八名法官认为已经发生了这样的紧急情况。虽然“9·11 事件”的气氛确实让公众感觉到害怕，也有“反恐战争”这种修辞存在，但这八名法官都不认为已经发生了“战争”——而认为所发生的只是“公共危机”。这八名法官准备接受政府的这个观点：“9·11 事件”就是可能影响到英国的全球恐怖威胁的证据，也就是说，有证据表明威胁存在，如果是这样的话，这种威胁极可能是灾难性的，无异于“威胁到国家生存的公共危机”。

一句话，九位法官中，有八位认为没有发生战争，但承认确有危机存在。此外，还有一位名为霍夫曼的法官持相反意见，他认为其他人误解了《欧洲人权公约》第 15 条中“其他威胁到‘国家生存’的公共危机情况”的意思，霍夫曼法官同意基地组织可能对个人的生活构成威胁，但不至于“威胁到国家生存”：尽管恐怖主义暴力很严重，但它不会威胁到英国的政府制度，或者英国作为一个公民社会的存在。可见，霍夫曼法官和其他八位法官的分歧，不是纯粹技术性的，还有一个对现状的判断问题。

但是，不管是那八位认为公共危机存在的法官，还是认为现在没有发生公约第15条所要求的那种公共危机的霍夫曼勋爵，这九位法官有一个共同点：都认为自由权是最根本的、最重要的，不能轻易进行限制。法官们只不过是对事实有不同的判断。

总的来讲，虽然霍夫曼勋爵认为现在的情形并不满足“公共危机”的情形，但其他八位法官均认为符合“公共危机”的情况，因此，法院最终认为公约规定的公共危机是存在的。

3. 无限期拘留是否必要?

接下来要考虑的是，限制措施是否与情势危急所要求的程度相符？换言之，未经审判的无限期拘留是否必要？这是最关键的问题。

法官需要继续裁决，紧急情况的性质和严重程度，是否足以证明所采取的无限期拘留措施是正当的。上述八位法官中，又有七位持否定意见，认为这是不正当的，理由是政府没有证明这种严厉措施是必要的，特别是没有证明为什么更温和的措施——如对嫌疑人进行监视、监听或电子跟踪——不足以保护国家安全。至关重要的是，政府没有充分表明为什么该拘留制度只适用于外国恐怖嫌疑人，如果是英国公民参与了恐怖活动就不适用2001年法？虽然法官没有用“歧视”这个词，但政府实际上进行了区分对待，这样做是没有理由的。正如作为法官的黑尔女士所指出的那样：

> 有充分的理由认为，有一些居住在这里的英国公民，他们是反恐法意义上的国际恐怖分子，但这一点在法庭上却不能得

> 到证明；他们不能被驱逐到另一个国家，因为他们完全有权留在这里。然而，政府却认为，没有必要把他们关起来。事实上，政府已公开表示，关押英国公民是一项非常严厉的措施，目前无法证明这是合理的。但是，它并没有给我们提供真正的解释，说明为什么有必要把一群与另一群有着完全相同的特征的人关起来，而另一群人却没有必要关起来……结论只能是，没有必要把英国公民关起来。必须找到其他方法来遏制它们所带来的威胁。如果没有必要关押本国公民，就没有必要关押外国人。这不是情势危急所严格要求的。①

黑尔女士认为，对于同一犯罪事实，仅因国籍不同，就对外国人采取更加严厉的措施，这在法律上是说不通的。因此，多数法官认为，在普通法律程序之外对外国嫌疑人进行拘留，未被证明是对公共危机的必要反应。不难得出结论，在本案中政府的反应过度，根据反恐法作出的行政措施自然也是不正当的。

4.《1998 年人权法》

法官的判决，让很多人始料未及。因为正如法官所分析的那样，政府的论据是很薄弱的。让人惊讶的地方，不是法院承认了这种薄弱性，从而谴责政府的立场，而是因为在 1998 年之前，法院在国家安全方面几乎总是会倚重政府的立场。换句话说，法院一般不愿意猜测或者质疑政府。但在本案中，法院显然采取了不同的

① 贝尔马什监狱案判决第 228 段、231 段。

做法，因为2004年的情况和20世纪90年代及其之前的情况有所不同，《1998年人权法》赋予了法院相应权限，并且要求法院审查政府的决定和议会法案是否符合人权标准、是否符合公约权利。此后，法院可以在国家安全的事项上，明确地指出政府的某些行为是不当的。

事实上，法院挑战议会的法律是存在障碍的。但是，在本案中，法院之所以可以挑战政府，是因为法官认为《1998年人权法》对法院作出了一个非常具体且完全民主的指示，即法院必须要在个案中维护人权。换言之，在《1998年人权法》的加持下，法院不会再认为国家安全事宜只是政府的领域，至少当人权受到威胁的时候不是这样。

所以，人权法对英国宪法结构的改变是根本性的，也正是在这个意义上，才有“人权法是新英国宪法的基石”的说法。从权力的角度来讲，法院实际上获得了比以前更大的权力。放在一个更大的格局中来看，这种变化，对于“贝尔马什监狱案”中被拘留的普通人来说，他们发现自己能够去质疑议会法，这种意义是十分重大的。

三、后续发展与宪法理论

至此，贝尔马什监狱案看似结束了，当事人打赢了官司，因为法院在《1998年人权法》的授权之下，已经判定2001年法的相关规定是不当的，政府没有遵守《欧洲人权公约》，政府的立场站不住。

但实际上，我们完全可以说，原告没有真正赢得诉讼。何以如此？

1. 原告是否赢得了诉讼?

这个问题，看起来很奇怪，因为既然法院已经支持了原告的主张，为什么还会有这样的疑问呢?

一方面，我们作出肯定回答：原告赢得了诉讼。原告确实是让法院采纳了他们的意见，即未经审判而无限期拘留的立法不符合人权标准;《欧洲人权公约》第五条的自由权没有得到尊重，或者说“2001 年法”对自由权的限制是不当的，所以原告赢得了诉讼。这就意味着，反恐法与公约权利是不相容的，所以法院最后发布了“不一致宣告”。这里就涉及前一章所讲的，弱型宪法审查制度中的两个机制：一是解释，二是宣告。法院在遇到一个案件时，首先要把“无限期拘留”条款进行解释，把它解释得与公约权利相一致，但很显然不能把“无限期”解释成“三个月”或“五个月”，因为这明显是违背字面含义的；解释不了的时候，法院就需要发布“不一致宣告”。

另一方面，从另外一个角度来看，原告又没有赢得诉讼，因为被拘留者赢得了道义上的胜利——法院认同他们的人权遭到破坏——但他们并没有从监狱里走出来。至少并没有立即走出来。

这是一个非常奇怪的现象。为什么？因为对嫌疑犯的拘留是根据议会法作出的，而议会是主权者，在法律上有权制定和废除任何法律，议会立法是不受任何法律限制的，这就是议会主权原则的含义。所以在该案中，英国上院并没有像美国最高法院那样，直接宣告“2001 年法”中的无限期拘留条款无效，法院只是作出了一个“不一致宣告”。在议会主权之下，没有人或机构可以推翻议会制定的法律，这是英国宪法最不寻常的特征之一。

在贝尔马什监狱案中，法院的判决不可能推翻“2001年法”，尽管该法的某些规定被认定违背了最基本的自由权。

2. 不一致宣告的“效果”

法院的判决看起来毫无意义，因为它对原告的权利保护似乎没有起到任何作用。那么，诉讼的意义何在？

第一，法院作出“不一致宣告”之后，会给政府和议会带来巨大的政治压力。这种压力是切实存在的，对此可以结合第八章关于议会对政府的监督来理解。

第二，如果政府顶住压力坚持不改，当事人还可以继续诉诸欧洲人权法院。如果欧洲人权法院认定英国政府的做法违反了《欧洲人权公约》，那么英国就有义务接受其判决、有义务修改法律，使其符合《欧洲人权公约》的要求。

所以，法院的判决向政府、议会和公众发出了一个明确而强大的信号：英国法律未能遵守已同意受其约束的基本人权标准。这样的判决一旦作出，全世界都知道了，“2001年法”中的无限期拘留条款并不符合政府承诺遵守的公约权利。

接下来，虽然欧洲人权法院的诉讼没有发生，但是正如预期的那样，议会自觉地修改了“2001年法”，其中第四部分（无限期拘留条款）被废除，并被《2005年防止恐怖主义法》所取代。

尽管议会主权的存在和“不一致宣告”可能受到各种批评，但在贝尔马什监狱案中，被拘留者的权利最终占了上风，也就是说，在议会最终修改了“2001年法”之后，被拘留者的权利才得到保护，当事人才真正地胜诉，这才是整个案件的结局。这再次回到了法律宪法与政治宪法的关系问题。

被拘留者没有赢得直接的法律胜利，正如我们所看到的那样，法院让他们一无所获，除了一个明显无力的“宣告”。这和所谓强型宪法审查形成了鲜明对照。不过，不管是美国的联邦法院，还是英国的最高法院，它们针对政府的判决之所以能得到政府的认可，是因为有一个前提，即政府和议会本身是承认法院权威的。就英国而言，如果法院作出判决之后，议会仍然以议会主权之名，一意孤行，法院就会束手无策；若人民坚持不更改，法院就更加无可奈何，因为议员是人民选举产生的，代表的是人民意志。因此，政府的运行，必须建立在相互承认的基础上。

虽然被拘留者没有赢得直接的法律胜利，但是他们在政治领域取得了胜利。当最高法院宣告议会法与基本人权不相容时，其效果往往是激起政治辩论，由法律问题变成了政治问题，从法律宪法进入了政治宪法。

3.《人权法》带来的直接后果

可以将这种后果概括为三个方面。

第一个关于宪法原则。

英国历史上的人权保护主要靠法院基于普通法判决来进行，也就是戴雪《英国宪法研究导论》的“法治篇”所讨论的内容：法院在一个又一个案件中对公民的个人权利进行保护，这是一个事实，也是一个传统，但 1998 年以后，这个传统就发生了改变，开始以成文法形式来明确宣告权利（“公约权利”）。

可以说，权利逐渐源自宪法原则（“公约权利”），而非如戴雪所说，只是从法院的判决中归纳总结。

第二个关于议会的角色。

议会过去可能是人权的有力守护者，而今不再那么地得到信任。上述无限期拘留措施是让人十分意外的，“2001年法”的出台表明议会在某些时候也是不值得信任的。也就是说，虽然民意高度同质化，但是出于生活的多元化、价值观多元化等原因，议会对少数人群体的忽视，有可能让它从权利的“守护者”变成一个潜在的“侵害者”。

第三个关于高级法。

因为有《欧洲人权公约》或者“公约权利”的存在，尽管英国到今天为止仍然没有成文宪法，但是开始存在某种高级法，就好像在普通的2001年法之上存在一个法律位阶更高的法律。议会现在不得不回应这种“高级法”秩序，对英国而言，这是一种新颖的基本法观念。

所以，前法官斯泰恩勋爵曾说，在英国迈向真正宪治国家的历程中，《1998年人权法》的实施是一个里程碑。通过该法，议会将英国转变成为了以权利为基础的民主国家，并且让法院成为英国权利法案伦理价值的守护者。①

不过，在事关国家安全和公民自由的关系问题上，政府和法官的立场是不同的。政府会认为，对付新型恐怖主义，必须采取新的方法，这可能侵犯人权。但法官的态度却是，几个世纪以来反复使用和验证的传统原则——人身保护状和无罪推定——在过去已经很

① 参见［英］韦农·波格丹诺：《新英国宪法》，李松锋译，法律出版社2014年版，第82页。

好地为英国所用，现在也不应当放弃。

虽然可以说，政府和法官从根本上都是代表人民的利益，但这个表达似乎没有什么实际意义，就像说人类在根本利益上是一致的一样。观点分歧和利益冲突是客观存在的，多数人和少数人的意见经常不一致，而且我们每一个人都可能成为社会中的少数人。这就需要既重视政府的看法，又要听从法官的意见。议会法至高无上，但是议会也尊重法院的判决，这已经形成了一种新的默契。

四、本章小结

贝尔马什监狱案不只是一个普通法案件，它所发生的政治和法律背景，以及它所引发的宪法问题，是我们需要仔细把握的。上院的判决已经充分说明，议会法有时也会有失公允。在这种情况下，即便有议会主权存在，法院对人权的保护也并非无计可施，它可以进行合宪性解释，或者发布“不一致宣告”。事实上，弱宪法审查的效果并不“弱”。当然，这是有前提的。议会主权和法院权威必须得到相互认可和尊重。当法院“提醒”议会法中有错误时，议会能够默契地加以修改。这很可能成为一个新的惯例。

附录 1　概念解释比较

学习英国法，应时时查阅《元照英美法词典》《牛津法律大辞典》和《Lexisnexis 英汉法律词典》。下面仅对各章所涉重要概念略作解释，必要时进行比较。

第一章　不成文宪法

经验宪法与规范宪法

德国宪法学家迪特 · 格林所使用的一对基本范畴，前者是描述性的，后者是规范性的。任何一个国家或共同体，只要具有相对稳定的统治秩序，无论古今中外，可以说都有经验性的宪法；而规范宪法，则是现代的产物。用这对概念来理解英国不成文宪法，具有很强的启示性。

宪法（constitution）

在 18 世纪以后，英文文献中的 constitution，基本上都可以译成“宪法”。所谓“不成文宪法”，除了没有集中体现于一个单一的文件之外，就其规范性而言，它与成文宪法之间没有本质差别。这是讨论不成文宪法的一个基本前提。

“宪法”不同于“宪法法”和“宪法律”。“宪法法”是指作为法律的宪法，指向宪法的法律面向和属性，即“法律性宪法”；“宪法律”是指作为制定法的宪法，也即宪法典，但它不一定特指宪法典本身，有可能指宪法典中的条文，在不成文宪法国家，还指作为单行法的宪法性立法（参见第二章“宪法性法律”）。

布赖斯的《历史与法律研究》

詹姆斯·布赖斯 1901 年出版的两卷本名著——*Studies in History and Jurisprudence*，书名应该是《历史与法律研究》。在这里，Jurisprudence 既不是“法学”也不是“法理学”的意思，而是它的第三个义项：一套法律或法律制度。

这种用法一般出现在使用 law 显得不恰当的场合，因为在英文中，law 往往指 common law，因此，就用 Equity Jurisprudence 替代 Equity Law。在美语中，该词的含义还由“法律”扩展至“判例法”与“法庭判决”；据称，法语 la jurisprudence 与德语 die Jurisprudenz 含义与此相同。参见《元照英美法词典》，以及 20 卷本《牛津英语辞典》(OED)。

从内容来看，此书讨论的是“历史与法律”，而不是“史学与法学”。上卷 8 章的标题分别是:（1）罗马帝国与英印帝国;（2）罗马法和英国法在全世界的扩张;（3）柔性和刚性宪法;（4）政治宪法的向心力与离心力;（5）原始冰岛;（6）过往人眼中的美国宪法;（7）两部南非宪法;（8）澳大利亚联邦宪法。下卷 8 章的标题分别是:（9）服从;（10）主权的性质;（11）自然法;（12）法律科学的方法；（13）法律与宗教的关系；（14）罗马和英国的立法之道；（15）罗马和英国的法律发展史；（16）罗马法和英国法上的婚姻。

第二章　渊源

宪法渊源

对英国宪法而言，讨论渊源问题是很自然的，因为英国“宪法”在哪里的问题，并不是很轻易就能得到一个满意的答案的。宪法渊源讨论的是宪法规范的表现形式问题。戴雪的二分法至今仍然有效：“宪法”包括严格意义上的“法”和不具有法律性质的“惯例”两类规则。

宪法性法律

首先，法律是一个大类，宪法性法律是其中一部分。其次，宪法性法律又由两部分组成：一是宪法性立法，如《1911 年议会法》；二是判例法或普通法。说“1911 年议会法是宪法性法律”是成立的，但“宪法性法律”这个概念，很容易让人误解成它只是指“宪法性立法”。

在英国法语境下，宪法性法律可以简称为“宪法”（严格说是“宪法法”）。这样，作为部门法的“宪法”，有时就容易和整全性的“宪法”概念混淆起来。根本原因是，一开始我们用“宪法”去对译了 constitution 一词。

议会法和《1911 年议会法》

议会法即议会制定的法律，属于“制定法”或“成文法”，与判例法形成对照；同时也属于“主要立法”或“基本立法”，此时与授权立法形成对照。它是一类法律的称谓，而不是某一部法律的名称。

相比之下，《1911 年议会法》是英国议会于 1911 年颁布的一部法律，主要涉及议会两院的关系。此法为《1949 年议会法》所修改。因此，如果只说《议会法》，就会不知其所指。可见，“1911 年”和“1949 年”是不能省掉的。不仅如此，就像其他制定法一样，年份是法律名称的一部分，应该放在书名号里面。

第三章　议会主权

议会主权

议会主权是一个法律概念，严格意义上是指“议会立法至上”，即议会法是最高的法律形式，而且议会法之间的法律效力是相同的；从反面来讲，是指法院不得质疑任何议会法的效力。

王在议会（King-in-Parliament）

议会主权是一个法学上的概念，其中的“议会”，严格而言，是指君主、下院和上院的合体。这个词早先多译为“君临议会”，有着丰富的历史含义和宪法意义，它表达的其实是国王和议会两院之间的一种结构性关系，这三者组成一个共同享有主权权力的机构。有时为了突出国王，便说“议会中的国王”如何，严格说来是不准确的。

附随意见

法官在判决书中所作的评论，它并不一定与案件直接相关，也并非为本案判决所必要，因此不具有判例的拘束力。

第四章　法治

法治

戴雪的法治论，有三层相关却有区别的含义：政府没有专断权力；任何人都必须遵守普通法院所实施的普通法律；宪法的一般原则形成于国家的普通法律。法治的要求从低到高，分别是最低限度的法治、形式法治和实质法治，要求越高，争议越大。法治可用于判定行政决策和附属立法的有效性，可用于解释法律的含义，也可用于哲学建构。

一般逮捕令

旧时由国务主管大臣签发的一种逮捕令，不写明被逮捕人的姓名，而只是指明逮捕对某一行为——如书面诽谤——负责的人，谁应受逮捕则由执行令状的人决定。著名的“安提克诉卡灵顿案”就涉及此类逮捕令。17 世纪时这种逮捕令非常普遍，在 18 世纪 60 年代皇家民事法庭和王座法庭审理的系列著名案件中被定性为非法，并在 1776 年下院的一项决议中被正式谴责。

普通法律

“普通法律”不同于“普通法”。这是戴雪比较倚重的一个概念，以区别于作为根本大法的“宪法”和作为特别法的“行政法”。它对于理解戴雪的法治论，尤其是其中有关法国行政法的部分至关重要。

第五章　分权

大法官（Lord Chancellor）

英国司法机关的首长，兼任上院议长，并且通常是内阁成员之一，地位非常显赫；经首相提名，由君主委任。在中文中，其实没有一个概念可以包含上述三种职位。有的译为“御前大臣”，可御前大臣却不止一位；有的译为“大法官兼上院议长”，可还是没有表达出内阁大臣的意思；有的译为“大法官大臣”，又少了上院议长一职。

大法官职位的历史非常悠久，在中世纪，其地位甚至相当于现代的首相。不过，《2005 年宪制改革法》之后，大法官已经不再是任何意义上的法官了，也不再兼任上院议长，只以司法主管大臣的身份领导司法部。

该职位不同于（王座法庭和民诉法庭的）首席大法官（Lord Chief Justice）。

第六章　君主

Crown

在宪法学中，Crown 很少指一个具体的物，即“王冠”，多指“君主”。然而，最值得注意的是它的另外一个义项：“政府”。汉语中不能找到一个对应词来表达如此丰富和模糊的含义；一般视语境之不同，而选择不同的词；尽管如此，译为“君主”多数时候也是成立的。

独体法人

只有一名成员的法律实体，其作为法人的永久存续性是通过该成员的继承而实现的。国王、主教、堂区长等均属独体法人。与集合法人形成对照。

尊荣部分与效率部分

白芝浩的经典学说，他认为英国宪法分为两部分，君主代表的是尊荣部分，首相代表的是效率部分；二者功能互补。对于君主在宪法中的作用，白芝浩给予了极高评价，认为它是整个宪法的动力，而效率部分只是使用了这种力量。

第七章　政府

政治宪法与法律宪法

英国宪法总体上具有政治宪法的属性，随着司法审查制度的发展，以及人权法的制定，政治性的宪法开始逐渐法律化，甚至还引向制定成文宪法的讨论。这是有违英国宪法传统的，因此引起了长时期的争议。

政治宪法以议会为中心，强调议会对政府的问责过程和方式；法律宪法以法院为中心，强调司法审查对政府的监督和控制。二者是互补的；但是未来哪种模式会胜出，则取决于在实践中的发展。短期内二者相互竞争、相互补充的态势不会发生根本改变。

主管大臣、国务大臣和政务次官

主管大臣（Secretary of State），第一级大臣、政府部门首长、最高级别的大臣、内阁的必然成员；国务大臣（Minister of State），第二级大臣，位于主管大臣之下；政务次官（Parliamentary secretary or Parliamentary under-secretary of state），第三级大臣，位在主管大臣和国务大臣之下。

第八章　议会

悬浮议会和最高票当选

这两个词在概念上没有直接关联；但在实践中，由于大选实行最高票当选制，偶尔会出现悬浮议会的情况。

最高票当选，不考虑一共有多少其他候选人，或是他们与胜选者的票数有多接近，单纯由得票数最高者当选，因此也被称为“相对多数制”。这种制度下，时不时会出现一种情况，即某次大选之后，没有任何一个政党在下院拥有过半数席位，此时一般是组建联合政府。

法律草案、法案、法

法律草案（Draft bill），是供特别委员会或联合委员会进行立法前审查之用，尚未向上下两院正式提出的法案；法案（Bill），是主要立法的草案，在君主御准之前的称谓；法（Act），经过上下两院审议，并经御准之后的制定法，有时出于简洁的考虑，也说成是法令。

法案变成法的最后一道手续就是御准；所以，如《1998 年人权法》最好不要说成是《1998 年人权法案》。约定俗成者除外，如《1689 年权利法案》。

条

英国议会立法的基本单位是 section，按理就是“条”，其下可依序细分为款、项、目。法案的基本单位与此相同。但是，在法案成为正式的法之前，“条”是用 clause 表达的。

换言之，英国法律中的 clause 和 section 都是“条”，区别在于，前者用于法案，后者用于生效的议会法。

前座议员与后座议员

前座议员是大臣或影子大臣，议员中地位较高，资历较深。后座议员是没有担任大臣的议员，也没有（就反对党的部分而言）担任自己政党发言人的议员。后座议员常常发挥很重要的作用。

第九章　法院

《2005 年宪制改革法》

该法带来的主要改革有：（1）改革大法官职位，将其司法职能转移给英格兰和威尔士首席法官；（2）成立独立的最高法院，与上院分开，拥有自己独立的任命制度、职工、预算和建筑；（3）设立独立的法官任命委员会，负责挑选候选人，向司法大臣推荐法官人选；（4）设立法官任命和行为监察专员，负责调查有关法官任命程序的投诉并提出建议。

英国最高法院

依据《2005 年宪制改革法》第三部分设立，并于 2009 年 10 月 1 日起开始运作。其司法权主要承自上院上诉委员会，对联合王国的所有民事案件，英格兰、威尔士、北爱尔兰的所有刑事案件的法律问题具有管辖权。

普通法

“普通法”这个词有很多用法，具体看语境：

（1）由法官在11世纪和12世纪逐渐发展形成的“共同适用于”整个国家的法律，区别于诺曼征服之前所使用的地方法；

（2）通过司法先例发展起来的“法官创制的法”，区别于议会的制定法；

（3）在1873年至1875年法院组织改革之前，在普通法法院实施的法，区别于大法官法庭的裁决所形成的衡平法；

（4）以英格兰判例法为基础的法律体系，即主要在美国和英联邦国家适用的普通法系，区别于以法典为基础，主要在受罗马法影响的欧陆国家运行的大陆法系。

第十章　米勒案

君主特权

君主特权，是大臣以君主的名义而无需议会同意即可行使的权力。英文中多表达为Royal Prerogative，有时说成是Prerogative power。中文有时表达为“王权”。它分为两类：一是君主本人亲自行使的，如任命首相、解散议会、解职大臣、御准法案；二是由政府大臣行使的，这类权力实际上是一种行政权。

另外，君主特权不可与议会特权（privilege）相混淆。后者是指赋予上下两院、专门委员会以及议员的“公共利益豁免权”，是一种免于外界干预或法律追溯的保障。它最核心的权力是言论自由权和两院管制自身事务的权力。

《1972 年欧共体法》

该法的名称容易让人误以为这是一个国际条约或者欧盟法。但它是一部典型的英国议会法，其法律效力与所有其他普通的法律是一样的。在米勒案之后，《2018 年欧盟（退出）法》第 1 条规定："《1972 年欧共体法》在退出欧盟之日被废除。"由此，欧盟法进入英国国内法体系的"管道"被拆除。

第十一章　司法审查

司法审查、行政法与宪法

司法审查是指法院对行政行为的司法控制，它关心的核心问题是，公共机关作出的决定是否符合法律规定，是否遵守了正当程序标准，以及是否与"公约权利"相一致。

司法审查法是行政法的核心部分，但并非全部。行政法是公法的一个分支，它是有关执行公共政策的政府各部门的组成、程序、权力、义务、权利和责任的法；内容上至少包括委任立法、行政司法、司法审查和公共机构的责任。

在较宽泛的意义上，行政法中包含了宪法中的一般原则和制度。可见，行政法和宪法之间的界限并不清晰。相比于行政法，宪法更关注国家得以治理的整体宪制结构。行政法与宪法共同组成公法。

越权无效

在英国公法中，该词是指在越权的情况下作出的行政决定，即并非按成文法的描述而授权的决定，或者更广义而言，在滥用成文法授予的权力的情况下作出的决定是无效的。越权无效和议会主权紧密相关。

第十二章　大臣责任

问责与负责

“问责”是对“accountability”的翻译，译者多承认“问责”一词不够好，但又没有更好的选择。所谓大臣问责，即大臣被问责，就是大臣要就政府的作为向议会做出交代；相应地，大臣负责，是指大臣本人对以大臣名义的作为负个人责任，即使自己并不知晓，也要负责。这两种责任都可能导致大臣辞职。

集体责任和个人责任

集体责任的含义是：所有大臣都必须支持政府的政策，并为政府的措施负责，即使私下对政府或某些措施有异议；除非首相和某个大臣有正式的协议。个人责任是就自己部门和行政机构的政策、决定和行为，大臣个人向议会负责。这种负责除了要向议会作出解释之外，还要就政策的质量和效果向议会负责。

第十三章　人权法

《1998 年人权法》

英国议会于 1998 年 11 月 9 日通过、2000 年 10 月 2 日正式实施的法律。就重要性而言，是一部宪法性法律。就它与普通法的关系而言，是一部制定法。就它与《欧洲人权公约》的关系而言，是一部国内法。就它对英国宪法的影响而言，可称之为“半部成文宪法”。正因为如此，对它的质疑和抵触之声，从一开始就没有中断过。理由是，这种对人权的制定法宣告，与英国自身的“权利法案”传统格格不入。

公约权利

根据《1998 年人权法》，“公约权利”是指《欧洲人权公约》第 2 条至第 12 条和第 14 条（生命权、禁止酷刑、禁止蓄奴和强迫劳动、自由和安全的权利、获得公正诉讼的权利、法无明文规定不为罪、私生活和家庭生活受尊重权，思想、良知和宗教信仰自由，表达自由，集会和结社自由，婚姻权、禁止歧视）、《第一议定书》第 1 条至第 3 条（财产保护、受教育权、选举自由）和《第十三议定书》第 1 条（废除死刑）规定的权利和自由。

不一致宣告

法院根据《1998 年人权法》作出的正式宣告：主要立法（或无法解释得与公约权利相一致的附属立法）的规定与公约权利不一致。宣告不影响立法的有效性和继续适用或执行。它会触发作出补救令以修改不一致立法的权力。不一致宣告只能由高级法院作出。

第十四章　贝尔马什监狱案

弱宪法审查

弱宪法审查，又称弱司法审查。它是马克·图什奈特教授于

2003年提出的一个概念，用以指代20世纪80年代以后兴起的权利保障“新模式”，即在议会至上的国家中，法院为保障权利法案的实施，对立法进行司法审查的制度。之所以称为“弱”，是因为在威斯敏斯特体制下，议会立法至上，法院即便拥有某种司法审查权，也不能直接推翻议会立法，就像美国联邦法院的强司法审查那样。

司法审查与宪法审查

很多时候，这两个概念没有区分。但对英国而言，对二者加以区分是必要的。简言之，司法审查是指法院对行政行为的司法控制；其中，在《1998年人权法》之后，法院可以根据《欧洲人权公约》的标准，对行政行为进行审查和控制，甚而宣告议会法与“公约权利”不一致——所谓宪法审查专指这一部分。可见，司法审查的范围大于宪法审查。

上述概念的细微差别，属于比较法上的问题。英国宪法学既不强调“弱型”宪法审查，也不刻意区分司法审查和宪法审查。至于“不一致宣告”制度，一般是在“人权保护”或“个人自由”部分讨论的。

参见第十一章“司法审查：法律问责的能与不能”。

附录 2　拓展阅读文献

（一）通史方面

《英国通史》（钱乘旦、许洁明著，上海社会科学院出版社 2012 年版），是一部有见解的通史，正文内容通俗和准确兼备；该书附录“英王世系简表”和“英国历届首相表”，非常好用，可不时参考查阅。想了解更多细节的读者，可继续阅读六卷本《英国通史》（钱乘旦主编，江苏人民出版社 2016 年版）；以及彼得·阿克罗伊德“英格兰史六部曲”（《帝国基业》《都铎王朝》《叛乱年代》《革命世纪》《君临天下》《革故鼎新》，赵国新等译，译林出版社 2022 年版），作者系英国畅销书大家。

《英国简史》（[美] 玛丽·普拉特·帕米利著，陈奕佐译，北京理工大学出版社 2020 年版），篇幅短小，翻译精炼，可以看成是一部“英王简史”，查阅起来非常方便，读之亦不乏趣味。

《普通法简史》（[英] 哈利·波特著，武卓韵译，周大伟审校，北京大学出版社 2022 年版），完整清晰地讲述了普通法的历史，原书标题为《法律、自由和宪法：普通法简史》。

（二）经典著作

关于英国宪法，三本风格不同、方法迥异的经典著作是：A.V. 戴雪的《英国宪法研究导论》（何永红译，商务印书馆 2022 年版）；沃尔特·白芝浩的《英国宪法》（夏彦才译，商务印书馆 2010 年版）；詹宁斯的《法与宪法》（龚祥瑞、侯健译，生活·读书·新知三联书店 1997 年版）。关于 18 世纪英国混合宪法的经典论述，可参见 De Lolme, *The Constitution of England, or, An Account of the English Government*, 1784。

另外，18 世纪布莱克斯通四卷本《英国法释义》也是必读书目（目前中文译本只有第一卷“论人之权利”，游云庭、缪苗译，商务印书馆 2023 年版）。宪法史方面，见麦基文（Charles Howard McIlwain）的 *Constitutionalism: Ancient and Modern*（可参照中译本）。

关于普通法的早期历史，以及普通法系与大陆法系的比较，参见卡内冈的《英国普通法的诞生》（李红海译，商务印书馆 2018 年版），以及他的《法官、立法者与法学教授——欧洲法律史篇》（薛张敏敏译，北京大学出版社 2006 年版）；关于专业的宪法史，参见梅特兰的《英格兰宪政史》（李红海译，中国政法大学出版社 2010 年版）。

《大宪章》（陈国华译，商务印书馆 2016 年版）。不过，这本小书不是学术著作，而是法律或“法条”。书中的译者注很有帮助（对该译本的评论，参见王栋：《艰难的翻译：评陈国华译〈大宪章〉》，载《世界历史》2018 年第 5 期）。解读著作可参阅霍尔特《大宪章》（毕竞悦、李红海、苗文龙译，北京大学出版社 2010 年版）；《自由的缔造者：无地王约翰、反叛贵族与大宪章的诞生》

（徐震宇著，中国法制出版社 2009 年版）；威廉·夏普·麦克奇尼的《大宪章的历史导读》（李红海编译，中国政法大学出版社 2016 年版）。关于大宪章的中文文章相对较多，在此不一一列举。

（三）公法教科书

关于英国公法教科书，目前被完整译介的，仍然只有布拉德利和尤因合著的两卷本《宪法与行政法》——［英］A.W. 布拉德利、K.D. 尤因：《宪法与行政法（上册）》（第一编“宪法的一般原则”和第二编“政治制度”），程洁译，商务印书馆 2008 年版；［英］A.W. 布拉德利、K.D. 尤因：《宪法与行政法（下册）》（第三编“公民与国家”和第四编“行政法”），刘刚、江菁等译，商务印书馆 2008 年版。该书依据原书 2007 年第 14 版译出；最新的英文版是 2022 年第 18 版，从 2015 年第 16 版开始，作者已变成布拉德利、尤因和奈特三人（布拉德利于 2021 年去世）。

经典的行政法教科书，参见［英］威廉·韦德、克里斯托弗·福赛：《行政法》，骆梅英等译，中国人民大学出版社 2018 年版；另见［英］彼得·莱兰、戈登·安东尼：《英国行政法教科书》，杨伟东译，北京大学出版社 2007 年版。关于英国行政法的中文“小百科全书”，参见张越编著：《英国行政法》，中国政法大学出版社 2004 年版。上述四套公法著作，读者可对照阅读。

另外，有四本外文教科书可以参考：

1. Adam Tomkins, *Public Law*, Oxford University Press, 2003. 此书特点鲜明，主旨明确，就是为了驳斥通行教科书中的一些基本立场和预设。它的重点不在于阐述公法的具体规则，而是提出有关“政治宪法”和“政治问责”的基本看法。可参阅该作者的另一本中文译著：[英]亚当·汤姆金斯：《我们的共和宪法》，翟小波、翟涛译，法律出版社 2016 年版。

2. Mark Elliott and Robert Thomas, *Public Law*, fourth edition, Oxford University Press, 2020. 此书体系完整，文字简洁，讲述方式对读者很友好，据说是英国大学中非常受欢迎的“教义学风格”的公法教科书。不过，此书也有缺陷，一是大部头，二是不易获取。为此，Mark Elliott 的个人网站“人人公法”（https://publiclawforeveryone.com/）具有一定的替代功能，它不定期发布的简短公法评论和术语解释，比较有用。

3. Alison L. Young, *Turpin and Tomkins' British Government and the Constitution: Text and Materials*, 8th Edition, Cambridge University Press, 2021. 该版是剑桥大学公法教授 Alison Young 修订的，所以书名也冠上了原作者的名字。该书是剑桥大学法律系指定用书之一。如副标题所示，它最大的特点是引用了许多学术材料和判决的文本。

4. Andrew Le Sueur, Maurice Sunkin, Jo Eric Khushal Murkens, *Public Law: Text, Cases, and Materials*, 15th Edition, Oxford University Press, 2023. 该教科书最大的特点是对关键案例、政府报告和学术文章的摘录，以及对这些材料的解释和评论，它的目的不是为了建构学术理论，而是为了揭示法律的实际运行方式。

（四）研究著作

这里仅列举总论式的代表性著作，主要有：惠尔的《现代宪法》(翟小波译，法律出版社 2006 年版)；艾伦的《法律、自由与正义——英国宪政的法律基础》(成协中、江菁译，法律出版社 2006 年版)；迪特·格林的《现代宪法的诞生、运作和前景》(刘刚译，法律出版社 2010 年版)，同时可参照格林的“宪法”概念史论文(《宪法古今概念史》，雷勇译，商务印书馆 2023 年版)；波格丹诺的《新英国宪法》(李松锋译，法律出版社 2014 年版)；詹宁斯的《英国宪法》(李松锋译，法律出版社 2020 年版)；马丁·洛克林的《公法与政治理论》(郑戈译，商务印书馆 2002 年版)；高鸿钧等主编的《英美法原论》(两卷本，北京大学出版社 2013 年版)。

比较有代表性的英文著作是：

1. *The Changing Constitution,* Ninth Edition, edited by Jeffrey Jowell and Colm O'Cinneide, Oxford University Press, 2019。该书首版于 1985 年，是在戴雪的经典著作 The Law of the Constitution 出版 100 周年时推出的，具有很强的针对性和特点，它想表达的是：英国宪法已经不是戴雪 100 年前的样子了，它是“一直在变化之中的”。不过，此书的内容本身也“一直在变化”，最新版是第 9 版。

2. *The British Constitution in the Twentieth Century,* edited by Bogdanor, Oxford University Press, 2003。此书与前书的问题意识相似，即戴雪之后的英国宪法经历了怎样的发展。其中，Geoffrey Marshall 的导论文章 The constitution: Its theory and interpretation，高度概括性地阐述了戴雪的三个原则在英国 20 世纪的发展。

另外，The Constitution Unit UCL(伦敦大学学院宪法研究团队)不定期发布的研究报告(从 1996 年 4 月至 2023 年 4 月，共计 203 份)，对于了解英国宪法变迁和政治制度改革，具有重要的参考价值，参见 https://www.ucl.ac.uk/constitution-unit/。

（五）与各章内容密切相关的文献

下述文献中，所谓初阶和进阶之分是参考性的；主要考虑两点，一是研究的深入和专业程度；二是文献的易获取性和易读性。

第一章　不成文宪法

【初阶】

1.“不成文宪法”概念本身并不复杂，但对于不成文宪法的性质和特征的理解，却有许多值得探讨的问题。中文文献可参见费春:《不成文宪法界说》，载《法制与社会发展》2002 年第 4 期；翟志勇:《英国不成文宪法的观念流变——兼论不成文宪法概念在我国的误用》，载《清华法学》2013 年第 3 期。

2. 关于“宪法”的定义和英国宪法的性质、特征，可参见布拉德利等著《宪法与行政法》第一章“宪法的定义和范围”。

除此之外，下列文献也可参阅:（1）戴雪《英国宪法研究导论》“本书概要‘宪法的真正性质’”；（2）詹姆斯・布莱斯:《历史与法理学研究》（褚蓥译，华东师范大学出版社 2019 年版）第三篇“柔性宪法与刚性宪法”，对该文献的解读文章，见胡晓进:《刚性宪法与柔性宪法概念历史源流考——重读〈历史与法学研究〉》，载《政法论坛》2023 年第 1 期；（3）波格丹诺《新英国宪法》第一章“奇特的宪法”；（4）惠尔《现代宪法》第一章“宪法是什么”；（5）马歇尔《宪法理论》第一章“法与宪法”。

3. 关于第一章的基本理论框架，来自迪特・格林的《现代宪法的诞生、运作和前景》，其中，第一章“宪法的起源与演变”、第二章“现代宪政主义的产生与运作条件”，尤有启发；同时，可对照《宪法古今概念史》下篇“从启蒙时代到当代的宪法、基本法”。

【进阶】

1. 关于白芝浩、戴雪和詹宁斯著作的解读文章，见夏彦才：《白芝浩和他的〈英国宪法〉——白芝浩〈英国宪法〉译后》，载《武汉理工大学学报（社会科学版）》2006 年第 4 期；何永红：《公共性与宪法研究——戴雪〈英宪精义〉意图考》，《政法论坛》2012 年第 5 期；以及龚祥瑞先生的三篇读书札记：《法与政治——读白芝浩〈英国宪法〉》《宪法与法律——读戴雪〈英宪之法的研究导论〉》《法与宪法——读詹宁斯〈法与宪法〉》（分别载于《比较法研究》1995 年第 2 期、第 3 期、第 4 期）。

2. 丹宁勋爵法学著作五种（《法律的训诫》《法律的正当程序》《法律的未来》《最后的篇章》《法律的界碑》，法律出版社 2011 年版），对于理解英国公法是有帮助的；它们不是那种常见的体系化论述，但正是这一点彰显了英国宪法的特征；解读文章见龚祥瑞：《法律与正义——读丹宁法官的判决书和他的著作》，载《比较法研究》1997 年第 1 期。

3. 关于政治宪法论，可参见高全喜、陈端洪等：《主题研讨：“政治宪法与法律宪法”研讨会实录》，载《行政法论丛》2013 年第 16 期；何永红：《政治宪法论的英国渊源及其误读》，载《清华法学》2014 年第 3 期；周林刚：《“政治宪法”的概念：从“政治宪法学”与“规范宪法学”之争切入》，载《天府新论》2016 年第 1 期。汤姆金斯《我们的共和宪法》第一章“论政治宪法”；贝拉米《政治宪政主义》导论“法律宪政主义与政治宪政主义”。

4. 关于“宪法”的概念，可参见（1）G. Marshall, *The Constitution: Its Theory and Interpretation*, in V. Bogdanor (ed.), *The British Constitution in the Twentieth Century*, Oxford University Press, 2003, pp.29—68;（2）Anthony King, *Does the United Kingdom still have a Constitution*? Sweet & Maxwell, 2001, pp.1—22; *The British Constitution*, Oxford University Press 2009, pp.1—14;（3）Loughlin, *The British Constitution: a very short introduction*, Oxford University Press, 2013, pp.6—22。另外，一种比较具有代表性的观点认为，“成文宪法”与“不成文宪法”的分类已不再重要；对此，除了惠尔在《现代宪法》中的论述之外，还可参见汤姆金斯的 *Public Law*（第 7—14 页）。

5. 关于现代英国宪法的变革，即所谓“新英国宪法”，除了波格丹诺的著作之外，还可参见［英］哈利 · T. 狄金森:《现代英国宪法：改进或颠覆?》，胡琦、任东来译，载《南京大学学报（哲学 · 人文科学 · 社会科学版）》2011 年第 4 期。

第二章　渊源

【初阶】

1. 从法律制度的角度来理解法律渊源最有启发；关于英国法律制度是如何运作的——或者比较学理的说法，关于英国法的渊源，可首先参考［英］迈克尔 · 赞德:《英国法：议会立法、法条解释、先例原则及法律改革》，江辉译，中国法制出版社 2014 年版。

2. 关于英国宪法的渊源，可参见布拉德利等:《宪法与行政法》(上册)第二章“宪法的渊源与性质”；戴雪《英国宪法研究导论》“本书概要‘宪法的真正性质’”；波格丹诺《新英国宪法》第二章“断裂的旧宪法”，第九章“迈向成文宪法?”；詹宁斯《法与宪法》第一章“英国宪法”，第二章“英国宪法性法律”，第三章“宪法惯例”。

3. 目前几乎不见有直接以英国宪法渊源为题的中文文章，但讨论其中相关问题的文章却不少——虽然未必关注“宪法渊源”问题，但对于我们理解某一种渊源或某一项具体的立法来说，是很有帮助的。

(1)关于《大宪章》的研究最多，仅列举一二，如王栋:《〈大宪章〉文本考：版本、正本、副本及译本》，载《法律科学(西北政法大学学报)》2020 年第 3 期；程梦婧:《〈大宪章〉在晚清中国的传播》，载《清华法学》2016 年第 2 期；(2)关于 1689 年《权利法案》，参见于明:《“旧法律”还是“新权利”? ——1689 年英国〈权利法案〉再研究》，载《清华法学》2022 年第 2 期。

【进阶】

1. 关于“宪法惯例”性质及其与“宪法法”关系的讨论，参见何永红两篇文章:《宪法与宪法惯例的区分》(载《法学评论》2021 年第 4 期),《论宪法惯例的基本性质》(载《西南政法大学学报》2022 年第 6 期)；关于“宪法渊源”所涉相关问题的阐述，可参见张翔:《宪法渊源作为方法》，载《中国法律评论》2022 年第 3 期。

2. 外文专著或教材，可参见:(1)《达比希尔论英国法律制度》(*Darbyshire on the English Legal System*, 13th edition, Thomson Reuters, 2020)，其中第一编“渊源”与本章所论直接相关，其中第 2 章

“英格兰和威尔士法的渊源”，概述了9种法源；（2）Jacqueline Martin, *The English Legal System*, 8th edition, Hodder Education, 2016；其中，第2章至第7章讨论的是法源问题；（3）Rebecca Huxley-Binns and Jacqueline Martin, *Unlocking the English Legal System*, 4th edition, Routledge, 2014，第一章“法源”。

3. 关于英国成文宪法，最近若干年一直是英国宪法学的热点之一。英国公共政策研究所于1991年发布了一个名为“英国宪法”的文件，堪称民间“宪法典”（The Institute for Public Policy Research (IPPR), *The Constitution of the United Kingdom*, 1991）；最近关于英国宪法编纂问题的研究报告，见 James Melton, Christine Stuart and Daniel Helen, *To Codify of not to Codify?—Lessons from Consolidating the United Kwingdom's Constitutional Statutes*, Published by the Constitution Unit School of Public Policy University College London, 2015；对于英国宪法的各种非法律规则（尤其是《大臣守则》《内阁手册》之类的文件）的系统研究，参见 Andrew Blick, *The Codes of the Constitution*, Hart Publishing, 2016。

4. 关于英国成文宪法的学术争论，可参见［英］尼古拉斯·巴伯:《在当前英国，我们反对制定成文宪法》，朱铮译，载《山西高等学校社会科学学报》2015年第2期，文章观点如题目所示；最近的文章，见 Jo Eric Khushal Murkens, *A Written Constitution: A Case Not Made*, Oxford Journal of Legal Studies, Vol. 41, No. 4 (2021) pp.965—986；在该文中，作者既不支持反对成文宪法的保守派观点，也不主张将英国现行宪法编纂成法典——他的重点不是关注是否应该制定成文宪法，而是提出制宪过程的问题。

5. 关于君主否决权的宪法惯例，推荐电影《查尔斯三世》。

第三章　议会主权

【初阶】

1. 关于议会主权的法律含义，以及与非主权立法机构和联邦制之间的区别，参见戴雪：《英国宪法研究导论》，第一篇“议会主权”。较早的研究，参见张海廷：《英国议会主权的变迁》，载《法商研究（中南政法学院学报）》2001 年第 4 期；关于 Factortame 案引发的有关议会主权的争议，参见洪邮生：《迟到的“革命”：英国人关于“议会主权”的一场争论》，载《复旦学报（社会科学版）》2011 年第 3 期。

2. 关于议会主权和宪法审查的关系，参见（1）何海波：《没有宪法的违宪审查——英国故事》，载《中国社会科学》2005 年第 2 期；（2）朱学磊：《议会主权体制下的司法审查权及其限度——以英联邦国家为分析对象》，载《比较法研究》2019 年第 5 期。

3. 关于议会主权的历史研究，可对比胡莉的“确立史”和于明的“生成史”研究：（1）胡莉：《博弈与妥协：“光荣革命”确立议会主权过程探析》，载《史学月刊》2019 年第 9 期；（2）于明：《议会主权的“国家理由”：英国现代宪制生成史的再解读（1642—1696）》，载《中外法学》2017 年第 4 期。

4. 从议会主权的历史到议会主权原则，参见项焱：《英国议会主权研究》，中国社会科学出版社 2010 年版。

【进阶】

1. 关于法律主权学说，参见［美］小查尔斯·爱德华·梅里亚姆：《卢梭以来的主权学说史》，毕洪海译，法律出版社 2006 年版，第八章，“奥斯丁的学说”。

2. 对议会主权的普通法阐释，参见［英］T.R.S. 艾伦：《法律、自由与正义——英国宪政的法律基础》，成协中、江菁译，法律出版社 2006 年版，第十一章，“立法至上”；以及艾伦的另一本专著：*The Sovereignty of Law: Freedom, Constitution, and Common Law* (Oxford University Press, 2013)。

3. 关于议会主权，澳大利亚法哲学家杰弗里·戈兹沃西（J. Goldsworthy）的两部论著引用率很高，值得深入研读：《议会主权：历史与哲学》（*The Sovereignty of Parliament: History and Philosophy*, Clarendon Press, 1999）；《议会主权：当代辩论》（*Parliamentary Sovereignty: Contemporary Debates*, Cambridge UP, 2010）。

第四章　法治

【初阶】

关于法治的论述可谓不计其数，此处仅列举与本章所论密切相关的文献。

1. 戴雪首创现代法治论，自然应细细品读，见《英国宪法研究导论》，第二篇“法治”；另外，宾汉姆的《法治》可看成是戴雪的扩充版，见《法治》，毛国权译，中国政法大学出版社 2012 年版——该书是作者在 2006 年剑桥大学“大卫·威廉姆斯爵士讲座”的演讲稿基础上增订而成。

2.［英］威廉·格尔达特（［英］大卫·亚德里修订）：《英国法导论》，张笑牧译，中国政法大学出版社 2013 年版，第一章“成文法与普通法”，第二章“普通法与衡平法”。

3. 黄金鸿：《英国人权 60 案》，中国政法大学出版社 2011 年版，第 85—87 页。本书第 17 个经典案例，即本章所论 1765 年“安提克诉卡灵顿案”。

4. 王人博、程燎原：《法治论》，广西师范大学出版社 2014 年版；张彩凤：《英国法治研究》，中国人民公安大学出版社 2001 年版。

【进阶】

1. 所有关于“法治”理论，尤其是关于“法治”学说史的著作，塔玛纳哈的书阐述得最为清晰，参见［美］布雷恩·Z. 塔玛纳哈：《论法治：历史、政治和理论》，李桂林译，武汉大学出版社 2010 年版，第三章“自由主义”，第四章“洛克、孟德斯鸠和联邦党人”，第五章“保守派的警告”。

2. 汤姆金斯和斯科特专门为“安提克案”编辑的一本书，是很有价值的；这本书也表明，安提克案在英国宪法上是多么的重要；参见 Adam Tomkins & P. Scott (eds.), *Entick v. Carrington: 250 Years of the Rule of Law*, Oxford, Hart Publishing, 2015。

3. 关于形式法治的分析，参见约瑟夫·拉兹：《法治及其价值》，载《法律的权威：法律与道德论文集》，朱峰译，法律出版社 2005 年版，第 183—199 页。

第五章　分权

【初阶】

1.［英］杰弗里·马歇尔：《宪法理论》，刘刚译，法律出版社

2006年版；比较T. R. S. 艾伦的《法律、自由与正义》；以及《宪法正义：法治的自由理论》(*Constitutional Justice: A Liberal Theory of the Rule of Law*, Oxford, 2001, chs. 1, 2)。

2. 詹宁斯的《法与宪法》，第14—21页。

3. 程燎原：《中国法治政体的始创——辛亥政治革命的法治论剖析与省思》，载《法学研究》2011年第5期，第143—163页；以及《再说"〈宪法修正案〉修正了什么"——"法治""人权"入宪之断想》，载《现代法学》2012年第6期；《法治必以立宪政体盾其后——从"商鞅难题"到"梁启超方案"》，载《南京工业大学学报（社会科学版）》2014年第2期。

【进阶】

1. W.S. Holdsworth, *A History of English Law*, Vol. X (London: Methuen, 1938), pp.713—724. 这篇文献证明了孟德斯鸠关于英国宪法的论述在什么意义上是错误的。

2. 杜苏：《司法独立的黎明——法国古典司法体制诸问题研究》，载《中外法学》2013年第1期。

3. Adam Tomkins, *Public Law*, OUP, 2003, pp.33—60.

第六章　君主

【初阶】

1. 关于君主制的历史，参见［英］布伦达·拉尔夫·刘易斯：《君主制的历史》，容予、方力维译，生活·读书·新知三联书店2007年版。

2. 关于君主的政治作用，参见白芝浩《英国宪法》，夏彦才译，商务印书馆 2010 年版，三“君主”、四“君主（续）”，第 81—127 页。

3. 作为一个规范问题或宪法问题的君主，可参见：（1）马歇尔《宪法理论》第二章“国家、王室与行政机关”；（2）布拉德利和尤因《宪法与行政法》第十二章“国君与君主特权”。

4. 政治学中对君主的讨论，也是有启发的，参见［英］奈杰尔·福尔曼、道格拉斯·鲍德温：《英国政治通论》，苏淑民译，中国社会科学出版社 2015 年版，第九章“君主”。

5.《女王》（电影），《王冠》（五季 50 集），《伊丽莎白二世：伟大的女王》（纪录片）。

【进阶】

1. Adam Tomkins, *Public Law*, ch. 3 “the Crown”.

2. Loughlin, *State, Crown and Law*, in Sunkin and Payne (eds.), *Nature of the Crown: A Legal and Political Analysis*, Oxford University Press, 1999, pp.33—76. 此文是对《国王的两个身体》的一个简要叙述。

3.［德］恩内斯特·康托洛维茨：《国王的两个身体》，徐震宇译，华东师范大学出版社 2018 年版；参见另一个中译本［德］恩斯特·H. 坎托洛维奇：《国王的两个身体：中世纪政治神学研究》，尹景旺译，上海社会科学院出版社 2020 年版。另参见书评：王恒等：《“国王的两个身体”：20 世纪学术史上的一个神话》，载《新京报》，2018 年 12 月 14 日。

4.［英］F.W. 梅特兰：《独体法人》，载［英］F.W. 梅特兰：《国家、信托与法人》，［英］大卫·朗西曼、马格纳斯·瑞安编，樊安译，北京大学出版社 2008 年版，第 8—39 页。

5. 关于君主的宪法惯例，参见 V Bogdanor, *The Monarchy and the Constitution* (Oxford University Press, 1995) chs. 5 and 6.

6. 最近关于英国君主制的研究报告，见 *The British Monarchy*, edited by Robert Hazell, Published by the Constitution Unit, UCL, April, 2023；其中，Alison Young 所撰《君主在宪法上的作用》，见"英王的宪法角色与君主制的宪法危机"，载公众号"涛涛不绝香江水"，2023 年 6 月 16 日。

7. 审查君主特权的里程碑案件：Council of Civil Service Unions v Minister for the Civil Service [1984] UKHL 9；或称 GCHQ case。解读文章，参见 Drabble, Richard, "*Council of Civil Service Unions v Minister for the Civil Service [1984]: Reviewing the Prerogative.*" In *Landmark Cases in Public Law*, Ed. by Satvinder Juss and Maurice Sunkin. Oxford: Hart Publishing, 2017, pp.97—114。

第七章　政府

【初阶】

1. 关于英国政府的中文资料，尤其是从法学或宪法角度的讨论，比较少见。这可能与"政府不为法律所承认"密切相关。参见梅特兰：《英格兰宪政史》，第 249—277 页（"国王与政府"）。

2. 教科书或通论中对政府的讨论，参见（1）布拉德利和尤因：《宪法与行政法》，第十三章"内阁、政府部门和公务员体系"；（2）福尔曼和鲍德温：《英国政治通论》，第四部分"中央政府"（第十二章"首相与内阁"、第十三章"政府各部和部长"、第十四章“文官”);(3)[英]比尔·考克瑟、林顿·罗宾斯、罗伯特·里奇:《当代英国政治》(第四版),孔新峰、蒋鲲译,北京大学出版社 2009 年版,第十二章“首相和内阁”、第十三章“大臣、部和文官”。

【进阶】

1. Adam Tomkins, *Public Law*, ch. 3 “the Crown”.

2. [英]特伦斯·丹提斯、阿兰·佩兹:《宪制中的行政机关——结构、自治与内部控制》,刘刚等译,高等教育出版社 2006 年版。

3. [英]罗威尔:《英国政府:中央政府之部》,秋水译,上海人民出版社 1959 年版。

4. 从政府角度研究英国宪法的经典著作:(1)Sir Ivor Jennings, *Cabinet Government* (3rd ed.), Cambridge University Press, 1959;(2)Sidney Low, *The Governance of England*, T. Fisher Unwin, 1914。

5. 反映最近情况的材料,参见:(1)Mark Elliott and Robert Thomas, *Public Law*, 2020, ch. 5 “UK Central Government”;(2)*Turpin and Tomkins' British Government and the Constitution: Text and Materials*, 2021, ch. 6 “Crown and Government” & ch. 7 “the powers of Government”。

6. 英剧《是,大臣》《是,首相》(根据 BBC 同名剧集改编作品,参见乔纳森·林恩、安东尼·杰伊编著:《是,大臣》,王艺译;《是,首相》,徐国强、闫春玲译,生活·读书·新知三联书店 2017 年版)。

第八章　议会

【初阶】

1. 关于议会的历史，参见蒋劲松：《议会之母》，中国民主法制出版社 1998 年版。

2. 关于议会运行的教科书般讨论，参见［英］罗伯特 · 罗杰斯、罗德里 · 沃尔特斯：《议会如何工作》，谷意译，广西师范大学出版社 2017 年版。这本书的权威性、可读性和翻译，都堪称典范。

3. 简洁清晰的讨论，见福尔曼和鲍德温《英国政治通论》，第三部分“议会”。

【进阶】

1. 刘新成：《英国议会研究：1485—1603》，人民出版社 2016 年版；此书是历史学议会研究的重要成果。

2. 关于“古宪法”，参见于明：《“不可追忆时代”的用途与滥用——英国“古代宪法”理论的再检讨》，载《学术月刊》2019 年第 5 期。［英］J. G. A. 波考克：《古代宪法与封建法》，翟小波译，译林出版社 2014 年版。

3. 本章的写作部分依赖于汤姆金斯的《公法》（Tomkins, *Public Law*, OUP, 2003, pp.39—44, pp.90—102）；以及《我们的共和宪法》，翟小波、翟涛译，法律出版社 2016 年版，第三章“共和宪法的产生”。

4.［英］菲利普 · 诺顿：《英国议会政治》，严行健译，法律出版社 2016 年版；此书对英国议会与政府、威斯敏斯特之外的机构（欧盟、权力下放机构、法院）以及公民的相互作用有清楚的论述。

5. 较早的但比较经典的论述，参见［英］詹宁斯：《英国议会》，蓬勃译，商务印书馆 1963 年版。

6. 从宪法学的角度反映最近情况的材料，参见：（1）Mark Elliott and Robert Thomas, *Public Law*, 2020, ch. 6 "the UK Parliament" & ch. 11 "Parliamentary Scrutiny of Central Government"；（2）*Turpin and Tomkins' British Government and the Constitution: Text and Materials*, 2021, ch. 9 "Parliament and the Responsibility of Government"。

第九章　法院

【初阶】

1.［英］佩妮·达比希尔（Penny Darbyshire）：《坐堂审案：英国法官的职业生活》，韩永强译，社会科学文献出版社 2018 年版。

2. 张越编著：《英国行政法》，中国政法大学出版社 2004 年版，第二编"英国司法体制"。

3. 关于英国最高法院，以及它与上院上诉委员会的关系，参见蒋劲松：《英国宪法终于到来的突破？——略论英国政府 2003 年最高法院改革协商文件和贵族院改革协商文件》，载《欧洲研究》2004 年第 2 期。

4. 关于英国司法制度的历史，参见程汉大、李培锋：《英国司法制度史》，清华大学出版社 2007 年版。

【进阶】

1. Baker,《英国法律史》2019 年版，第十章"法律职业"。

2. Mark Elliott & Robert Thomas, *Public Law* (4 ed.), Oxford

University Press, 2020, ch. 7 The Judiciary.

3.［美］亚历山大·汉密尔顿、詹姆斯·麦迪逊、约翰·杰伊:《联邦论：美国宪法述评》，尹宣译，译林出版社 2016 年版，第七十八篇至八十三篇。

4. 关于司法制度史，可参见这三本代表性著作：Geoffrey Rivlin, *Understanding the Law*, Oxford, 2004；Theodore FT Plucknett, *A Concise History of the Common Law*, Butterworth & Co, 1956；Judy Hodgson (ed), *The English Legal Heritage*, Oyez Publishing, 1979。

5.《达比希尔论英国法律制度》(*Darbyshire on the English Legal System*, 13th edition, Thomson Reuters, 2020)，其中第四编“法律职业人士”(第十三章“律师”、第十四章“法官”)和第五编“法律非专业人员”(第十五章“治安法官”、第十六章“陪审团”)，对于理解英国司法制度是很有帮助的。

6. 电影《十二怒汉》(《十二公民》)。

第十章　米勒案

【初阶】

1. 关于米勒案的一般情况，参见姚国建、朱铮:《谁来启动英国脱欧程序？——英国高等法院脱欧案的背景、法理及影响》，载公众号“最高人民法院司法案例研究院”，2016 年 11 月 8 日。

2. 关于“脱欧”的大致情况，以及英国政学两界的主要分歧，参见屠凯:《2016 年英国宪法学焦点——脱离欧盟》，载韩大元、莫纪宏主编:《中国宪法年刊》(2016 年第十二卷)，第 189—197 页。

3. 关于议会在宪法中的角色，即在脱欧问题上，议会应该发挥什么作用，以及在宪法上具有哪些选择，参见英国三位公法学者:《启动脱欧程序　英国议会不可缺位》，王世杰译，载公众号“明德公法”，2016 年 6 月 30 日。

4. 如果要了解米勒案判决的摘要（而不是判决原文），可参见《英国政府“脱欧”程序案终审判决书概览》，涂云新译，载公众号“法学学术前沿”，2017 年 2 月 7 日。

5. 关于米勒案的判决思路和要点，参见王涛:《英国最高法院“脱欧”案裁决——英国宪法要义的当代重述》，载《人民法院报》2017 年 3 月 3 日。

【进阶】

1. 关于法院在米勒案（一号和二号）之后所遭受的压力，可参见 Alison Young 的博客文章，中译文见:《人民之敌？后脱欧时代的英国最高法院》，张梦奇编译，黄明涛校，载公众号“涛涛不绝香江水”，2022 年 10 月 18 日。不过本文并没有提出比较明确的结论。

2.［英］韦农 · 波格丹诺:《新英国宪法》，李松锋译，李树忠校订，法律出版社 2014 年版，第四章“权力下放”、第七章“全民公投”。

3.［英］布拉德利、尤因:《宪法与行政法》(上册)，程洁译，商务印书馆 2008 年版，第三章“英国的结构形式”、第四章“议会至上”、第五章“立法、行政和司法的关系”、第八章“英国与欧洲联盟”。

4. Mark Elliott and Robert Thomas, *Public Law*, fourth edition,

Oxford University Press, 2020, ch. 9, "The European Union and Brexit"。关于米勒一号案的相关宪法问题，尤其参见第 386、391、393、572 页。

5. Mark Elliott, *The Supreme Court's Judgment in Miller: In Search of Constitutional Principle* (April 13, 2017). Cambridge Law Journal, July 2017, University of Cambridge Faculty of Law Research Paper No. 23/2017, Available at SSRN: https://ssrn.com/abstract=2952331.

第十一章　司法审查

【初阶】

1. 关于英国的司法审查和行政正义的中文文章，可参见：（1）何海波：《"越权无效"是行政法的基本原则吗？——英国学界一场未息的争论》，载《中外法学》2005 年第 4 期；（2）彭錞：《变迁中的英国司法审查——背景、判例及趋势》，载《行政法论丛》2010 年第 13 期，以及彭錞：《再论英国行政复议制度》，载《中国政法大学学报》2021 年第 6 期；（3）高秦伟：《行政正义与争议解决的适当性原则——英国裁判所的经验与课题》，载《比较法研究》2019 年第 3 期。

2. 教科书参见：（1）张越编著：《英国行政法》，中国政法大学出版社 2004 年版；（2）关于行政法与本章所讨论的"司法审查"的关系，参见布拉德利和尤因《宪法与行政法》（下册），第二十七章"行政法的性质与发展"，第三十章和三十一章"行政行为的司法控制"；（3）［英］威廉·韦德、克里斯托弗·福赛：《行政法》，骆梅英等译，中国人民大学出版社 2018 年版——经典行政法教科书，重点参考第十至十八章。

【进阶】

1. 中文专著参见何海波：《司法审查的合法性基础——英国话题》，中国政法大学出版社 2007 年版。

2. Mark Elliott & Robert Thomas, *Public Law* (4 ed.), Oxford University Press, 2020, ch. 12 Judicial review—an introduction.

3. Adam Tomkins, *Public Law*, Oxford University Press, 2003, pp.171—211.

4. Christopher Forsyth, *Judicial Review and the Constitution*, Hart Publishing, 2000.

5. 由司法审查引起的公私法划分问题，参见艾利森教授的力作《普通法中的公私法划分》(J. W. F. Allison, *A Continental Distinction in the Common Law: A Historical and Comparative Perspective on English Public Law*, Oxford University Press, 2000)。该书以大陆法的公法发展为背景和参照，详细检讨了英国普通法中的司法审查制度。

第十二章　大臣责任

【初阶】

专门论述英国宪法中的政治问责，或者作为政治宪法之核心的大臣责任问题，目前的中文（包括译文）资料比较少见。

1. [英] 亚当 · 汤姆金斯：《我们的共和宪法》，翟小波、翟涛译，法律出版社 2016 年版。

2.《议会如何工作》第八章“辩论”、第九章“要求说明：质询”和第十章“要求说明：特别委员会”，是关于政治问责的具体讨论。

【进阶】

1. Adam Tomkins, *Public Law*, Oxford University Press, 2003, pp.131—170.

2. 讨论政治责任的重要著作，也是集中论述宪法惯例的经典研究，参见 Geoffrey Marshall, *Constitutional Conventions: The Rules and Forms of Political Accountability*, Oxford University Press (March 26, 1987)。

第十三章 人权法

【初阶】

1. 对英国“人权”的法教义学式讨论，参见布拉德利和尤因著《宪法与行政法》(下册)第十九章“人权的性质和保护”，第十九章相当于人权总论，分论参见该书第二十至二十六章。

2. 关于《1998 年人权法》的诞生背景、内容和特点，与宪法审查的关系，以及对英国司法功能和英国宪法的影响，分别参见：(1)杜钢建:《从不成文宪法到成文宪法——英国制定宪法典和人权法案的趋势》，载《法学家》1995 年第 5 期；(2)对该法内容和特点的介绍，参见尤雪云:《英国〈1998 年人权法〉》，载《人权》2002 年第 3 期；(3)童建华:《1998 年〈人权法案〉与英国违宪审查》，载《社会科学论坛(学术研究卷)》2009 年第 12 期；

（4）姚小林：《1998 年〈人权法案〉对英国司法功能的影响》，载《人权》2007 年第 6 期；（5）李树忠：《1998 年〈人权法案〉及其对英国宪法的影响》，载《比较法研究》2004 年第 4 期。

3. 关于《1998 年人权法》的存废之争，从人权法学和宪法学角度的讨论，参见：（1）唐颖侠、史虹生：《从赫斯特案看英国人权保障机制的演进》，载《南开学报》2014 年第 5 期；（2）屠凯：《2015 年英国宪法学焦点——〈1998 年人权法〉的存废》，载韩大元、莫纪宏主编：《中国宪法年刊》（2015 年第十一卷），第 220—227 页。从法律思想史角度的讨论，参见傅乾：《另一场“脱欧”——英国废除〈人权法案〉运动及其“反人权”传统》，载《学术界》2017 年第 4 期；此文分析了《人权法》不容于英国传统的三大深层次原因，对理解普通法传统和英国宪法的法典化问题很有帮助。

4. 人权法原文，可上网查阅（https://www.legislation.gov.uk）；中文版可参见：《英国 1998 年人权法案》，梁淑英译，英列校，载《环球法律评论》2002 年第 3 期；或《人权法（1998 年）》，李蕊佚译，姜峰校，载《世界各国宪法》（欧洲卷），中国检察出版社 2012 年版，第 769—780 页。

【进阶】

1. 大卫・费尔德曼在《扩大法院职责：〈1998 年人权法〉》（载菲利普・诺顿主编：《英国宪法百年经纬》，刘练军译，法律出版社 2022 年版，第 142—185 页）中，对于《1998 年议会法》制定之前英国人的疑虑，有比较充分的揭示，尤其是该文第三部分“法案在议会里”，对于理解前述《人权法》的存废之争，很有帮助。

2. 韦农·波格丹诺在《新英国宪法》中解释了为何《1998年人权法》具有半部成文宪法的地位，参见《新英国宪法》第67—114页。

3. 关于人权法的文献非常丰富，暂列举三例：（1）Colm O'cinneide, *The Human Rights Act and the Slow Transformation of the UK's 'Political Constitution'*, 53 Annales U. Sci. Budapestinensis Rolando Eotvos Nominatae 239 (2012)；此文的特点是把人权法放在英国政治宪法的背景下来理解。（2）D. Vick, *The Human Rights Act and the British Constitution*, (2002) Texas International Law Journal 37(2):329—372；该文解释了人权法与英国宪法的一些基本问题，如英国宪法的性质、渊源，人权法之前的宪法与个人权利，人权法所产生的影响等。（3）有影响的专著，参见 Alison L Young, *Parliamentary Sovereignty and the Human Rights Act*, Hart Publishing, 2009。

4.《1998人权法实施报告》(2021年12月发布)，这是英国政府发布的官方审查报告。它主要审查两项内容：英国法院和欧洲人权法院之间的关系；《1998年人权法》对司法、行政和立法机构之间的关系的影响，见 https://www.gov.uk/guidance/independent-human-rights-act-review。

第十四章　贝尔马什监狱案

【初阶】

关于贝尔马什监狱案的中文材料，目前尚未见到。但是，关于“弱宪法审查制度”的介绍和评论却不少。

1. 较早的介绍，参见程雪阳：《司法审查的第三条道路——弱司法审查的兴起、发展及其中国意义》，载《甘肃行政学院学报》2011年第5期；后续的研究，参见王锴：《强形式司法审查抑或弱形式司法审查？——一场有关司法审查性质的论战》，载《清华法治论衡》2013年第2期；李蕊佚：《议会主权下的英国弱型违宪审查》，载《法学家》2013年第2期。

2. 对弱宪法审查的制度安排、理论争议和实践运行情况进行系统研究的著作，参见朱学磊：《弱司法审查制度的权利保障功能比较研究》，中国社会科学出版社2021年版。

【进阶】

1. 对于“议会主权之下，没有违宪审查”论的有力反驳，参见何海波：《没有宪法的违宪审查——英国故事》，载《中国社会科学》2005年第2期。

2. 以“英国违宪审查”为题的系统研究，参见童建华：《英国违宪审查》，中国政法大学出版社2011年版。不过，该书所界定的“违宪审查”范围，要宽于本章所讨论的“弱宪法审查制度”。

3. [英]布拉德利、尤因：《宪法与行政法》(下册)，刘刚、江菁等译，商务印书馆2008年版，第二十六章“紧急权力与恐怖主义”。

4. Mark Elliott and Robert Thomas, *Public Law*, fourth edition, Oxford University Press, 2020, ch. 9 Human Rights and the UK Constitution；关于贝尔马什监狱案的相关宪法问题，参见第31—33、45—47、559、793页。

5. Alison L. Young, *Turpin and Tomkins' British Government and*

the Constitution: Text and Materials, 8th Edition, Cambridge University Press, 2021，该书第 933—953 页，以个案研究法讨论了“公约权利”与国家安全的问题，该个案即贝尔马什监狱案。

后 记

苦“不成文宪法”久矣，这本小书，算是自己的一次解困。

这样说，既是真情实况，又是提前说明，读者不必过高期待，以为里面有什么高论。就在三个多月前，我还在犹豫，要不要让这个东西见之于世。尽管好些问题早有思考，也写过正经文章，但真到了要体系地解释宪法时，才觉捉襟见肘，穷于应付。幸有童旭先生、程梦婧女士的鼓励，我才鼓起勇气，敢于继续修改几年来一直在断断续续修改的这篇讲义。

2020 年春，教学由教室改为线上。因担心自己讲课思路不清，表意不明，学生走神，我便作了一番准备。想着把此前的思考作一个总结，最后以讲义的形式完整呈现出来，一举两得。当时目标很明确，就是要全面、准确地把英国宪法讲清楚，但课时有限，大一新生基础尚浅，所以又要尽可能地简明易懂。一学期下来，讲义雏形可见，有点兴高采烈，忍不住拿给三两朋友看，竟得不少赞许。于是便决定继续做下去。

不过，自第一稿后，我心里是清楚的，稿子漏洞不少，废话连篇。这次集中整理的时候，更是觉得“稿到改时废话多”。

这几年里，讲义一直修修补补。但改来改去，总有顾此失彼之感：历史叙事多了，规范讲不清楚，只讨论现行规范，没有背景铺陈，又显得突兀，难以进入。文本风格上，也一度颇为踌躇：可爱的不可信，可信的拒人以千里。最后发现，还是得思考什么是一项好的研究。规范也好，历史也罢，都不过是方法，最重要的是解决问题。

我努力解决各种我认为的真问题，奈何力有不逮，有些地方也是点到为止，有些地方可能有错误。祈请读者宽容，方家指教！

我希望这本书能配得上王人博先生和张翔先生的序言，没有辜负同事刘泽刚先生、张玉洁女士的指正，以及周锐恒先生的仔细校读。书终于要面世了，不觉心生欢喜，愿与参加讲稿整理的同学诸君分享，他们是：秦诗祺、何励佼、董梦冉、孙文卿、黄春静、杨玉婷、万千、李佩远、柯贤婷。最后，要特别感谢西南政法大学行政法学院和宪法教研室全体同仁的鼎力支持，衷心感谢上海人民出版社编辑冯静女士专业精心的校稿工作。

何永红

2023 年 6 月 23 日

西南政法大学敬业楼

图书在版编目(CIP)数据

英国宪法讲义/何永红著. 一上海:上海人民出版社,2024
ISBN 978-7-208-18561-6

Ⅰ. ①英…　Ⅱ. ①何…　Ⅲ. ①宪法-研究-英国
Ⅳ. ①D956.11

中国国家版本馆CIP数据核字(2023)第183196号

责任编辑　冯　静
封面设计　一本好书

英国宪法讲义
何永红 著

出　　版　上海人民出版社
（201101　上海市闵行区号景路159弄C座）
发　　行　上海人民出版社发行中心
印　　刷　上海商务联西印刷有限公司
开　　本　635×965　1/16
印　　张　26
插　　页　4
字　　数　295,000
版　　次　2024年1月第1版
印　　次　2024年1月第1次印刷
ISBN 978-7-208-18561-6/D·4208
定　　价　128.00元